चिन्तन के आयाम

चिन्तन के आयाम

रामधारी सिंह दिनकर

लोकभारती प्रकाशन

लोकभारती प्रकाशन
पहली मंजिल, दरबारी बिल्डिंग, महात्मा गांधी मार्ग
प्रयागराज-211 001

वेबसाइट : www.lokbhartiprakashan.com
ईमेल : info@lokbhartiprakashan.com

शाखाएँ : 1-बी, नेताजी सुभाष मार्ग, दरियागंज
नई दिल्ली-110 002
अशोक राजपथ, साइंस कॉलेज के सामने
पटना-800 006

पहला संस्करण : 2008
दूसरा संस्करण : 2023

बी.के. ऑफसेट
नवीन शाहदरा, दिल्ली-110 032 द्वारा मुद्रित

CHINTAN KE AAYAM
by Ramdhari Singh Dinkar

ISBN : 978-81-8031-327-1

मूल्य : ₹595

प्राक्कथन

राष्ट्रकवि स्वर्गीय रामधारी सिंह 'दिनकर' का यह शताब्दी वर्ष है। उन्होंने अपनी वसीयत के द्वारा अपनी तैंतीस पुस्तकों का प्रकाशनाधिकार मुझे दिया था। ये पुस्तकें अब 'लोकभारती प्रकाशन' से प्रकाशित हो रही हैं।

इसके पूर्व जो प्रकाशक पुस्तकें प्रकाशित कर रहे थे, उनसे मैंने प्रकाशनाधिकार वापस ले लिया है।

वर्तमान प्रकाशक श्री अशोक महेश्वरी चाहते थे कि पुस्तकें कुछ नए आकार में प्रकाशित की जाएँ तथा कुछ पुस्तकों को मिलाकर एक बड़े आकार में सजाया सँवारा जाए। इसमें सर्वश्री डॉ. नन्दकिशोर 'नवल' ने अपना महत्त्वपूर्ण योगदान दिया। आशा है पुस्तकों की इस नई व्यवस्था का हिन्दी साहित्य में स्वागत होगा।

'दिनकर समग्र' भी प्रकाशनाधीन है, इन पुस्तकों का नए जिल्द में आना उसकी पृष्ठभूमि के तौर पर देखा जा सकता है।

आज जब इन पुस्तकों का नवीन संस्करण प्रकाशित हो रहा है— मुझे शिद्दत से डॉ. लक्ष्मीमल्ल सिंघवी स्मरण आ रहे हैं।

18.08.2008 **—अरविन्द कुमार सिंह**

प्रकाशकीय

एक नई योजना के अन्तर्गत राष्ट्रकवि श्री रामधारी सिंह दिनकर की वे पुस्तकें, जिनका स्वामित्व उनके पौत्र श्री अरविन्द कुमार सिंह के पास है, नए ढंग से प्रकाशित की जा रही हैं। दिनकरजी ने कविता के साथ-साथ गद्य-साहित्य की भी प्रचुर मात्रा में रचना की है। स्वभावतः वे पुस्तकें गद्य की भी हैं और पद्य की भी। गद्य की पुस्तकों में से दो पुस्तकें—'शुद्ध कविता की खोज' और 'चेतना की शिखा' को यथावत् प्रकाशित किया जा रहा है। सिर्फ उनके नाम में कारणवश परिवर्तन किया गया है। 'शुद्ध कविता की खोज' का नाम इस पुस्तक के पहले निबन्ध के आधार पर रखा गया है—'कविता और शुद्ध कविता' और 'चेतना की शिखा' का नाम उसके पहले निबन्ध के आधार पर—'श्री अरविन्द : मेरी दृष्टि में'। हमारा खयाल है कि इस नाम परिवर्तन से पुस्तक की विषय-वस्तु का परिचय प्राप्त करने में अधिक स्पष्टता आ जाती है।

'पंडित नेहरू और अन्य महापुरुष' नामक पुस्तक में भी दिनकरजी की 'लोकदेव नेहरू' और 'हे राम' नामक दो पुस्तकें संकलित हैं। दूसरी पुस्तक में तीन महापुरुषों—विवेकानन्द, रमण और गांधी—पर दिनकरजी के तीन रेडियो-रूपक संगृहीत हैं, लेकिन उनकी आत्मा निबन्ध की है। कारण यह है कि उनमें उक्त महापुरुषों के विचार-दर्शन से ही श्रोताओं और पाठकों को परिचित कराने का प्रयास किया गया है। इसीलिए इन्हें साथ रखा गया है। 'हे राम' नामक पुस्तक संयुक्त करने के कारण ही संकलन के लिए नया नाम देना पड़ा है, लेकिन पंडित नेहरू की प्रधानता के कारण उसमें उनके नाम का उल्लेख आवश्यक माना गया है। 'स्मरणांजलि' नामक पुस्तक में भी दिनकरजी की मूल पुस्तक 'मेरी यात्राएँ' के चार निबन्ध संयुक्त किए गए हैं, क्योंकि यात्रा-वृत्तांत भी एक तरह से संस्मरण ही है। पहले उसे यात्रा-संस्मरण कहा भी जाता था। 'स्मरणांजलि' वस्तुतः दिनकरजी की पुस्तक 'संस्मरण और श्रद्धांजलियाँ' का नया नाम है। इसमें सिर्फ निबन्धों को नई तरतीब

दी गई है और उसमें यथास्थान 'साहित्यमुखी' से लेकर सिर्फ एक निबन्ध जोड़ा गया है—'निराला जी को श्रद्धांजलि'। 'व्यक्तिगत निबन्ध और डायरी' नामक पुस्तक में भी दिनकरजी के निबन्धों का तो एकत्रीकरण है ही, 'दिनकर की डायरी' नामक पूरी पुस्तक यथावत् उसमें शामिल है, क्योंकि डायरी व्यक्तित्व की अभिव्यक्ति का ही तो अतिशय घनीभूत रूप है।

बाकी जो नवनिर्मित गद्य की पुस्तकें हैं, वे हैं—'कवि और कविता', 'साहित्य और समाज', 'चिन्तन के आयाम' तथा 'संस्कृति, भाषा और राष्ट्र' इनमें इनके नामों से सम्बन्धित निबन्ध विभिन्न पुस्तकों से लेकर क्रम से लगाए गए हैं। प्रत्येक निबन्ध के नीचे इस बात का उल्लेख अनिवार्य रूप से किया गया है कि वे किस पुस्तक से लिए गए हैं।

कविता-पुस्तकों में सभी पुस्तकों का मूल रूप सुरक्षित रखा गया है, सिर्फ कमोबेश कविताओं की प्रकृति को देखते हुए दो-दो तीन-तीन पुस्तकों को एक जिल्द में लाने की कोशिश की गई है। स्वभावतः संयुक्त पुस्तकों का एक नाम देना पड़ा है लेकिन वह नाम दिनकरजी की कविताओं से ही इस सावधानी से चुना गया है कि वह कविताओं के मिजाज का सही ढंग से परिचय दे सके। उदाहरण के लिए 'धूप और धुआँ' और 'कोयला और कवित्व' के संयुक्त रूप के लिए 'सपनों का धुआँ' नाम तय किया गया है, 'नीम के पत्ते', 'मृत्ति-तिलक' और 'दिनकर के गीत' नामक पुस्तकों के संयुक्त रूप के लिए 'अमृत-मंथन' और 'प्रणभंग तथा अन्य कविताएँ', 'कविश्री' और 'दिनकर की सूक्तियाँ' के संयुक्त रूप के लिए 'रश्मिमाला'। 'अमृत-मंथन' में एक छोटा-सा परिवर्तन यह किया गया है कि 'मृत्ति-तिलक' से 'हे राम!' शीर्षक कविता हटा दी गई है, क्योंकि वह 'नीम के पत्ते' में भी संगृहीत है। एक ही संकलन में पुनरावृत्ति से बचने के लिए यह करना जरूरी था। 'रश्मिमाला' नाम इसलिए पसन्द किया गया कि इस नाम से दिनकरजी 'प्रणभंग' नामक काव्य के बाद अपनी स्फुट कविताओं का एक संकलन निकालना चाहते थे, जो निकल नहीं सका। उसकी तीन-चार कविताएँ उन्होंने 'रेणुका' में लेकर उसे छोड़ दिया था। काफी दिनों बाद उन्होंने बाकी कविताएँ 'प्रणभंग' के दूसरे संस्करण में, जो 'प्रणभंग तथा अन्य कविताएँ' के नाम से निकला, डाल दीं। 'रश्मिमाला' में 'प्रणभंग तथा अन्य कविताएँ' पूरी पुस्तक दी जा रही है, साथ में 'कविश्री' और 'दिनकर की सूक्तियाँ' नामक दो संकलन

भी। दिनकर की कविताओं का कोई भी संकलन दिनकर की किरणों का हार ही तो है!

'समानांतर' नामक पुस्तक में दिनकरजी की दो पुस्तकें एकत्र की गई हैं—'सीपी और शंख' और 'आत्मा की आँखें'। मूल रूप में ये दोनों पुस्तकें अनूदित कविताओं का संग्रह हैं, लेकिन हमने उनके संयुक्त रूप का नाम 'समानांतर' दिया है। इसके पीछे तर्क यह है कि जब विदेशी विद्वानों ने यूरोपीय कवियों के दिनकरजी कृत अनुवाद को मूल कविताओं से मिलाकर देखा, तो उन्हें अनुवाद मानने से इनकार किया और उन्हें उनकी मौलिक कविताएँ मानकर अपने यहाँ से निकलनेवाले संकलन में शामिल किया। अधिक से अधिक हम इन्हें मूल का पुनर्सृजन कह सकते हैं, उससे भी आगे बढ़कर इन्हें कवि की समानांतर सृष्टि मानें तो वह उसके गौरव के सर्वथा अनुरूप होगा। गद्य की 'शुद्ध कविता की खोज' नामक पुस्तक की तरह ही दिनकरजी की अन्तिम काव्यकृति 'हारे को हरिनाम' को भी यथावत् रखा गया है। सिर्फ उक्त पुस्तक की तरह ही इसके नाम में परिवर्तन है। नया नाम 'भग्न वीणा' पहले नाम की तरह अर्थ-व्यंजक है और यह पुस्तक की एक प्रतिनिधि कविता के शीर्षक से ही लिया गया है।

नई योजना को रूप देने में अनेक रचनावलियों और संकलनों के सम्पादक डॉ. नंदकिशोर नवल और नए समीक्षक डॉ. तरुण कुमार ने विशेष रुचि ली है, जिनकी अत्यधिक सहायता पटना विश्वविद्यालय, हिन्दी विभाग, के शोधप्रज्ञ श्री योगेश प्रताप शेखर ने की है। हम इनके प्रति अपना हार्दिक आभार व्यक्त करते हैं।

आशा है, हिन्दी का विशाल पाठक-वर्ग दिनकर-साहित्य के इस नए रूप में प्रकाशन को अपनाकर हमारा उत्साहवर्धन करेगा।

अनुक्रम

आदर्श मानव राम

आदर्श मानव कौन है, इसका समाधान उतना ही कठिन है जितना इस प्रश्न का कि आदर्श कर्म क्या है अथवा आदर्श आचरण किसे कहते हैं। एक परिस्थिति में जो आचरण अधर्म माना जाता है, दूसरी परिस्थिति में वही धर्म का रूप ले लेता है। एक काल में जो कर्म गर्हित समझा जाता है, दूसरे काल में वही कर्म पवित्र बन जाता है एवं एक समाज में जो क्रिया अच्छी समझी जाती है, दूसरे समाज में वही निन्दनीय बन जाती है। इसीलिए, महाभारत ने बार-बार दुहराया है, 'सूक्ष्मा गतिर्हि धर्मस्य' अर्थात् धर्म या व्यावहारिक नीति-धर्म की गति बड़ी ही सूक्ष्म होती है; एवं गीता का कथन है कि "किं कर्म किमकर्मेति कवयोऽप्यत्र मोहिताः"—कर्म और अकर्म क्या है, इसके निश्चयन में द्रष्टाओं को भी मोह होता है।

यदि रामकथा के इतिहास को देखें तो पता चलेगा कि इस महान चरित-विषयक अनुभूति भी बराबर बदलती रही है। भवभूमि के राम ठीक वे नहीं हैं जो वाल्मीकि के राम हैं और तुलसी के राम वाल्मीकि तथा भवभूति, दोनों के रामों से भिन्न हैं। इसी प्रकार, 'साकेत' के राम पहले के सभी रामों से भिन्न हो गये हैं। वाल्मीकि के राम जब शूद्र-तपस्वी शम्बूक का वध करते हैं तब उनके हृदय में करुणा नहीं उपजती, न इस कृत्य से किसी और को ही क्लेश होता है। उलटे, देवता राम पर पुष्पों की वृष्टि करते हैं और सारा वातावरण इस भाव से भर जाता है कि शम्बूक का वध करके राम ने एक अनिवार्य धर्म का पालन किया है। किन्तु वाल्मीकि से भवभूति की दूरी बहुत अधिक है। इस लम्बी अवधि के बीच, जैन और बौद्ध प्रचारकों ने जनता के मन में यह भाव जगा दिया था कि, हो-न-हो, सभी मनुष्य जन्मना समान हैं और तपस्या यदि सुकर्म है तो वह शूद्रों के लिए वर्जित नहीं समझी जानी चाहिए। परिणाम इसका यह हुआ कि भवभूति जब उत्तर रामचरित में शम्बूक-वध का दृश्य दिखलाने लगे तक उनका हृदय कराह उठा। किन्तु इस करुणा को उन्होंने स्वयं न कहकर राम के ही मुख में डाल दिया। भवभूति के राम जब शम्बूक का वध करना चाहते हैं तब शम्बूक पर उनका हाथ नहीं उठता और वे स्वयं अपनी भुजा को ललकारकर कह उठते हैं :

हे हस्त दक्षिण! मृतस्य शिशोर्द्विजस्य
जीवातवे विसृज शूद्रमुनौ कृपाणम्,

रामस्य गात्रमसि निर्भरगर्भखिन्न–
सीताविवासनपटोः करुणा कुतस्ते?

[हे मेरे दाहिने हाथ! तू शूद्र मुनि के ऊपर कृपाण चला, जिससे ब्राह्मण का मृत पुत्र जी उठे। तू तो उस राम का गात्र है जिसने भारी गर्भभार से श्रमित सीता को निर्वासित कर दिया है। तुझमें करुणा कहाँ से आ गई (कि शूद्र मुनि पर तलवार चलाने में हिचकिचा रहा है)?]

तुलसीदासजी के समय तक आते-आते वृद्ध द्वारा प्रवर्तित बृहत् मानवता का आन्दोलन और भी पुष्ट हो गया एवं नारी और शूद्र के प्रति जनता की भावना कुछ और उदार हो गई। परिणामतः गोस्वामीजी ने 'रामचरितमानस' में शम्बूक-वध एवं सीता-परित्याग की कथाएँ नहीं लिखीं। यदि उन्होंने ये कथाएँ लिखी होतीं तो उनके राम हमारे लिए कहाँ तक ग्राह्य होते, यह संदिग्ध विषय है।

इसी प्रकार, 'साकेत' के राम, अनायास ही, उस युग से प्रभावित हो गए हैं जिसके संस्कारों की रचना स्वामी दयानन्द तथा स्वामी विवेकानन्द ने की थी। वेदों का प्रचार और आर्यधर्म का विज्ञापन, यह स्वामी दयानन्द का सबसे प्यारा ध्येय था एवं स्वामी विवेकानन्द का उपदेश था कि परलोक की आराधना में लोक की उपेक्षा मत करो। 'साकेत' के राम इन दोनों महात्माओं के उद्देश्यों को आगे बढ़ाते हैं :

बहु जन वन में हैं बने ऋक्ष-वानर-से,
मैं दूँगा अब आर्यत्व उन्हें निज कर से।
उच्चारित होती चले वेद की वाणी,
गूँजे गिरि-कानन, सिन्धु पार कल्याणी।

तथा

सन्देश यहाँ मैं नहीं स्वर्ग का लाया,
इस भूतल को ही स्वर्ग बनाने आया।

इस दृष्टि से देखने पर यह कहना कठिन हो जाता है कि भगवान रामचन्द्र का कौन रूप आदर्श है और कौन नहीं। उनका चरित्र हजारों वर्ष से हमारे राष्ट्रीय जीवन के साथ रहा है और भारतीय आदर्श में समय-समय पर जो परिवर्तन हुए हैं उनकी अनुभूतियाँ रामचरित-विषयक नए काव्यों में समाविष्ट होती आई हैं। यही कारण है कि रामकथा के मूलकाव्य वाल्मीकि-रामायण में राम का जो रूप चित्रित हुआ, 'साकेत' तक आते-आते वह बहुत कुछ परिवर्तित हो गया है। विशेषतः, वाल्मीकि और तुलसी के हाथों जिन दो रामों की सृष्टि हुई, वे परस्पर भिन्न-से लगते हैं। वाल्मीकि के राम मनुष्य हैं एवं मानवोचित दुर्बलताओं की झाँकी उनके चरित्र में स्पष्ट दिखाई देती है। किन्तु तुलसीदासजी ने राम की मानवीय दुर्बलताओं को बिलकुल नहीं तो, बहुत दूर तक आँखों से ओझल कर दिया है। जैसा गोस्वामीजी का विश्वास था,

उनके राम साक्षात् परब्रह्म के अवतार हैं एवं लौकिक आचरण वे केवल लीला के लिए करते हैं। सीता के विरह में ईषत् रुदन, लक्ष्मण की मूर्च्छा के समय क्रन्दन और विलाप तथा जटायु के सामने रावण को लक्ष्य करके कुछ दर्प-प्रदर्शन, ये ही कुछ थोड़ी मानवीय झाँकियाँ हैं जो हमें तुलसी के राम में मिलती हैं। बाकी तो वे सदैव मन की उच्च स्थिति में ही विद्यमान मिलते हैं।

यहाँ यह प्रश्न फिर उठता है कि आदर्श मनुष्य कौन है। वह जो रागों से सर्वथा मुक्त होकर देवत्व के सिंहासन पर विराजमान है अथवा वह जो मानवीय दुर्बलताओं का सामना करके बराबर उनसे ऊपर रहने के प्रयास में है? यदि आदर्श मनुष्य देवता का पर्याय है तो, निश्चय ही इस आदर्श की पूरी झाँकी तुलसी के राम में है। किन्तु मनुष्य का जो संघर्ष वाला स्वरूप है, उसका आदर्श तुलसी में नहीं, वाल्मीकि के राम में मिलेगा।

मनुष्य का सामान्य लक्षण एक प्रकार का मानसिक संघर्ष है। प्रत्येक मनुष्य के भीतर उच्च और निम्नगामी भावनाओं के बीच द्वन्द्व चला करता है। विकारों का उद्वेग सभी मनुष्यों में उठता है और यह उद्वेग मनुष्यों को नीचे ले जाना चाहता है। ऊँचा अथवा आदर्श मनुष्य वह है जो इन विकारों की अधीनता स्वीकार नहीं करता, प्रत्युत् उन्हें दबाकर अथवा उनका परिष्कार करके अपने आन्तरिक व्यक्तित्व को बराबर उच्च स्थिति में बनाए रखता है। वाल्मीकि ने जिस राम का चरित लिखा है, वे ऐसे ही मनुष्य हैं।

माता और पिता जब राम को वन जाने की आज्ञा देते हैं तब वाल्मीकि और तुलसी, दोनों के अनुसार, राम इस आज्ञा को बड़े ही हर्ष से शिरोधार्य कर लेते हैं। यह महापुरुषों का शील है। यह परिवार और समाज की मर्यादा के पालन का दृष्टान्त है। और, सचमुच ही, वाल्मीकि और तुलसी में से दोनों ने राम को मर्यादा पुरुषोत्तम के रूप में चित्रित किया है। किन्तु, प्रश्न रह जाता है कि क्या कैकेयी और दशरथ की इस कठोर आज्ञा के विरुद्ध राम के हृदय में कोई प्रतिक्रिया जगी ही नहीं? तुलसी का साक्ष्य है कि राम के भीतर कोई आक्रोश नहीं जगा। किन्तु वाल्मीकि कहते हैं कि वनगमन की आज्ञा सुनकर राम को दुख अवश्य हुआ, किन्तु इस दुख को उन्होंने भीतर-ही-भीतर सँभाल लिया। हाँ, वन में जब वे लक्ष्मण के साथ एकान्त में वार्तालाप करते हैं तब उनके मन की शंकाएँ एक-एक करके बाहर निकलने लगती हैं।

क्षुद्रकर्माहि कैकेयी द्वेषादन्याय्यचरेत्।
परिदद्याद्धि धर्मज्ञ! गरं ते मम मातरम्।

(अयो. 53/18)

(हे धर्मज्ञ लक्ष्मण! कैकेयी क्षूद्रकर्मा है। मुझे भय होता है कि कहीं वह तुम्हारी और मेरी माता को जहर न दे दे।)

अर्थधर्मान् परित्यज्य यः काममनुवर्तते।
एवमापद्यते क्षिप्रं राजा दशरथो यथा।

(अयो. 53/13)

(जो लोग अर्थ और धर्म को छोड़कर केवल काम का सेवन करते हैं, उनकी वही दशा होगी जो राजा दशरथ की हुई।)

मनुष्य जब तक मनुष्य है तब तक उसके भीतर इस प्रकार की भावनाएँ अवश्य जागेंगी। भेद यह होगा कि सामान्य मनुष्य इन भावनाओं की अधीनता को स्वीकार कर लेगा, किन्तु उच्च मनुष्य उन्हें अपने नियन्त्रण में रखेगा।

अयोध्या के राज्य को राम ने तृण से अधिक महत्त्व नहीं दिया, यह बात भी वाल्मीकि और तुलसी, दोनों रामायणों में मिलती है। किन्तु, वाल्मीकि यह संकेत भी दे जाते हैं कि राम के मन में इस त्याग से एक कलक उठी थी। हाँ, उनका चरित्र इतना सुदृढ़ था कि उन्होंने इस कलक को भी दबा दिया।

अधर्मभयभीतश्च परलोकस्य चानध!
तेन लक्ष्मण! नाद्याहमात्मानमभिषेचये।

(अयो. 53/26)

(हे लक्ष्मण! मुझमें इतनी सामर्थ्य है कि चाहूँ तो अपने ही बाहुबल से अपना राजतिलक करवा लूँ। किन्तु ऐसा मैं इसलिए नहीं करता कि यह अधर्म होगा।)

वाल्मीकि के राम मनुष्य की सभी दुर्बलताओं से परिचित हैं; किन्तु वे किसी भी दुर्बलता के समीप आत्मसमर्पण नहीं करते। भीतर आँधियाँ उठती हैं, किन्तु राम के धर्मस्थित चरण को वे हिला नहीं सकतीं। मानो, आदि कवि पग-पग पर यह बताना चाह रहे हों कि जो दुर्बलताएँ सामान्य मनुष्यों को सताती हैं, वे राम के सामने भी आई थीं, किन्तु राम ने उनकी अधीनता स्वीकार नहीं की, प्रत्युत् उन्हें ही अपने वश में कर लिया। इसी से वे सभी मनुष्यों के लिए आदर्श हैं।

आदर्श पुत्र, आदर्श बन्धु, आदर्श राजा और आदर्श मनुष्य के रूप में भगवान रामचन्द्र की प्रसिद्धि बहुत बड़ी है। किन्तु कुछ ऐसी घटनाएँ भी हैं जिनको लेकर राम के आचरण पर शंकाएँ की जाती हैं और इनमें से कुछ ऐसी शंकाएँ भी हैं जिनका समाधान धर्म के व्यावहारिक पक्ष को स्वीकार किए बिना नहीं हो सकता।

पहली शंका तो यह है कि राम ने शूर्पनखा से यह असत्य क्यों कहा कि मेरे भाई अविवाहित हैं, तुम उनके पास जाओ। किन्तु, यह शंका, प्रायः, नगण्य है क्योंकि हास-परिहास तथा स्त्रियों से वार्तालाप में, विवाह के समय और प्राणरक्षा के निमित्त कहा गया असत्य निर्दोष होता है, ऐसा उपदेश उस समय के नीति-शास्त्र भी देते थे। किन्तु दूसरी शंका कुछ अधिक उलझन खड़ी करती है। यह शंका बालि-वध को लेकर की जाती है। राम ने बालि का वध किया, यह शंका की कोई बड़ी बात नहीं है क्योंकि राम सुग्रीव को मित्र बनाना चाहते थे एवं इस मित्रता का पहला निर्धारित मूल्य

बालि-वध ही था। फिर यह कारण भी था कि बालि ने अपने भाई की पत्नी का हरण कर लिया था। साथ ही, वह रावण का भी मित्र था। अतएव उसके वध में कोई दोष नहीं था। किन्तु शंका की बात यह हो जाती है कि अपने समय में प्रचलित युद्ध के नियमों के विरुद्ध जाकर राम ने छल से बालि का वध क्यों किया? रामचरितमानस में जब बालि राम से पूछता है कि "मैं बैरी सुग्रीव पियारा, कारण कवन नाथ मोहि मारा", तब इस प्रश्न का उत्तर तो राम दे देते हैं किन्तु बालि जब यह कहता है कि "धरम हेतु अवतरेउ गोसाई, मारेउ मोहिं ब्याध की नाई", तब राम से इसका जवाब देते नहीं बनता और वे, व्याजान्तर से, लज्जित होते हुए यह कहते हैं कि 'अचल करौं तनु राखहु प्राना।' 'यदि तुम चाहो तो मैं तुम्हें पुनर्जीवन दे दूँ।'

बालि-वध से निकलनेवाली कर्त्तव्याकर्त्तव्य की यह समस्या उतनी ही जटिल है जितनी वह समस्या जो प्रतिज्ञा के विरुद्ध कृष्ण के शस्त्र उठाने से खड़ी होती है, जो युधिष्ठिर के झूठ बोलने अथवा गांधीजी के बछड़े को सुई देकर मरवा देने से निकलती है। ऐसी समस्याओं का समाधान लोक और परलोक, दोनों दृष्टियों से नहीं दिया जा सकता। यह समाधान सदैव एकपक्षी हुआ करता है। राम के सामने कठिनाई यह थी कि बालि का वध वे अवश्य करना चाहते थे और इस वध में कोई पाप भी नहीं था। वे सुग्रीव को वचन दे चुके थे कि मैं एक ही बाण से बालि का नाश कर दूँगा। किन्तु, बालि महाबलवान् शत्रु था, यहाँ तक कि उसके विषय में जनश्रुति फैली हुई थी कि जो भी व्यक्ति उससे हाथ मिलाएगा, उसकी आधी शक्ति खिंचकर बालि के शरीर में चली जाएगी। अतएव, राम यदि आमने-सामने होकर लड़ते तो सम्भव था कि यह द्वन्द्वयुद्ध कई दिनों तक चलता और तब तक सुग्रीव के मन में अनेक शंकाएँ उठने लगतीं। सम्भव है, राम में उसका विश्वास ही हिल जाता। इसलिए, राम ने सोच-समझकर ही बालि को छिपकर मारा। असल में, बालि-वध के भीतर हम वह दृश्य देखते हैं जब लोक और परलोक के बीच समुचित सामंजस्य बिठाना कठिन हो जाता है। और जब आपद्धर्म की स्वीकृति के बिना धर्म का पालन ही नहीं किया जा सकता।

तीसरी शंका सीता-त्याग को लेकर उठाई जाती है। राम भली-भाँति जानते थे कि सीता सती, साध्वी, पतिपरायणा और निश्छल नारी हैं। फिर भी, लोकापवाद के भय से उन्होंने उनका त्याग कर दिया। इतना ही नहीं, प्रत्युत, अश्वमेध के समय जब वाल्मीकि बड़ी बुद्धिमानी से सीता को राम के सम्मुख ले आए, तब भी राम ने बढ़कर सीता को ग्रहण नहीं किया, बल्कि उनसे उनकी पवित्रता का नया प्रमाण माँगा। और यह नया प्रमाण सीता ने यह दिया कि वे जीते जी पातल-प्रवेश कर गईं।

आज के प्रसंग में भगवान राम का यह कृत्य अत्यन्त कठोर मालूम होता है और इसका सबसे जहरीला अंश, शायद यह है कि राम ने सीता को इसकी भनक भी नहीं

लगने दी कि वे उनका त्याग कर रहे हैं। राम यह भली-भाँति जानते थे कि सीता की पवित्रता बहुतों की दृष्टि में स्वयंसिद्ध बात है और मन्त्रियों तथा भाइयों में से कोई भी निर्वासन के प्रस्ताव का अनुमोदन नहीं करेगा। इसलिए उन्होंने अपने वज्रनिर्णय की विचिकित्सा की बिलकुल मनाही कर दी :

न चास्मिन् प्रतिवक्तव्यः सीतां प्रति कथंचन।

(उ. 45/159)

किन्तु राम इस कठोर निर्णय पर क्यों आए, इसके दो कारण अनुमित किए जा सकते हैं। एक तो यह कि उन दिनों नारी का स्वतन्त्र व्यक्तित्व नहीं था। वह केवल भोग की सामग्री समझी जाती थी और सुयश एवं प्रतिष्ठा की रक्षा के लिए नारी का त्याग करने में लोग गौरव का ही अनुभव करते थे, मानो वे छोटी वस्तु का बलिदान देकर बड़ी वस्तु को बचा रहे हों। दूसरा कारण यह था कि राम संसार के सामने आदर्श शासक का उदाहरण उपस्थित करना चाहते थे। प्रजा राजा का अनुकरण करती है। झूठ ही सही, किन्तु जनता में जब यह प्रवाद फैल गया कि जब राम ने सीता को स्वीकार कर रखा है तब हमें भी अपनी भार्याओं के दोष सहने होंगे (अस्माकमपि दारासु सहनीयं भविष्यति), तब राम के लिए यह आवश्यक हो गया कि वे अपनी सती, साध्वी और प्राणप्रिय पत्नी का त्याग करके जनता को धर्म के परम्परागत मार्ग पर आरूढ़ रहने की शिक्षा दें। सीता-परित्याग में राम का यह भाव काम करता है कि निष्कलंक सीता को कलंकिनी माननेवाली जनता कहीं इसी बहाने पाप और पतन को सह्य न मान ले। आज अनेक लोग हैं जो बहुत सोचने पर भी राम के इस कार्य की अनिवार्यता तक नहीं पहुँच पाते। किन्तु उन्हें क्या पता कि जो शासक अपने उदाहरण से जनता को ऊपर उठाने का बीड़ा उठाता है, उसे कभी-कभी ऐसे बलिदान भी करने पड़ते हैं।

(1955 ई.)

('वेणुवन' पुस्तक से)

लौकिकता और हिन्दू-धर्म

दुनिया में हिन्दू-धर्म की आलोचना इस बात को लेकर भी चलती है कि यह धर्म लोक से परलोक को अच्छा समझता है और वह जिन्दगी से जूझने की शिक्षा नहीं देता, बल्कि आदमी को संघर्ष से भागने की राह बतलाता है। हिन्दू-धर्म पर यह लाँछन शायद इसलिए लगाया जाता है कि भारतवर्ष में योगियों, साधुओं और संन्यासियों की संख्या हमेशा बड़ी रही थी और जो लोग साधु या संन्यासी हो जाते थे, वे किसी भी तरह का संचय नहीं करते थे, न वे समाज में फैले हुए अन्याय का विरोध करते थे। हिन्दुओं के बीच सबसे श्रेष्ठ मनुष्य राजे या सेठ नहीं, बल्कि वे लोग समझे जाते थे, जो अपनी मुक्ति खोजने के लिए संसार का त्याग कर देते थे। और जो आदमी संसार का त्याग कर देता है, उसकी दृष्टि में लोक की अपेक्षा परलोक अवश्य ही श्रेष्ठ होगा।

किन्तु, संसार से भागने का यह रिवाज आर्यों के आदि धर्म में नहीं था। आर्यों के आदि धर्म यानी वैदिक धर्म में प्रधानता संन्यास की नहीं, बल्कि गृहस्थ धर्म की थी। ऋग्वेद में संसार से भागने की शिक्षा नहीं मिलती। ऋषिगण भगवान से यह नहीं माँगते कि 'हे भगवान, हमें संन्यास और वैराग्य दो।' बल्कि वे यह माँगते हैं कि 'हे इन्द्र! हमारे घोड़ों को पुष्ट बनाओ, हमारी सन्ततियों को ताकत दो, हमारे शत्रुओं का बल घटाओ।' वैदिक ऋषि नरक की भी कल्पना नहीं करते थे। उनका खयाल था कि बलवान मनुष्य जैसे पृथ्वी पर पुण्य से जीकर सुख भोगता है, उसी तरह मरने के बाद भी वह ऐश्वर्यों का भोग करता है। पितरों की याद करके ऋषि ने एक मन्त्र में कहा है, "हे पितर! आप इन्द्र के साथ सुख से विहार करें।"

और जो बात हम ऋग्वेद में देखते हैं, वही चीज हमें वाल्मीकि की रामायण और व्यास के महाभारत में भी दिखाई देती है। श्रीमद्भगवद् गीता महाभारत का ही एक अध्याय है, जिसमें भगवान कृष्ण ने युद्ध से भागने की इच्छा से पीड़ित अर्जुन को उपदेश दिया है। अर्जुन यह सोचकर कातर हो उठे थे कि अपने ही चचा, बाबा, भाई, भतीजे और भानजे को मारकर राजा बनना पुण्य नहीं, पाप का कार्य है। भगवान ने अर्जुन को इसी कातरता से मुक्त करने को गीता कही थी। गीता वैसे ज्ञान-मार्ग और भक्ति-मार्ग का भी ग्रन्थ है। लेकिन उसका असली जोर कर्मयोग पर है। और इस कर्मयोग के भीतर युद्ध का भी बहुत बड़ा स्थान है। गीता की शिक्षा यह है कि

आततायी लोगों के अन्याय को सहते जाना पुण्य नहीं, पाप है। संसार संघर्ष की भूमि है। धरती पर विजय उन्हें मिलती है, जो वीर हैं, जो कर्मठ, अध्यवसायी और निर्भीक हैं। संसार का सुख ऐसा नहीं है, जिसे लात मार दी जाए और संघर्ष का मुकाबला किए बिना संसार का सुख प्राप्त नहीं किया जा सकता। भगवान ने यह बात स्पष्ट कही है कि हे अर्जुन! अगर युद्ध में तू मारा गया, तो तुझे स्वर्ग प्राप्त होगा; यदि युद्ध तू जीत गया, तो पृथ्वी पर तू राज करेगा। अतएव, तुझे युद्ध के लिए तैयार होना चाहिए :

हतो वा प्राप्स्यसि स्वर्गं जित्वा वा मोक्षसे महीम्।
तस्मात् उत्तिष्ठ कौन्तेय, युद्धाय कृतनिश्चयः।

इसी प्रकार, वाल्मीकि रामायण में भगवान रामचन्द्र ने लक्ष्मण से कहा है कि हे लक्ष्मण, जो लोग खल और नीच हैं, उन्हें क्षमा नहीं करना चाहिए। जो मनुष्य क्षमा की महिमा नहीं समझता, वह दंड के योग्य है, अतएव समुद्र को मैं अब दंड दूँगा। इसकी प्रतिध्वनि हमें तुलसीकृत रामायण में भी सुनाई देती है :

विनय न मानत जलधि जड़, गए तीन दिन बीति।
बोले राम सकोप तब, भय बिनु होइ न प्रीति।
लछुमन वेगि सरासन आनू, सोखौं वारिधि बिसिख कृसानू।

शूरता, साहस और संघर्ष की महिमा आर्यों के प्राचीन साहित्य में सर्वत्र भरी पड़ी है और इसीलिए वैदिक आर्यों की पुरानी दुनिया पर उतनी बड़ी धाक थी। वैदिक आर्य मुनि नहीं, ऋषि होते थे। मुनि वे कहलाते थे, जो विवाह नहीं करते थे, खेती नहीं करते थे, न संग्राम में भाग लेते थे। लेकिन, ऋषि गृहस्थ होते थे, वे कृषि करते थे, वे वेद की ऋचाएँ लिखते थे और ईश्वर की उपासना करते थे, किन्तु लड़ाई लगने पर वे तलवारें उठाकर युद्ध-भूमि में भी पिल पड़ते थे। वैदिक युग भारत का स्वर्ण-युग था, जब मनुष्य लोक और परलोक में फर्क नहीं समझता था। किन्तु जब भगवान महावीर और भगवान बुद्ध का जन्म हुआ, तब उनके उपदेशों से निवृत्ति की भावना बहुत अधिक बढ़ गई और जो आर्य पहले धर्म-साधना के लिए भी गार्हस्थ का त्याग करने को तैयार नहीं थे, वे भरी जवानी में संन्यास लेने लगे, क्योंकि बुद्ध और महावीर, दोनों की शिक्षा यह थी कि मुनि और भिक्षु हुए बिना मनुष्य को मोक्ष नहीं मिल सकता।

मेरा खयाल है, हिन्दुओं के वेद से बाद वाले दर्शन में वैराग्य और निवृत्ति की जो प्रधानता हो गई, वह ज्यादातर इन्हीं दो महात्माओं के उपदेशों का परिणाम थी।

समय-समय पर वैराग्य-भावना पर थोड़ी-बहुत चोट कई महात्माओं ने की थी। मगर उस पर सबसे कठोर प्रहार गुरु गोविन्द सिंह ने किया। गुरु गोविन्द भगवान परशुराम के अवतार थे। उन्हें यह देखकर घोर क्लेश हुआ था कि हिन्दू-जाति परलोक की आराधना में फँसकर लोक को गँवा बैठी है। वे चाहते थे कि हिन्दू तलवार की

महिमा को समझें और अपना हक और अपनी इज्जत बचाने के लिए मरने-मारने को तैयार रहें। अतएव उन्होंने हिन्दुओं के भीतर वीरता जगाने के लिए भगवान का नाम असिध्वज और महालौह रख दिया।

असिध्वज उसे कहेंगे, जिसके झंडे पर तलवार का निशान हो। गुरु गोविन्द सिंह भगवान को इसी रूप में भजते थे। वे भगवान को महालौह यानी लौह पुरुष भी समझते थे :

जो हो सदा हमारे पच्छा,
श्री असिधुज जी करिहहु रच्छा।
महाकाल रखवार हमारे,
महालौह, मैं किंकर थारे।

यही नहीं, बल्कि, गुरु गोविन्द सिंह ने यह भी कहा कि भगवान जब सृष्टि की रचना करने लगे, तब और कुछ बनाने के पूर्व उन्होंने तलवार की रचना की थी।

इसका अर्थ यह है कि संसार में पहले क्षात्र धर्म उत्पन्न हुआ। ब्राह्मण धर्म उसके पीछे आया, जब तलवार के बल से समाज में शान्ति स्थापित हो चुकी थी। महाभारत के शान्तिपर्व में भीष्म पितामह ने भी कहा है कि जब भी सभ्यता बनने लगती है, पहले क्षात्र धर्म का उत्थान होता है। यह बात सोलह आने ठीक है, क्योंकि यज्ञ करनेवाले पुरुष के पास केवल स्रुवा ही नहीं, धनुष और बाण भी होना चाहिए।

जहाँ शस्त्रबल नहीं,
शास्त्र पछताते या रोते हैं।
ऋषियों को भी सिद्धि
तभी तप से मिलती है,
जब पहरे पर स्वयं
धनुर्धर राम खड़े होते हैं।

गुरु गोविन्द सिंह ने जिस धर्म की व्याख्या की थी, उसे मैं वैदिक धर्म की ही व्याख्या मानता हूँ। मगर दुख की बात है कि उस समय पस्ती के बादल नहीं छँटे और जो गीता युद्धक्षेत्र में कही गई थी, उसे लोग संन्यास का ग्रन्थ मानते रहे। जो भी लड़का गीता पढ़ने लगता था, उसके माँ-बाप डरने लगते थे कि बेटा कहीं संन्यासी न हो जाए।

किन्तु उन्नीसवीं सदी में जब हिन्दू-धर्म की टक्कर यूरोप से हुई, तब हिन्दू-धर्म एक बार तो काँप उठा, लेकिन तुरन्त उसके भीतर से स्वामी दयानन्द, स्वामी विवेकानन्द और लोकमान्य बालगंगाधर तिलक जैसे महात्मा उत्पन्न हो गए। स्वामी दयानन्द ने हिन्दुओं की आँखों में उँगली डालकर उन्हें यह समझाया कि वैदिक धर्म

वीरता और संघर्ष की शिक्षा देता है, कायरता और वैराग्य के लिए उसके भीतर कोई स्थान नहीं है। तिलकजी ने गीता-रहस्य लिखकर हिन्दुओं को यह बतलाया कि गीता संन्यास की शिक्षा नहीं देती, बल्कि वह यह सिखलाती है कि संघर्षों से जूझकर आदमी को उन पर विजय प्राप्त करनी चाहिए। यह तिलकजी के गीता-रहस्य का ही सुपरिणाम है कि अब कोई भी जागरूक भारतवासी गीता को संन्यास की पुस्तक नहीं मानता है। गीता वह ग्रन्थ है, जो भारत के क्रान्तिकारियों को भारी प्रेरणा देती थी और जिसके श्लोक पढ़ते हुए सैकड़ों वीर फाँसी के तख्तों पर झूल गए थे। इसीलिए हमारा विचार बन गया है कि गीता का एक आख्यान तो स्वयं भगवान कृष्ण ने किया था, किन्तु दूसरी बार उसका कथन भगवान तिलक ने किया है।

किन्तु, पस्ती और निराशा की कालिमा को धोकर हिन्दू-धर्म को फिर से चमकाने का काम स्वामी विवेकानन्द ने किया। वे परमहंस श्री रामकृष्ण के शिष्य और महाकाली के उपासक थे। अपने सैकड़ों व्याख्यानों के द्वारा उन्होंने हिन्दुओं के मन पर से इस भाव को धो-पोंछकर दूर कर दिया कि धर्म की साधना वैयक्तिक मोक्ष के लिए की जाती है। उलटे, लोगों को उन्होंने यह समझाया कि धर्म की असली साधना का मार्ग समाज की सेवा का मार्ग है, राष्ट्र की उन्नति का मार्ग है, संघर्ष में ताल ठोंककर जूझने का मार्ग है। एक बार एक नौजवान स्वामीजी से गीता का मर्म समझने को गया था। स्वामीजी ने उससे कहा, ''बेटा, गीता घर में समझने की चीज नहीं है। तुम सीधे फुटबाल के मैदान में चले जाओ। गीता आपसे-आप तुम्हारी समझ में आ जाएगी।''

एक बार एक सज्जन सत्संगति के लिए स्वामीजी के पास गए, लेकिन स्वामीजी उस दिन देश और समाज की ही बातें बोलते रहे। चलते समय उस महाशय ने कहा, ''स्वामीजी, आज तो धर्म-चर्चा हुई ही नहीं।'' स्वामीजी ने गरजकर कहा, ''तुम धर्म-कथा सुनने को आए थे? मगर जब तक भारतवर्ष का एक कुत्ता भी भूखा है, तब तक उसके लिए रोटी जुटाना ही तुम्हारा सबसे बड़ा धर्म होना चाहिए।''

अमेरिका से लौटने के बाद मद्रास में स्वामीजी ने गर्जना की थी, ''तुम्हारे तैंतीस करोड़ देवता सोए हुए हैं। जगा हुआ एक ही देवता है, जो तुम्हारे सामने खड़ा है। वह देवता भारत माता है, वह देवता भारत की करोड़-करोड़ जनता है। सोए हुए देवताओं को छोड़कर तुम इस जगे हुए देवता की सेवा में लग जाओ। यही धर्म है। यही परमात्मा की सबसे बड़ी आराधना है।''

स्वामीजी धर्मात्मा उसे समझते थे, जिसके भीतर साहस और शक्ति है, दुनिया में कुछ कर गुजरने की धुन है और जो सबको सुखी बनाने के बाद अपना सुख चाहता है।

इन महात्माओं के उपदेशों में स्नान करके हिन्दू-धर्म बिलकुल नवीन और ताजा हो उठा है। आज का हिन्दू अपने वैयक्तिक मोक्ष को जीवन का सबसे बड़ा ध्येय नहीं मानता। सबसे बड़ा ध्येय यह है कि हम समाज से गरीबी को दूर करें, लोगों में शिक्षा का प्रचार करें, महामारी और अकाल के समय जनता की सेवा के लिए दौड़ पड़ें और दुश्मन अगर सरहद पर आकर ललकारें, तो उसकी हेकड़ी मिटाने के लिए अपनी जान की बाजी लगा दें। आज का नया हिन्दू जात-पाँत की प्रथा में विश्वास नहीं करता, वह छुआछूत को नहीं मानता, न वह यही समझता है कि समुद्र के पार जाने अथवा विधर्मियों के साथ एक मेज पर बैठकर भोजन करने से उसकी जात चली जाएगी।

और तो और, आज के संन्यासी भी गार्हस्थ-धर्म का अनादर नहीं करते। वे एक रास्ते से तो समाज से निकल जाते हैं, मगर दूसरे रास्ते से फिर समाज में वापस आ जाते हैं। वे अपनी गृहस्थी तो नहीं बसाते, लेकिन सभी गृहस्थों की सेवा में लगे रहते हैं। संन्यास अब समाज-सेवा का सर्वोत्तम मार्ग है और आज के संन्यासी इसी पुण्य-कर्म को सबसे श्रेष्ठ समझते हैं।

और इतने पर भी कहना यही पड़ेगा कि जो भी परिवर्तन घटित हुए हैं, वे सारे-के-सारे परिवर्तन हिन्दुत्व के पेट में मौजूद थे। हिन्दू-धर्म की विशेषता यह है कि वह जितनी ही चोटें खाता है, उतनी ही उसकी ताकत तेज हो जाती है और वह जितना ही बदलता है, उतना ही अपने मूल रूप के समीप पहुँच जाता है। इसीलिए वह आज तक जीता रहा है। इसीलिए वह आगे भी जीवित रहेगा। नया हिन्दू-धर्म बदलकर विश्वधर्म की भूमिका बन गया है। सभ्यता बड़े संकट में है। बहुतों का विचार है कि वर्तमान सभ्यता टूट रही है। लेकिन हम जानते हैं कि जब यह सभ्यता टूट जाएगी, तब नई सभ्यता का जन्म नए हिन्दू-धर्म की प्रेरणा से होगा। एक समय था, जब सारे संसार ने हिन्दुत्व से प्रेरणा लेकर अपना विकास किया था। आगे भी वह समय आनेवाला है जब सारी दुनिया को संजीवनी-शक्ति भारतवर्ष प्रदान करेगा। भारत में भौतिक साधना के साथ आज भी आध्यात्मिक साधना कदम मिलाकर चल रही है। स्वामी दयानन्द, स्वामी विवेकानन्द, महायोगी अरविन्द, महर्षि रमण और स्वयं महात्मा गांधी इस नई आध्यात्मिकता के प्रतिनिधि हुए हैं। विनोबा इसी आध्यात्मिकता के ऋषि हैं। विज्ञान और अध्यात्म के बीच की खाई सबसे पहले भारतवर्ष में भरी जाएगी और तब सारे संसार के लिए भारत एक नमूना हो जाएगा।

नया हिन्दुस्तान केवल धर्म ही नहीं, विज्ञान का भी प्रेमी है। हमें केवल परलोक ही नहीं, यह लोक भी चाहिए। हम आत्मा और शरीर, दोनों के लिए पूरा आहार चाहते हैं। धर्म की साधना बहुत अच्छी चीज है, लेकिन साधुओं के भीतर भी यह शक्ति होनी चाहिए कि वे सरहद के भीतर घुसनेवाले शत्रु की गरदन काट सकें। दुनिया

में गड़बड़ी केवल इसलिए नहीं है कि उसके राक्षस बलवान हैं। गड़बड़ी का एक बड़ा कारण यह भी है कि साधुओं का दल कमजोर है, वह लड़ने से अलग रहना चाहता है। इसीलिए भारत ने नई राह पकड़ी है। वह अपनी आध्यात्मिक संस्कृति का मेल यूरोप के विज्ञान के साथ बिठाना चाहता है। जो काम किसी अन्य देश में नहीं हुआ, उसे भारत पूरा करके दिखाना चहता है।

एक हाथ में कमल, एक में धर्मदीप्त विज्ञान,
लेकर उठनेवाला है धरती पर हिन्दुस्तान।

मॉरिशस
29-7-67

('मेरी यात्राएँ' पुस्तक से)

भगवान बुद्ध

एक बार सर हरिसिंह गौड़ ने गांधीजी को यह परामर्श दिया था कि हिन्दू धर्म के उसी रूप का प्रचार किया जाना चाहिए, जिसका आख्यान बुद्धदेव ने किया है। इस परामर्श को मैं तनिक भी अस्वाभाविक नहीं मानता, क्योंकि बुद्धदेव प्रचलित धर्म के भंजक नहीं, सुधारक मात्र थे और जो सुधार उन्होंने करना चाहा, उसे अन्ततः हिन्दुओं ने स्वीकार भी कर लिया। यही नहीं, प्रत्यय हिन्दू-धर्म के आचार्य उनकी महिमा से इतने अभिभूत हुए कि कालक्रम में उन्होंने बुद्धदेव को अपना नेता और धर्मगुरु भी मान लिया।

निन्दसि यज्ञविधेरहह श्रुतिजातम्,
सदय-हृदय-दर्शित पशुघातम्,
केशव-धृत-बुद्ध-शरीर, जय जगदीश हरे।

बुद्धदेव हिन्दू-धर्म के चौबीस नहीं, दस अवतारों में से एक हैं और इस प्रकार उस धर्म और संस्कृति की रचना में उनका अपरिमित योगदान है, जो हम सबको अतीत के उज्ज्वल उत्तराधिकार के रूप में प्राप्त हुई है।

बुद्धदेव का ऋण समस्त संसार पर है, सारी मनुष्य जाति पर है। एच.जी. वेल्स तथा और भी कई पाश्चात्य विद्वान खुलकर यह स्वीकार करते हैं कि विश्व की सभ्यता एवं संस्कृति की प्रगति और उत्थान में जितनी सहायता बौद्ध धर्म ने की, उतनी किसी और धर्म से नहीं बन सकी। संसार में शायद ही कोई धर्म हो, जो बौद्ध धर्म के प्रभाव से अछूता कहा जा सके। इस धर्म का उदय अत्यन्त प्राचीन काल में हुआ था और इसके बाद उठनेवाले सभी धर्मों ने इससे कोई-न-कोई तत्त्व अवश्य ग्रहण किया। भारत का कोमल-से-कोमल सन्देश बौद्ध धर्म की बाँहों पर चढ़कर विश्व भर में प्रसारित हुआ और सारे एशिया के भीतर एकता का जो तार आज भी अनुस्यूत मिलता है, वह इसी धर्म की रचना और प्रभाव है। किन्तु इससे भी बढ़कर हम भारतवासी बुद्धदेव के आगे एक विशेष कारण से ऋणी हैं। और वह कारण यह है कि जाति-प्रथा और अस्पृश्यता की विषमता को दूर करके सभी मनुष्यों को एक करने का आन्दोलन इस देश में सबसे पहले बुद्धदेव ने ही आरम्भ किया था।

हिन्दू धर्म के जिस कलंक के खिलाफ कबीर और नानक जूझे, दादू और नामदेव ने लोहा लिया, आलवार* सन्तों और वीर शैवों ने लड़ाई लड़ी एवं दयानन्द और गांधी

ने संघर्ष किया, उस कलंक के विरुद्ध धर्म-युद्ध ठानने का पहला श्रेय भगवान बुद्ध को है और बुद्धदेव ने बृहत् मानवता के जिस आन्दोलन का आरम्भ किया था, वह आज भी चल रहा है। यह आश्चर्य की बात है कि जाग्रत ब्राह्मण धर्म के रोब में आकर बौद्ध धर्म ने कितनी ही ऐसी बातों को फिर से स्वीकार कर लिया, जिन्हें वह अपने हीनयान युग में तिरस्करणीय और त्याज्य समझता था; किन्तु अस्पृश्यता और जाति प्रथा के आगे उसने कभी भी अपना मस्तक झुकने नहीं दिया। यह बौद्ध मत की क्रान्तिप्रियता का सबसे बड़ा प्रमाण है और इसी के कारण वह आज भी हमारे प्रेम का अधिकारी बना हुआ है।

बुद्धदेव के बाद भारत में कबीर, नानक, दादूदयाल, नामदेव, दयानन्द और महात्मा गांधी आदि जो भी क्रान्तिकारी सन्त जन्मे, उनकी उत्पत्ति के पीछे किसी-न-किसी रूप में बौद्ध महाक्रान्ति के संस्कार काम करते रहे हैं। बुद्धदेव के समय से भारत में दो विचारधाराएँ समानान्तर रूप से बहती रही हैं। एक तो वह, जो शास्त्रों का भय दिखाकर जाति-प्रथा और अस्पृश्यता को कायम रखना चाहती है और यह विश्वास करती है कि ब्राह्मण सदा ब्राह्मण, अन्त्यज सदा अन्त्यज और शूद्र सदा शूद्र हैं। और दूसरी वह जो शास्त्रों को प्रमाण नहीं मानती तथा जिसका यह आग्रह है कि मात्र वंश के कारण एक मनुष्य बड़ा और दूसरा छोटा नहीं हो जाता। श्रेष्ठता जन्म से नहीं, कर्म से मिलती है। इनमें से पहली विचारधारा वह है, जिसके विरुद्ध गौतम बुद्ध ने क्रान्ति का झंडा उठाया था। और दूसरी वह, जो स्वयं बुद्ध के कमंडल से निःसृत होकर हमारे पास आई है। पहली धारा के देवता ब्रह्मा, विष्णु और महेश हैं; किन्तु दूसरी धारा निरंजन और निराकार को अपना आराध्य मानती है। यह भी कि पहली धारा के सन्त शंकराचार्य और कवि तुलसीदास हैं तथा दूसरी धारा के सन्त महात्मा गांधी और कवि कबीर हैं।

बौद्ध धर्म का ब्राह्मणों ने जो विरोध किया, वह इस कारण नहीं कि बौद्ध मत कोई नवीन दर्शन लेकर आया था, जो हिन्दुओं के दर्शन के विरुद्ध पड़ता था; बल्कि इस कारण कि वह जाति प्रथा को तोड़कर मनुष्य मात्र को एक करना चाहता था और समाज में इस समानता की प्रतिष्ठा होने से ब्राह्मणों का पद खतरे में पड़ता था। बौद्धों का सबसे बड़ा अपराध यह था कि उन्होंने यज्ञों का विरोध किया, जिनसे ब्राह्मणों की रोजी चलती थी, तथा उन्होंने बार-बार यह घोषणा की कि जन्म से सभी मनुष्य समान हैं, श्रेष्ठता सबको कर्म से मिलती है। अतएव ब्राह्मण वंश में भी जन्मा हुआ अपकर्मी मनुष्य निन्दा का पात्र है तथा चांडाल वंश में जन्मा हुआ मनुष्य अगर सत्कर्म करता है, तो उसकी भी पूजा होनी चाहिए।

एक तरह से देखिए तो यह भी कोई नई बात नहीं थी, क्योंकि संकेत-रूप में

---

1. दक्षिण भारत के वैष्णव सन्त और कवि।

ये सारे उपदेश उपनिषदों में भी उतर चुके थे और बहुधा, सिद्धान्त रूप में इन बातों को ब्राह्मण भी मानते थे; किन्तु उपनिषत्कारों पर ब्राह्मणों का कोप नहीं हुआ, इसका मूल कारण यह है कि सत्ताएँ बकनेवालों से नहीं, काम करनेवालों से भय खाती है। उपनिषदें केवल बोलकर रह गईं, इसलिए ब्राह्मण उनसे नहीं चिढ़े। बुद्धदेव बोलने को नहीं, काम करने को आए थे, इसलिए ब्राह्मण बौद्धों को अपना कोपभाजन मानने लगे। किन्तु यह कोप ब्राह्मणों को बौद्ध धर्म से प्रभावित होने से नहीं बचा सका और वे बौद्ध मत से लड़ते-लड़ते धीरे-धीरे स्वयं कुछ-कुछ बौद्ध होते चले गए।

बुद्धदेव कोई नया धर्म लेकर नहीं आए थे। उन्होंने हिन्दू धर्म के ही एक प्रकार के बौद्धीकृत रूप को फैलाना चाहा और वे इस कार्य में कृतकार्य भी हुए, क्योंकि आज का प्रत्येक हिन्दू थोड़ा-थोड़ा बौद्ध भी है। बौद्ध धर्म की सबसे बड़ी प्रशंसा यह है कि जिस शंकराचार्य को यह श्रेय दिया जाता है कि उन्होंने भारत से बौद्ध धर्म की जड़ उखाड़ फेंकी, स्वयं उन्हें ही यहाँ के लोग 'प्रच्छन्न बौद्ध' कहते थे अर्थात् बौद्ध मत को पराजित करने के लिए अन्ततोगत्वा ब्राह्मण धर्म ने उन्हीं शास्त्रों का आश्रय लिया, जो उसे बुद्धदेव से प्राप्त हुए थे। ब्राह्मण धर्म ने बौद्ध धर्म को पराजित तो किया; किन्तु उसे पराजित करने के पूर्व एक सीमा तक वह स्वयं बौद्ध हो गया। किसी ने ठीक ही कहा है कि बौद्ध मत भारत में मरा नहीं, वह अपने पिता के आलिंगन में विलीन हो गया।

किन्तु इतना होने पर भी दो-तीन बातें ऐसी हैं, जिनके कारण लोगों को शंका होती रहती है कि हो-न-हो, बुद्धदेव हिन्दुत्व के प्रचंड विरोधी रहे होंगे, क्योंकि उन्होंने आत्मा को नहीं माना, ईश्वर के विषय में वे मौन रह गए और वेदों की भी उन्होंने निन्दा की। यहाँ यह ध्यान रखना चाहिए कि बुद्धदेव के समय में भी आत्मा के विषय में दो प्रकार के मत प्रचलित थे। एक तो यह कि आत्मा शरीर में बसनेवाली, किन्तु उससे भिन्न शक्ति है, जिसके रहने से शरीर जीवित रहता है और जिसके चले जाने से वह शव हो जाता है। दूसरा मत यह था कि शरीर में ही रसों के योग से आत्मा नामक शक्ति उत्पन्न होती है, जो शरीर को जीवित रखती है। रसों में कमी-बेशी होने से उस शक्ति का लोप हो जाता है, जिससे शरीर जीवित नहीं रह जाता। बुद्धदेव ने अन्यत्र की भाँति यहाँ भी बीच की राह पकड़ी और यह कहा कि आत्मा असल में स्कन्धों और मन के योग से उत्पन्न एक शक्ति है, जो अन्य बाह्य भूतों की भाँति क्षण-क्षण उत्पन्न और विलीन होती रहती है। हमारे सामने जो नदी बहती है, उसका जल हमें बराबर एक-सा दिखलाई पड़ता है; किन्तु सत्य यह है कि जल बराबर आगे निकलता जा रहा है और उसकी जगह पर नया जल आता जा रहा है। नदी के प्रवाह के समान ही, हमारे भीतर आत्मा या चित्त का प्रवाह है, जिसके जारी रहने से शरीर जीवित कहा जाता है। लेकिन शरीर के विनाश के साथ ही चित्त-प्रवाह का विनाश

नहीं होता। वह संस्कारों का बोझ लिए हुए एक नए शरीर में प्रवेश करता है।

कहनेवाले चाहें तो इस निरूपण को अनात्मा का निरूपण कह सकते हैं; किन्तु हम हिन्दू यह मानते हैं कि भिन्न भाषा में यह भी आत्मा का ही निरूपण है। सच तो यह है कि पुनर्जन्म में विश्वास करनेवाले बुद्धदेव के विषय में यह कल्पना ही कैसे की जा सकती है कि वे आत्मा के अस्तित्व से इनकार करते होंगे? यदि आत्मा का अस्तित्व नहीं, तो फिर पुनर्जन्म में विश्वास करने की आवश्यकता ही कहाँ रह जाती है?

अगर वेदों की निन्दा की बात को लें, तो वह भी महावीर और बुद्ध के आविर्भाव के पहले ही शुरू हो गई थी। जो औपनिषदिक ऋषि वेद के कर्मकांड को अयथेष्ट या गलत मानकर उपनिषदों में एक नए गम्भीर धर्म की खोज कर रहे थे, वेद की निन्दा, असल में उन्हीं के उद्गारों से आरम्भ हुई। वेदों का कर्मकांड धीरे-धीरे भोगवादी सभ्यता का दर्शन हो गया था और उपनिषदों के ऋषि जब समाज को भोगवाद से ऊपर उठाने की कोशिश करने लगे, तब वेदों की थोड़ी-बहुत आलोचना करना उनके लिए अनिवार्य हो गया। मुंडकोपनिषद् और कठोपनिषद् में वेद की निन्दा के प्रमाण मिलते हैं। स्वयं गीता में जब भगवान अर्जुन से यह कहते हैं कि 'त्रैगुण्यविषया वेदा निस्त्रैगुण्यो भवार्जुन!' तब उससे भी वेद की मन्द अवहेलना ही ध्वनित होती है। जिस समय बुद्धदेव जन्मे, उस समय समाज में ब्राह्मणों की कैसी आलोचना चल रही थी, इसका उल्लेख केवल बौद्ध ग्रन्थों में ही नहीं, उपनिषदों में भी मिलता है। वेदों और ब्राह्मणों के विरुद्ध आलोचकों की यही प्रतिक्रिया बुद्धदेव में निर्भीक होकर प्रकट हुई। फर्क सिर्फ यह रहा कि जहाँ पहले के आलोचक केवल बोलकर रह जाते थे, वहाँ बुद्धदेव ने ऐसा सम्प्रदाय खड़ा कर दिया, जो कार्यतः वेदों और ब्राह्मणों का विरोध करनेवाला था।

बुद्धदेव ने अपने जीवन भर में ईश्वर की सत्ता में विश्वास करने का उपदेश किसी को नहीं दिया, इस प्रमाण से भी वे अहिन्दू नहीं हो जाते; क्योंकि हिन्दू-दर्शन की अनेक शाखाएँ ईश्वर में विश्वास नहीं करतीं और कुछ ऐसी भी हैं, जो ईश्वर को तटस्थ मानती हैं अर्थात् वे ऐसे ईश्वर में विश्वास करती हैं, जिसने सृष्टि नहीं बनाई, जो प्रकृति के क्रिया-कलाप में हस्तक्षेप नहीं करता और न जिसके कान मनुष्यों की प्रार्थना सुनने को ही खुले रहते हैं। ऐसे दार्शनिकों की अपेक्षा बुद्धदेव कुछ बहुत अधिक नास्तिक नहीं रहे होंगे। सच तो यह है कि वे मनुष्य की सारी शक्ति को कर्म पर केन्द्रित करना चाहते थे। उन्हें यह बात पसन्द नहीं थी कि मनुष्य उन प्रश्नों के चिन्तन में पड़कर अपनी शक्ति और समय का अपव्यय करे, जिनके विषय में कोई बात पूरी निश्चितता के साथ जानी नहीं जा सकती। ईश्वर है या नहीं, संसार नित्य है या अनित्य, जीव और शरीर एक हैं या दो, जीव मरने के बाद रहता है या नहीं, जन्म के पहले जीव कहाँ था और मृत्यु के बाद वह कहाँ जाएगा—इन सारे प्रश्नों

को उन्होंने 'अव्याकृत' कोटि में रख छोड़ा था। मज्झिमनिकाय के चूल-मालुंक्य-सुत्तंत में लिखा है कि मालुंक्यपुत्त नामक एक भक्त ने तथागत से यह पूछा कि 'जगत् नित्य है या अनित्य? जीव और शरीर एक हैं या दो? मरने के बाद बुद्ध रहते हैं या नहीं?' प्रश्न के साथ उस भक्त ने यह भी कहा कि 'भगवान यदि इन प्रश्नों के उत्तर नहीं देंगे तो मैं ब्रह्मचर्यवास नहीं करूँगा (अर्थात् संघ में रहकर धर्म की साधना नहीं करूँगा)।'

बुद्धदेव ने कहा, 'मालुंक्यपुत्त! कब मैंने तुमसे कहा था कि मैं तुम्हें ऐसे प्रश्नों के उत्तर दूँगा? तुम्हारा यह प्रश्न तो उस व्यक्ति के प्रश्नों के समान बेकार है जिसके कलेजे में जहर बुझा हुआ बाण घुस गया हो, जिसके हित-मित्र बाण निकालने के लिए सुयोग्य वैद्य को ले आए हों, मगर जो यह कह रहा हो कि मैं बाण तब तक नहीं निकलवाऊँगा जब तक कि मुझे यह मालूम नहीं हो जाए कि बाण चलानेवाला व्यक्ति गोरा है या काला, लम्बा है या नाटा, उसके नाम और गोत्र क्या हैं, उसके धनुष की डोरी मूँज की है या ताँत की तथा उसके बाणों के पंख बाज के हैं या गिद्ध के। मालुंक्यपुत्त! चाहे लोक नित्य है, यह दृष्टि रहे; चाहे लोक अनित्य है, यह दृष्टि रहे; दोनों ही हालातों में जन्म है ही, जरा है ही, मरण है ही, शोक, रोना-कान्दना, दुख-दौर्मनस्य और परेशानी हैं ही जिनके इसी जन्म में विघात (शमन के उपाय) को मैं बतलाता हूँ।'

बुद्धदेव उन प्रश्नों को अव्याकृत कहते थे, जिनके विषय में कोई बात निश्चयपूर्वक न तो जानी जा सकती है, न कही जा सकती है। अतएव ऐसे प्रश्नों का पूछा जाना ही उन्होंने बन्द कर दिया था। पोट्ठपाद के यह पूछने पर कि 'किसलिए भगवान ने इसे अव्याकृत कहा है?' तथागत ने बतलाया, 'इसलिए कि वे प्रश्न न तो अर्थयुक्त हैं, न धर्मयुक्त; न ब्रह्मचर्य के उपयुक्त, न निर्वेद के लिए; न विरोध के लिए।' अर्थात् इन प्रश्नों के विवेचन में पड़ने से मनुष्य को कुछ भी प्राप्त होनेवाला नहीं है।

मेरा अनुमान है कि अगर किसी ने बुद्धदेव से यह पूछा होता कि 'ईश्वर है या नहीं?' तो शायद वे यह कहते कि 'तुझे प्रश्न करना नहीं आया। तू यह पूछ कि तू है या नहीं। क्योंकि अगर ईश्वर है, तब भी मनुष्य के अच्छे कर्मों का फल अच्छा और बुरे कर्मों का फल बुरा होगा और अगर ईश्वर नहीं है, तब भी मनुष्य के अच्छे कर्मों का फल अच्छा और बुरे कर्मों का फल बुरा होगा। तब ईश्वर की बात कहाँ से आती है? सोचने योग्य बात तो यह है कि अच्छे और बुरे कर्म क्या हैं?' और इन्हीं अच्छे और बुरे कर्मों की पहचान करने के लिए तथागत ने विश्व को एक नूतन धर्म-ज्योति प्रदान की।

('रेती के फूल' पुस्तक से)

बौद्ध धर्म की विश्व-व्यापकता

केवल बौद्ध धर्म ही क्यों, संसार में जितने भी धर्म हैं, विश्व-व्यापकता का गुण थोड़ा-बहुत सबमें है। बिलगाव को लें तो बौद्ध मत ईसाइयत और इस्लाम से अलग मत है क्योंकि बौद्ध लोग पुनर्जन्म में विश्वास करते हैं, लेकिन ईसाई और मुसलमान पुनर्जन्म को नहीं मानते। फिर यह भी है कि बौद्ध मत में ईश्वर का नाम नहीं लिया गया है। किन्तु, हिन्दू-धर्म, इस्लाम और ईसाई मत तथा यहूदी मत, ये सब ईश्वर के अस्तित्व में विश्वास करते हैं। फिर भी, यह नहीं कहा जा सकता कि बौद्ध धर्म धर्म न होकर केवल आचार है। प्रत्येक धर्म के दो पक्ष होते हैं। एक का सम्बन्ध उस धर्म के माननेवालों के आचरण से होता है और दूसरे का सम्बन्ध उनके दार्शनिक विश्वास से। बौद्ध मत निरीश्वरवादी होता हुआ भी अदृश्य वास्तविकता में विश्वास करता है यानी यह मानता है कि जिन्दगी वहीं तक खत्म नहीं हो जाती जहाँ तक हमारी स्थूल आँखें उसे देख सकती हैं। दृश्य के परे एक और वास्तविकता है जो अदृश्य है, नियमों के परे एक और नियम है जो दिखाई नहीं देता, लेकिन जिस नियम के अनुसार हमारे इस जन्म का कर्मफल हमें उस जन्म में भोगना पड़ता है। हाँ, बुद्ध का यह उपदेश जरूर है कि तुम्हारे बस में तुम्हारे कर्म हैं, और उन्हें ही तुम सुधार सकते हो। जो बातें मानी नहीं जा सकतीं, उनके पीछे मत पड़ो। अनुष्ठान और पूजा की विधियाँ तथा धार्मिक रीति-रिवाज धर्म के बाहरी अंग हैं और वास्तविक धर्म की दृष्टि से इनका कोई खास महत्त्व नहीं है। हिन्दू-धर्म के रहस्यवादी साधु और इस्लाम तथा ईसाइयत के सूफी सन्त धर्म के बाहरी आचारों में विश्वास नहीं करते। उनकी दृष्टि तो उस मूल उत्स पर रहती है जहाँ से सभी धर्मों का जन्म होता है। सभी धर्मों का मूल उत्स यानी पैदा होने की जगह एक है। धर्म की उत्पत्ति तब होती है जब मनुष्य यह सोचने लगता है कि मैं कौन हूँ, कहाँ से आया हूँ और कहाँ मुझे जाना होगा। यह संसार क्या है? इसका कोई कर्त्ता है अथवा यह यों ही उछलकर हमारे सामने आ गया है? जाहिर है कि ये प्रश्न सभी धर्मों के मूल में काम करते हैं। जहाँ इन प्रश्नों पर विचार नहीं किया जाता, वहाँ दर्शन भले ही तैयार हो जाए, धर्म का उदय नहीं होता है।

रवीन्द्रनाथ ने कहा था, धर्म को गहे रहो, धर्मों को छोड़ दो। यह बात बिलकुल सच है। धर्म वह है जो हमें यह शिक्षा देता है कि हम अपनी आत्मा के साथ क्या

सलूक करें। जहाँ तक आत्मा-परमात्मा के सम्बन्ध का प्रश्न है, जहाँ तक यह जानने का सवाल है कि जिन्दगी इसी दुनिया में खत्म हो जाती है या वह इसके बाद भी है, वहाँ तक संसार के सभी धर्म एक हैं। धर्म के इसी रूप को डॉ. राधाकृष्णन ने 'आत्मा का धर्म' कहा है और आत्मा के धर्म के रूप में हिन्दुत्व, बौद्ध मत, ईसाइयत और इस्लाम में कोई भेद नहीं है। एक ही तत्त्व है जो सबमें व्याप्त है। एक ही दिशा है जिसकी ओर सभी धर्म इशारा करते हैं। अतएव यह प्रश्न नहीं उठता कि बौद्ध मत के सिद्धान्त अन्य धर्मों में गए हैं या नहीं। आने-जाने की कोई बात नहीं है। सभी धर्मों का मूल उत्स एक है जिसे हम यह जानने की इच्छा कह सकते हैं कि हमारे जन्म और मरण के पीछे क्या रहस्य है।

हाँ, इससे नीचे के धरातल पर हम यह जानने की कोशिश कर सकते हैं कि बौद्ध मत ने संसार को क्या दिया, और किस रूप में वह विश्वव्यापक धर्म है। जहाँ तक हिन्दुत्व का सवाल है, बौद्ध मत उसके भीतर से उत्पन्न हुआ और अपनी जन्मभूमि में अपना मिशन पूरा करके वह फिर से हिन्दुत्व के ही भीतर समाविष्ट होकर विद्यमान है। बुद्ध भारत के लिए अजनबी या अपरिचित धर्माचार्य नहीं थे। वे अपने समय के सर्वश्रेष्ठ हिन्दू थे और इस हैसियत से उपनिषदों का मन्थन करके उन्होंने जन-कल्याण के लिए एक नई राह निकाली। हिन्दू उन्हें विष्णु के दस अवतारों में से नवाँ अवतार मानते हैं। दशावतार-वन्दना में जयदेव ने बुद्ध-अवतार की वन्दना भी उसी श्रद्धा से की है जिस श्रद्धा से उन्होंने राम और कृष्ण की स्तुति की है :

निन्दसि वेदविधेरहह श्रुतिजातम्
सदयहृदयदर्शित पशुघातम्
केशव धृतबुद्धशरीर जय जगदीश हरे।

वास्तव में, जो सम्बन्ध यहूदी धर्म और ईसाइयत में है, जो सम्बन्ध पुराने टेस्टामेंट और नए टेस्टामेंट में है, वही सम्बन्ध वैदिक हिन्दुत्व और बौद्ध मत में भी माना जाना चाहिए। बल्कि सर हरिसिंह गौड़ ने तो गांधीजी को स्पष्ट सुझाव दिया था कि हिन्दुत्व के उसी रूप का प्रचार किया जाना चाहिए जिसका आख्यान बुद्धदेव ने किया है। और ईसाइयत एवं बौद्ध मत के बीच तो इतनी समता है कि देखकर आश्चर्य होता है। यह समता आप-से-आप नहीं आई होगी। उम्र में बौद्ध मत ईसाइयत से, और नहीं तो, पाँच सौ वर्ष बड़ा है। ईसामसीह ने जिस भूभाग में अपना धर्मोपदेश दिया, वहाँ ईसा से सैकड़ों वर्ष पूर्व बौद्ध धर्म का अमृत बरस चुका था। जब ईसामसीह ने अपना सम्प्रदाय खड़ा किया, उन्होंने बहुत-सी बातें बौद्ध सम्प्रदाय से ले लीं। ईसाई धर्म बौद्ध धर्म के समान है। ईसाई पादरियों की पोशाक बौद्ध भिक्षुओं की पोशाकों का विकसित रूप है तथा ईसाइयत के भीतर अहिंसा, विनय एवं करुणा का जो प्राचुर्य है वह बौद्ध मत की देन मानी जाती है। बौद्ध मत के प्रभावों के कारण ईसाइयत का उदय हुआ, इस बात को रोमन धर्म के अनुयायी भी

मानते हैं। बल्कि सेंट बोसाफेत के नाम से वे बुद्ध को भी ईसाई सन्तों में ही गिन लेते हैं। ईसाइयत और बौद्ध मत के बीच इतनी समानता है कि जर्मन दार्शनिक नीत्से ने जब निवृत्ति-मार्गी धर्मों पर आक्रमण किया तब बौद्ध मत और ईसाइयत, दोनों को उसने एक ही लाठी से हाँक दिया।

इस्लाम निवृत्तिमार्गी नहीं, प्रवृत्तिमार्गी धर्म है। अतएव मौलिक इस्लाम पर बौद्ध मत का प्रभाव पड़ा होगा, ऐसा नहीं कहा जा सकता। किन्तु जब इस्लाम के भीतर तसव्वुफ या रहस्यवाद की उत्पत्ति होने लगी तब उसके पीछे हिन्दू एवं बौद्ध प्रभाव अवश्य था, ऐसा विद्वानों का मत है। इसके सिवा, अभिनव अफलातूनी मत का जो प्रभाव इस्लाम पर यूनान होकर पड़ा, वह भी मूलतः हिन्दू और बौद्ध प्रभाव ही था, क्योंकि प्लाटिनस, जो इस बात का व्याख्याता हुआ है, वास्तव में बौद्ध और ब्राह्मण धर्म से प्रभावित था। यदि भौगोलिक विस्तार को देखें तो बौद्ध मत एक समय, प्रायः समस्त एशिया में फैला हुआ था, यहाँ तक कि मुसलमान होने के पूर्व हिमालय पार के तुर्क भी बौद्ध थे एवं चंगेज खाँ और हलाकू, ये दोनों आततायी वीर इस्लाम नहीं, बल्कि किसी किस्म के बिगड़े हुए बौद्ध मत के ही अनुयायी थे। लंका, बर्मा और श्याम में बौद्ध धर्म का हीनयान रूप प्रचलित हुआ तथा चीन, तिब्बत, मंगोलिया, कोरिया और जापान में उसका महायान रूप पहुँचा। इन देशों में आज भी बौद्धों की संख्या बहुत विशाल है।

बौद्ध मत की एक विशेषता यह भी है कि जब से संसार में धर्म का अनादर होने लगा है तब से धर्म के आलोचक अन्य धर्मों को विषय में चाहे जो भी कहें, किन्तु बौद्ध मत के प्रति वे अपनी सहानुभूति ही दिखलाते हैं। बौद्ध मत से नास्तिकों की सहानुभूति का कारण यह है कि बुद्ध ने ईश्वर की आवश्यकता पर ध्यान नहीं दिया। बुद्धिवादी लोग बौद्ध मत का आदर इसलिए करते हैं कि बुद्ध ने बार-बार अपने शिष्यों से कहा था कि मेरी बातों में इसलिए विश्वास मत करो कि वे मेरी बातें हैं, बल्कि इसलिए कि वे तुम्हारी समझ में भी आती हैं। जब तक मेरी बातें तुम्हारी अपनी बुद्धि में न आएँ, उन्हें तुम्हें नहीं मानना चाहिए। और समाज-सुधारकों को बौद्ध मत इसलिए अच्छा लगता है कि यह मत जातिप्रथा को नहीं मानता एवं जन्मना सभी मनुष्यों को परस्पर समझता है। राजनीति वाले बौद्ध मत को प्रजातन्त्री व्यवस्था का आदि प्रवर्तक और समाजशास्त्र वाले उसे विशाल मानवता का पहला आन्दोलन मानते हैं। और इस पर भी यह सत्य है कि जो भी लोग इस गए-गुजरे जमाने में धर्म को फिर से जाग्रत करना चाहते हैं, बौद्ध मत के भीतर उन्हें भी सबसे बड़ी आशा दिखाई देती है क्योंकि यही वह धर्म है जिसमें ईश्वर के अस्तित्व को लेकर शास्त्रार्थ करने की जरूरत नहीं समझी जाती, जिसके अन्दर परलोक-सम्बन्धी प्रश्नों का पूछा जाना स्वयं शास्ता के द्वारा वर्जित है तथा जो केवल मनुष्य के आचरणों की शुद्धि करके उसे ऊपर उठाता है, जो पंचशील के पालन से मनुष्य के इहलौकिक जीवन

को अधिक सुन्दर तथा सुरम्य बनाता है एवं ध्यान के द्वारा उसे आगामी जीवन के लिए तैयार करता है। लगभग बौद्ध धर्म के समान ही कोई धर्म विश्व का अगला धर्म होगा, जिसका लक्ष्य मनुष्य को करुणा, मैत्री और अहिंसा की शिक्षा देना होगा तथा जो जन-जन के बीच नैसर्गिक समता का प्रचार करेगा।

(1956 ई.)

('वेणुवन' पुस्तक से)

शान्ति की समस्या

प्रवृत्ति और निवृत्ति, ये धर्म की राजनीति हैं, जैसे इलियट ने क्लासिसिज्म और रोमांटिसिज्म को साहित्य की राजनीति कहा है। फिर भी, यह ठीक है कि प्रवृत्ति की अधिकता मनुष्य को लोभी और पर-पीड़क बना देती है। इसी प्रकार निवृत्ति की अधिकता से मनुष्य निर्धन और अत्याचार सहने योग्य हो जाता है।

किन्तु दोनों में से कौन-सा मार्ग श्रेष्ठ है? हुआ तो भारत में भी यही कि जब हम निवृत्तिवादी दर्शन के अधीन हुए, हमारी राजनीतिक स्वतन्त्रता जाती रही और जब हमने प्रवृत्ति के छूटे हुए सूत्र को फिर से पकड़ा, हम तुरन्त स्वतन्त्र हो गए। तो क्या अब हम निवृत्ति से बिलकुल अलग हो रहेंगे और प्रवृत्ति को उसी जोर से अथवा उसी अर्थ में ग्रहण करेंगे जिस जोर से या जिस अर्थ में उसे पश्चिमी जगत के लोग ग्रहण किए हुए हैं? प्रवृत्ति के अनेक गुण हैं, किन्तु उचित मात्रा में निवृत्ति को धारण किए बिना संसार में शान्ति नहीं आएगी, न मनुष्य को सन्तोष प्राप्त होगा। भविष्य तो सुस्पष्टता से दिखलाई नहीं पड़ता, किन्तु अतीत की शिक्षा का सार यह मालूम होता है कि संसार, अन्ततोगत्वा, उनका होगा जो किसी हद तक असंसारी हैं।

संसार को शान्ति की आवश्यकता पहले भी थी और आज भी है, प्रत्युत् युद्ध की घातकता में जो अपरिमित वृद्धि हुई है उससे शान्ति की आवश्यकता आज जितनी अधिक प्रतीत होती है उतनी वह पहले कभी और अनुभूत नहीं हुई थी। यही कारण है कि शान्ति को मनुष्य आज जिस निश्छलता से पुकार रहा है, उस निश्छलता से उसने पहले उसे कभी नहीं पुकारा था। किन्तु शान्ति की पुकार ज्यों-ज्यों जोर पकड़ती जा रही है, त्यों-त्यों यह रहस्य भी खुलता जाता है कि प्रवृत्ति की गाढ़ी-कड़वी स्याही से शान्ति की कविता नहीं लिखी जा सकती। शान्ति की कविता लिखने के लिए उसमें निवृत्ति का पतला पानी मिलाया जाना चाहिए।

शान्ति की नाव कहाँ अटकी हुई है? क्या शान्ति की बाधा साम्यवाद है, जिससे प्रजातन्त्रवादी देश संसार की रक्षा करना चाहते हैं? अथवा शान्ति की बाधा मरणशील पूँजीवाद है? ये समस्या के बाहरी रूप हैं। मुख्य बाधा मनुष्य की भोगवादी वृत्ति है; मुख्य बाधा मनुष्य की असहिष्णुता है; मुख्य बाधा मनुष्य में मानसिक हिंसा का यह भाव है कि संसार का कल्याण केवल उस मार्ग पर चलने में है जिस पर मैं चल रहा

हूँ। शान्ति के अवतरित होने के पूर्व मनुष्य में मानसिक अथवा बौद्धिक अहिंसा का उदय होना आवश्यक है।

सत्य केवल वही नहीं है जो हमें दिखाई देता है। सम्भव है, वह बात भी सत्य हो जो दूसरों के मुख से आ रही है। हिंसा केवल शारीरिक क्लेश का नाम नहीं है, न हिंसा केवल निन्दा और अपशब्द को कहते हैं। आँखें मूँदकर यह मान बैठना भी हिंसा ही है कि सत्य केवल वह है जो मुझे दिखाई पड़ता है। बौद्धिक अहिंसा मन की उदारता को कहते हैं। बौद्धिक अहिंसा समझौते और सामंजस्य की वृत्ति का नाम है। सत्य के मार्ग पर आए हुए व्यक्ति की सबसे बड़ी पहचान यह है कि वह दुराग्रही नहीं होता, वह इस हठ को नहीं मानता कि मेरा मार्ग सही तथा और सबके मार्ग गलत हैं।

भारत ने अहिंसा की साधना करते-करते जिस सर्वश्रेष्ठ सिद्धान्त का पता लगाया वह अनेकान्तवाद या स्याद्वाद का सिद्धान्त है और भारत के सबसे बड़े अनेकान्तवादी सन्त महात्मा गांधी हुए हैं जो समझौते के सबसे बड़े प्रेमी थे। अनेकान्तवाद, शान्ति, समझौता और राज्यहीन समाज, ये एक ही तत्त्व के अनेक नाम हैं। जैसे राज्य-हीन समाज में मनुष्य लाठी से हाँककर पहुँचाया नहीं जा सकता (राज्यहीन समाज के दरवाजे पर पहुँचने के पूर्व मनुष्य को भली-भाँति निर्मल हो जाना पड़ेगा) उसी प्रकार, जब तक मनुष्य आँखें लाल करके बहस करने का आदी है, तब तक उसे शान्ति नहीं मिलेगी। शान्ति का मार्ग समझौते का मार्ग है, सह-अस्तित्व का मार्ग है, अनेकान्तवाद और स्याद्वाद का मार्ग है। शारीरिक हिंसा मनुष्य उसी अनुपात में कम करेगा जिस अनुपात में वह मानसिक हिंसा से परहेज करता है, जिस अनुपात में वह विरोधी मतों को समझने की धीरता प्राप्त करता है। शान्ति, विश्वबन्धुत्व और विश्ववाद, ये बहुत-कुछ वे ही गुण हैं, जिनका प्रतिनिधित्व पहले धर्म करता था।

धर्म का प्राचीन रूप निरादृत हो गया, किन्तु उसके भीतर का सत्य अब नए नारों में अपना सिर उठा रहा है। यह शुभ लक्षण है, क्योंकि धर्म मनुष्य का स्वाभाविक गुण है। धर्म सभ्यता का सबसे बड़ा मित्र है। यदि धर्म नहीं रहा तो सभ्यता भी नहीं रहेगी। क्या शान्ति की रक्षा प्रत्येक घर में प्रहरी बिठलाकर की जाएगी? आज भी पुलिस उनके लिए नहीं रखी जाती जो धार्मिक हैं, बल्कि उनके कारण, जो धर्म को नहीं मानते, जो यह विश्वास करते हैं कि पुलिस से बचकर जो कुछ किया जाए वह पाप नहीं है।

विज्ञान की अति ने, आखिरकार, मनुष्य की आत्मा को जगा दिया। जो मनुष्य धर्म को लात मारकर बुद्धि के नेतृत्व में चला था, वह अन्ततः, अब उस जगह पहुँच गया है जहाँ उसे यह सोचना पड़ रहा है कि बुद्धि, कदाचित्, यथेष्ट नहीं है। विज्ञान हमें केवल शक्ति दे सकता है। उससे यह याचना ही व्यर्थ है कि इस शक्ति का उपयोग हम किस उद्‌देश्य के लिए करें। इस उद्‌देश्य की रचना धर्म किया करता

था और आज भी यह कार्य धर्म के ही हवाले किया जाएगा। रूस अथवा चीन या पंडित जवाहरलाल ईश्वर को नहीं मानते, इससे धर्म का खंडन नहीं होता। बुद्धदेव ने जिस धर्म की रचना की थी वह अत्यन्त सात्विक था, किन्तु ईश्वर के लिए उसमें स्थान न था। ईश्वर रहे या न रहे, किन्तु मनुष्य के जीवन में धर्म का आवास रहना ही चाहिए। धर्म कोमलता है, धर्म दया है, धर्म विश्वबन्धुत्व और शान्ति है। घंटा, शंख, आरती और अज़ान, धर्म के ये चिह्न लुप्त होते जा रहे हैं और उनके लुप्त होने से मानवता की तनिक भी क्षति नहीं हुई। किन्तु कोमलता, दया और त्याग, ये आज भी आवश्यक हैं और धर्म में जो स्थान पहले वैयक्तिक मुक्ति का था वह अब विश्वबन्धुत्व और शान्ति का माना जाना चाहिए। जो व्यक्ति मनुष्य-मनुष्य के बीच एकता को नहीं मानता, वह अधार्मिक है और जो शान्ति के पक्ष में अपनी जीभ खोलने से डरता है, उसे कायर नहीं, पापी कहना चाहिए।

भारत ने विश्व के शान्तियज्ञ में निर्भीकतापूर्वक जो भाग लिया है उससे बाहर तो हमारा सुयश बढ़ा है, किन्तु देश के भीतर कहीं-कहीं लोग इस शंका से पीड़ित हो रहे हैं कि हमारी वैदेशिक नीति, हमारे अपने हित में, शायद ठीक नहीं है। उनके सामने कश्मीर और गोआ के प्रश्न हैं और वे समझते हैं कि हमारा शान्तिवाद हमारी राह में काँटा बनेगा। ये हिसाबी मुनीम की बातें हैं जो नफा और नुकसान के आँकड़ों से आगे नहीं देख सकता। प्रत्येक जाति की वैदेशिक नीति उसके राष्ट्रीय चरित्र की परछाई होती है। हमारा राष्ट्रीय चरित्र योद्धा नहीं, शान्ति-सेवक का चरित्र रहा है। लगभग पाँच हजार वर्ष के इतिहास में हमने अपने देश से बाहर जाकर किसी देश पर आक्रमण नहीं किया, न हमने दूसरों का धन हरण करने अथवा उन्हें दास बनाने की कोशिश की। यह ठीक है कि देश के भीतर दिग्विजय करनेवाले योद्धा इस देश में भी बहुत हुए, किन्तु भारत नाम में जो दिव्यता है उसके प्रतीक यहाँ अर्जुन नहीं, युधिष्ठिर रहे हैं; चन्द्रगुप्त नहीं, अशोक रहे हैं। और आधुनिक काल में भी भारतवर्ष की जनता का निश्छल प्रेम लोकमान्य तिलक की अपेक्षा महात्मा गांधी को अधिक प्राप्त हुआ।

हम स्वाधीन केवल अपना पेट पालने को नहीं हुए हैं। हमें विशाल विश्व की भी सेवा करनी है और, सम्भव हुआ तो, संसार की अशान्ति का भी कोई टिकाऊ समाधान निकालना है। विचित्र बात है कि आज जो देश जितना ही सबल और समृद्ध है वह होश की बात भी उतना ही कम करता है, मानो सत्य बोलना और अक्ल की सलाह देना केवल निर्बल राष्ट्रों का कार्य रह गया हो। भारत निर्बल और एक प्रकार से नवजात राष्ट्र है, किन्तु शान्ति और न्याय के पक्ष में वह जो निर्भीकता दिखला रहा है वह आकस्मिक बात नहीं है। सच तो यह है कि हमारी वैदेशिक नीति और कुछ हो ही नहीं सकती थी। सिकन्दर, चंगेज खाँ, नेपोलियन और हिटलर की ओर

लोभ की दृष्टि से देखना अब काल के प्रतिकूल देखने के समान है। आनेवाला विश्व सिकन्दर और हिटलर का विश्व नहीं, बुद्ध, ईसा, गांधी और जवाहर का संसार होगा। तलवार की दुनिया खत्म हो रही है। अगले संसार के नेता वे होंगे जो धीर और सहनशील हैं; जो समझौते और सह-अस्तित्व को कायरता नहीं, धर्म मानकर वरण करेंगे।

मगर, कश्मीर, गोआ और फारमोसा का क्या होगा? दिल की आग भभककर दिमाग पर छा जाती है। मनुष्य में अभी भैंस के कितने ही लक्षण विद्यमान हैं। भैंस में भी तो यह राष्ट्रीयता ही है कि वह दूसरी भैंस को अपने खूँटे के पास नहीं आने देती। छोटी मनुष्यता और बड़ी मनुष्यता में संघर्ष है। और इस संघर्ष में बर्बरता विजयिनी और संस्कृति पराजित होती देखी गई है, तो क्या इस भय से हम संस्कृति के विकास पर कहीं-न-कहीं रोक लगा दें और उतनी बर्बरता बराबर लिए रहें जो बर्बरता के वार से बचने अथवा उसे नियन्त्रित करने को आवश्यक है? उत्तर के लिए हमें चाणक्य-नीति के नहीं, अपने हृदय के पन्नों को उलटना चाहिए। यही वह असि-व्रत है जिसका पालन आज भारत कर रहा है और जिसका पालन सभी देशों को करना चाहिए :

पग-पग पर हिंसा की ज्वाला, चारों ओर गरल है;
मन को बाँध शान्ति का पालन करना नहीं सरल है।
तब भी जो नरवीर असिव्रत दारुण पाल सकेंगे,
बसुधा को विष के विवर्त से वही निकाल सकेंगे।

—नील कुसुम

(1955 ई.)

('वेणुवन' पुस्तक से)

धर्म और विज्ञान

आधिभौतिक विचारधारा विज्ञान की देन नहीं है। वह विज्ञान से बहुत पहले की चीज है। किन्तु जब विज्ञान की वृद्धि होने लगी, तब वैज्ञानिक संस्कारों का प्रभाव आधिभौतिकता का सहायक सिद्ध हुआ।

विज्ञान के आविर्भाव से पूर्व समाज पर धर्म और दर्शन का प्रभुत्व था और धर्म के साथ अनेक प्रकार के अन्धविश्वास भी मनुष्यों के मन में छाए हुए थे। इसलिए आरम्भ के वैज्ञानिकों में हम शुद्ध विज्ञान के दर्शन नहीं करते। कोपरनिकस (1473-1543 ई.), गैलीलियो (1564-1612 ई.) और केपलर (1571-1630 ई.)—ये विज्ञान के प्रर्वतकों में से हैं, किन्तु उसकी खांटी वैज्ञानिक दृष्टि नहीं थी। शुद्ध वैज्ञानिक पद्धति सबसे प्रथम सर आइजक न्यूटन (1642-1727 ई.) के साथ उदित हुई। न्यूटन भी परम आस्तिक पुरुष थे एवं उनका धर्म और दर्शन, दोनों में विश्वास था। किन्तु उन्होंने अपने विज्ञान-विषयक चिन्तन को धर्म से प्रभावित होने नहीं दिया। सृष्टि का आदि कारण वे परमात्मा को अवश्य मानते थे, किन्तु गुरुत्वाकर्षण एवं गति के जिन तीन मूलभूत नियमों का उन्होंने आविष्कार किया, उनमें उनका अटल विश्वास था और वे मानते थे कि प्रकृति कहीं भी, किसी भी अवस्था में इन नियमों की अवहेलना नहीं करती है।

न्यूटन आधुनिक विज्ञान के पिता समझे जाते हैं। वैज्ञानिक नियम वह है, जो प्रकृति में चलनेवाली अनेक घटनाओं पर समान रूप से लागू होता हो और वैज्ञानिक सिद्धान्त उसे कहना चाहिए, जिससे इस प्रकार के अनेक नियम निकाले जा सकते हों। न्यूटन ने जिन सिद्धान्तों का आविष्कार किया, वे अत्यन्त सरल और संक्षिप्त दीखते हैं; किन्तु इन्हीं संक्षिप्त सिद्धान्तों के आधार पर न्यूटन के बाद सारे विज्ञान का विस्तार हुआ। प्रत्येक द्रव्य प्रत्येक दूसरे द्रव्य को अपनी ओर खींचता है, यह सिद्धान्त बहुत सरल दीखता है; किन्तु इसी नियम से विभिन्न द्रव्य और पिंड इस महाशून्य में अवस्थित पाए गए हैं। न्यूटन के सिद्धान्तों के आधार पर ही समस्त सौर-मंडल में श्रृंखला और सामंजस्य का सन्धान हुआ और बाद में चलकर उन्हीं सिद्धान्तों के आधार पर सारी सृष्टि, पूर्ण रूप से, व्यवस्थित सिद्ध की गई।

न्यूटन के बाद विकसित होनेवाले विज्ञान की कहानी बहुत लम्बी और व्याप्तियाँ अगाध हैं। उनके ब्यौरे में न जाकर यहाँ हम केवल यह जानने की कोशिश करेंगे

कि इस विज्ञान का धर्म और दर्शन पर क्या प्रभाव पड़ा।

न्यूटनीय सिद्धान्तों के आधार पर विकसित होनेवाले विज्ञान की पहली मान्यता यह थी कि द्रव्य, देश और काल—ये तीनों परस्पर एक-दूसरे से स्वतन्त्र, मूलभूत सत्ताएँ हैं और प्रत्येक द्रव्य कहीं-न-कहीं देश में और किसी-न-किसी काल में अवस्थित या संक्रमित होता है। उसकी दूसरी मान्यता यह थी कि सृष्टि यन्त्रों के समान है एवं गणित के जिन नियमों से हम मनुष्य-कृत यन्त्रों को समझते हैं, उन्हीं नियमों से सृष्टि की सारी प्रक्रियाएँ समझी जा सकती हैं। ये वैज्ञानिक यह भी मानते थे कि सृष्टि में कहीं भी कोई घटना कारण-कार्य के नियम का उल्लंघन नहीं करती, सारी सृष्टि गणित के नियमों से परिचालित हो रही है और इसका यदि कोई परमेश्वर है, तो वह सृष्टि का सबसे बड़ा गणितज्ञ है। कारण-कार्य के नियम की अटलता पर इन वैज्ञानिकों का ऐसा सुदृढ़ विश्वास था कि वे असंदिग्ध रूप से इस सिद्धान्त पर आ गए कि प्रत्येक वस्तु के अतीत और वर्तमान का अध्ययन करके उसके भविष्य का कथन किया जा सकता है।

और ये बातें केवल जड़ विश्व के विषय में ही नहीं, चेतन मनुष्य के विषय में भी कही जाती थीं, क्योंकि इन वैज्ञानिकों का विश्वास था कि जैसे जड़ पदार्थ यान्त्रिक विधि से काम करते हैं, वैसे ही मनुष्य भी यान्त्रिक नियमों के अधीन हैं और जैसे हम जड़ पदार्थ का अध्ययन करके यह बता सकते हैं कि अगले क्षण वह किधर को जानेवाला है, वैसे ही मनुष्य के अतीत को देखकर यह मजे में बताया जा सकता है कि भविष्य में उसके निर्णय क्या होंगे अथवा आगे चलकर वह क्या करनेवाला है। विज्ञान में इस मान्यता को नियतिवाद अथवा डिटरमिनिज्म कहते हैं, जिसका आशय यह है कि मनुष्य का भविष्य उसके अतीत से निश्चित होता है। पुनर्जन्म में विश्वास करनेवाले लोग यह मानते हैं कि हमारी पूर्वार्जित प्रवृत्तियाँ हमारे इस जन्म के कर्मों को प्रेरित करती हैं; किन्तु वे यह भी मानते हैं कि हम चाहें तो उन प्रवृत्तियों के बन्धन से छूट भी सकते हैं। किन्तु भौतिकवादी लोग, जिनका एक नाम 'मुक्त चिन्तक' भी है, मनुष्य को इतनी स्वतन्त्रता भी नहीं देते। उनका अटल विश्वास है कि जैसे पेड़, पौधे और पहाड़ कारण-कार्य-नियम की अवहेलना नहीं कर सकते, वैसे ही मनुष्य भी इस नियम का अपवाद नहीं है।

आश्चर्य की बात है कि आधुनिक विचारों के बड़े-से-बड़े आचार्य नियतिवाद के समर्थक हुए हैं। डेकार्टे, स्पिनोजा, लेबनिज, लॉक, ह्यूम, कांट, हीगेल और मिल तथा अलेक्जेंडर—ये सब-के-सब नियतिवाद में विश्वास करते थे। इन सभी चिन्तकों का मत था कि मनुष्य ने अतीत में जैसा स्वभाव बनाया अथवा जैसे चरित्र का निर्माण किया है, उसके भविष्य के निर्णय और कर्म उसी का अनुगमन करेंगे। मनुष्य जो यह समझता है कि अपने निर्णय और कर्म में वह स्वतन्त्र है, यह उसका मोह मात्र है। हवा में फेंके गए ढेले को भी यही भ्रम हो सकता है,

यदि वह उस हाथ को भूल जाए, जिसने उसे फेंक दिया है। मिल ने तो यहाँ तक कहा है कि मनुष्य के निर्णय और कर्म इतने अधिक पूर्व-निश्चित हैं कि परिश्रम करने पर समाज-शास्त्र सुनिश्चित विज्ञान में परिणत किया जा सकता है।

मनुष्य को भी यन्त्रवत् परिचालित एवं निर्णय और कर्म में पेड़-पौधे और पशु के समान पराधीन सिद्ध करने में प्राणिशास्त्र एवं विकासवाद के सिद्धान्तों ने बड़ी सहायता पहुँचाई। अतएव भौतिकी और प्राणिशास्त्र के सहयोग से शरीर-शास्त्र (फिजियोलॉजी) का जन्म हुआ एवं मनुष्य सनसनाहटों का एक पुंज समझा जाने लगा, जिसकी सारी शारीरिक और मानसिक प्रक्रियाओं के स्रोत उसकी शिराओं, टिस्सुओं (ऊतकों) फ्लुइड (तरल) और चेतना में अवस्थित है। सारा मनुष्य टिस्सू, फ्लूइड और चेतना का ही समवाय नहीं है, यह बात उपेक्षित छोड़ दी गई। जीवन-संघर्ष में व्यस्त रहने के कारण पश्चिम के पूर्वजों ने बाहर की ओर अधिक ध्यान देने की परम्परा चलाई थी। परिणाम यह हुआ कि हमारा सारा विज्ञान बहिर्मुखी हो गया।

न्यूटन आस्तिक थे और उनके समकालीन वैज्ञानिक भी ईश्वर की आवश्यकता का अनुभव करते थे। किन्तु फ्रांस के दार्शनिकों ने जब यह देखा कि प्रकृति की क्रियाएँ विज्ञान से भली-भाँति समझी जा सकती है, तब उन्होंने ईश्वर की आवश्यकता पर से अपनी दृष्टि हटा ली। मनुष्य के मुक्त निर्णय और मुक्त कर्म में से उनका विश्वास उठ गया। मानव-जीवन को वे सृष्टि की अत्यन्त तुच्छ घटना मानने लगे और उन्होंने इस प्रश्न पर भी विचार करना छोड़ दिया कि सृष्टि की रचना में कोई महदुद्देश्य भी है अथवा वह यों ही उछलकर सामने आ गई है। और ये सारी स्थितियाँ आधिभौतिक विचारधारा के अत्यन्त अनुकूल सिद्ध हुईं। ज्यों-ज्यों विज्ञान आगे बढ़ा, यह बात अधिकाधिक स्पष्ट होती गई कि विचारधारा तो वही ठहरेगी, जिसका समर्थन विज्ञान करेगा। और यही बात सत्य भी निकली। धर्म ने जब यह कहा कि विश्वास से पहाड़ भी हिल सकते हैं, तब इस बात पर किसी ने ध्यान भी न दिया। किन्तु विज्ञान जब यह कहता है कि परमाणु से उखाड़े जा सकते हैं, तब सभी लोग उसका विश्वास करते हैं।

न्यूटनीय सिद्धान्तों पर उठनेवाला विज्ञान प्रायः 19वीं सदी के अन्त तक अत्यन्त निश्चिन्त रहा। कारण यह था कि वैज्ञानिकों ने देश, काल और द्रव्य, कारण-कार्य एवं नियतिवाद और यान्त्रिकता के जो नियम निकाले थे, वे बराबर अपना काम करते गए और इन दो सौ वर्षों में कभी कोई ऐसी घटना या ईजाद नहीं हुई, जिसका इन नियमों से विरोध हो अथवा जो घटना इन नियमों के प्रकाश में ठीक-ठीक समझी न जा सके। इन दो सौ वर्षों तक विज्ञान ने पूरे आत्मविश्वास के साथ प्रकृति का अध्ययन किया और आकाश, पाताल या मर्त्य लोक के बारे में उसने जो भविष्यवाणी

कीं, वे सब-की-सब सच निकली। इससे विज्ञान की प्रतिष्ठा में अपरिमित वृद्धि हुई और ज्यों-ज्यों विज्ञान का मान बढ़ता गया, त्यों-त्यों मनुष्य भी आधिभौतिक विचारधारा की ओर अधिकाधिक मुड़ता और सृष्टि के उन रूपों पर से दृष्टि फेरता गया, जो विज्ञान के विषय नहीं हो सकते थे और जिन पर विचार केवल रहस्यवादियों ने किया था।

न्यूटन के सिद्धान्तों का आदर आज भी है और आज भी, व्यवहारतः विज्ञान के प्रायः सारे कार्य उन्हीं नियमों के प्रकाश में किए जाते हैं, जो नियम न्यूटन के सिद्धान्तों से निकले और प्रायः 19वीं सदी के अन्त तक अक्षुण्ण चले आए थे। किन्तु लगभग 1890 ई. के बाद से विज्ञान में जो नए अनुसन्धान हुए हैं, उनके चलते बीसवीं सदी का विज्ञान उतना उद्धत नहीं रहा, जितना वह उसके पूर्व दिखाई देता था। पहले के वैज्ञानिक इस भाव से भरे दीखते थे कि सृष्टि को समझने की राह उन्हें मिल गई है। अब वे जहाँ पहुँचे हैं, वहाँ ऐसी बात आत्मविश्वास के साथ बोली नहीं जा सकती। अभी यह स्थिति तो नहीं आई है कि स्वयं विज्ञान भौतिकवाद को मृत घोषित कर दे अथवा यह ऐलान कर दे कि नियतिवाद (डिटरमिनिज्म) का सिद्धान्त खंडित हो गया, किन्तु भौतिकी में इधर जो नए अनुसन्धान हुए हैं, उन्हें देखते हुए यह अवश्य कहा जा सकता है कि नियतिवाद, द्रव्य और भौतिकवाद की परिभाषा अब नए सिरे से की जानी चाहिए। विज्ञान के कारण भौतिकवाद में जो आक्रामकता आ गई थी, अब वह पिघलती दिखाई देती है। नियतिवाद की जो परिभाषा आज से पचास वर्ष पूर्व की जाती थी, उसमें कुछ-न-कुछ शैथिल्य आ गया है और विज्ञान का कर्मक्षेत्र प्रायः उस भूमि को छूने लगा है, जो धर्म और रहस्यवाद की क्रीड़ास्थली के पास है।

यह सब कैसे हुआ, यह बताना किसी ऐसे लेखक के बस की बात नहीं है, जिसका विज्ञान और विशेषतः गणित पर कोई अधिकार न हो। जब तक द्रव्य का लघुतम रूप परमाणु था, हम अपनी चित्रात्मक कल्पना से उसे देख सकते थे, यद्यपि आँखों के लिए वह भी अदृश्य था। किन्तु परमाणु के इलेक्ट्रोनों में विभक्त हो जाने के बाद अब उसे कल्पना भी नहीं देख सकती। पहले जहाँ अणु-परमाणु को समझने के लिए काल्पनिक मॉडल से काम लिया जाता था, वहाँ अब इलेक्ट्रोन को समझने के लिए गणित के प्रतीक निकाले गए हैं और दुर्भाग्यवश, सभी वैज्ञानिक भी गणितज्ञ नहीं होते। भौतिकी आज जहाँ पहुँच गई है, वहाँ वह उन लोगों के लिए अतिशय दुर्बोध है जो चित्रों की कल्पना के बिना किसी भी वस्तु को नहीं समझ सकते। विशेषतः वर्तमान स्थिति उन लेखकों के लिए और भी कठिन है, जो विज्ञान का रहस्य सामान्य जनता को समझाना चाहते हैं। फिर भी कुछ महत्त्वपूर्ण अनुसन्धानों के स्थूल एवं अधूरे विवरण से भी यह बात स्पष्ट हो जाती है कि भौतिकवाद की धारा में विक्षेप कहाँ उपस्थित हुआ है अथवा नई भौतिकी किस दिशा की ओर जा रही है।

विज्ञान में नई क्रान्ति उपस्थित करने का श्रेय आइंस्टीन को दिया जाता है। किन्तु लगता है, इस क्रान्ति की भूमि कुछ पहले से ही तैयार हो रही थी। अमेरिका के वैज्ञानिक माइक्लेसन ने यह पता लगाया था कि पृथ्वी चाहे प्रकाश को ओर की जाती हो अथवा उससे समकोण राह पर, दोनों ही अवस्थाओं में पृथ्वी पर आनेवाले प्रकाश की गति एक समान रहती है। जब लॉर्ड केलविन को इसकी जानकारी हुई, उन्होंने यह शंका उठाई कि प्रकाश की गति न्यूटन के बताए हुए गति-सिद्धान्त के विपरीत पड़ती है। यह शंका बहुत उचित दिखाई देती है, क्योंकि पृथ्वी यदि पूरब से पश्चिम की ओर घूम रही हो और प्रकाश पश्चिम से पूरब की ओर आता हो, तो प्रकाश की गति स्पष्ट ही अधिक तीव्र दिखाई देनी चाहिए। इस शंका का समाधान तब हुआ, जब सन् 1905 ई. में आइंस्टीन ने सापेक्ष्यवाद का अपना निबन्ध प्रकाशित किया और यह स्थापना रखी कि विश्व में कोई भी वस्तु स्थिर नहीं है। अतएव चलायमान वस्तुएँ यदि अन्य गतिशील वस्तुओं की गति को मापना चाहेंगी, तो प्रत्येक का मापफल अलग-अलग होगा और यह भी नहीं कहा जा सकता कि उनमें से एक या दो सही और बाकी सब गलत होंगे। विश्व में जितनी भी गतियाँ हैं, सब सापेक्ष्य हैं।

आइंस्टीन के सापेक्ष्यवाद का आज के विज्ञान में बड़ा भारी महत्त्व है। इस सिद्धान्त का अनुसन्धान उसी प्रकार की घटना मानी जाती है, जैसी कोपरनिकस की यह घोषणा कि सूर्य पृथ्वी के चारों ओर नहीं घूमता, पृथ्वी ही सूर्य के चारों ओर घूमती है। माइक्लेसन या लॉर्ड केलविन ने प्रकाश की गति को लेकर जो शंका उठाई थी, उसका समाधान तो सापेक्ष्यवाद का आनुषंगिक परिणाम था। वस्तुतः सापेक्ष्यवाद की व्याप्तियाँ इससे बहुत दूर तक जाती है। कहा तो यह जाता है कि आइंस्टीन के अनुसन्धानों का पूरा महत्त्व तब खुलेगा, जब संसार की कल्पना अधिक विकसित होकर उन्हें समझने के योग्य हो पाएगी। सन् 1905 ई. में जब सापेक्ष्यवाद का प्रथम निबन्ध निकला, सारे संसार के वैज्ञानिक उससे चकित रह गए। उनका आश्चर्य शमित कुछ तब हुआ, जब सन् 1908 ई. में मिंकोवास्की ने आइंस्टीन के सिद्धान्त से प्रेरित होकर देश और काल के विषय पर अपना निबन्ध पढ़ा और उसमें यह व्याख्या प्रस्तुत की कि देश और काल दो स्वतन्त्र सत्ताएँ नहीं हैं। देश का परिवर्तन काल में और काल का परिवर्तन देश में होता है। देश के डायमेंसन अथवा आयाम (आचार्य रघुवीर इसे वरिमा कहते हैं) तीन हैं; अर्थात् लम्बाई, चौड़ाई और मोटाई या घनत्व। इनके साथ यदि काल का आयाम भी संपृक्त कर दिया जाए, तो वास्तविकता का असल रूप चार आयामों वाले देशकाल का सातत्य 'फोर डायमेंशनल स्पेस-टाइम-कंटीनुअम' हो जाता है और वास्तविकता का यही शुद्ध रूप है। आगे चलकर आइंस्टीन ने इसे भी अपने सिद्धान्त में अंगीभूत कर लिया।

कहते हैं, आइंस्टीन जब अनुसन्धान में लगे हुए थे, तब युगों से प्रचलित यूकलिड

की ज्यामिति उन्हें अपर्याप्त दिखाई पड़ी थी। यूकलिड की ज्यामिति समतल की ज्यामिति है, जिस पर खींचे गए त्रिभुज के तीनों कोणों का जोड़ दो समकोण के बराबर होता है। किन्तु यदि त्रिभुज समतल पर खींचा न जाकर किसी ग्लोब (स्फियर) पर खींचा जाए, तो उसके तीनों कोणों को जोड़ दो समकोण के बराबर न भी हो सकता है। आज से कोई सौ साल पूर्व लोबाचवास्की और बोले नामक दो वैज्ञानिकों ने यह पता लगाया था कि यूकलिड की ज्यामिति से भिन्न ज्यामिति तैयार की जा सकती है। इसी सिद्धान्त पर काम करके रिमैन नामक वैज्ञानिक ने स्फियर (स्पेस का आकार गुंबद-जैसा है) की ज्यामिति तैयार की, जो यूकलिड की ज्यामिति से बिलकुल भिन्न है। आइंस्टीन ने यूकलिड को छोड़कर रिमैन की ज्यामिति से काम लिया।

यूकलिड की ज्यामिति से भिन्न ज्यामिति का आविष्कार मनुष्य के बौद्धिक इतिहास की अत्यन्त महान घटना है। यूकलिड के सिद्धान्त कोई दो हजार वर्ष से पूजित चले आ रहे थे और माना यह जाता था कि ये सिद्धान्त मनुष्य तो क्या, देवताओं और परमेश्वर के लिए भी सत्य होंगे। किन्तु आइंस्टीन को दिखलाई यह पड़ा कि यूकलिड की ज्यामिति तीन डायमेंसन वाले विश्व की ज्यामिति है। इसीलिए, वह प्रकृति के अनेक रहस्यों और आचरणों की व्याख्या करने में असमर्थ है। किन्तु प्रकृति के ये आचरण हमारी समझ में आ सकते हैं, यदि हम यह मानकर चलें कि ये घटनाएँ तीन नहीं, चार आयामों वाले जगत में घटित हो रही हैं। देश के आयाम तीन होते हैं। किन्तु आइंस्टीन विश्व की जिस कल्पना को लेकर काम कर रहे थे, उसमें देश और काल एकाकार थे। अतएव उसके चार आयाम थे, तीन तो देश के (लम्बाई, चौड़ाई और घनत्व) तथा एक काल का। इसीलिए यूकलिड की ज्यामिति उन्हें अधूरी दिखाई पड़ी। देश और काल के एक माने जाने से विश्व का जो आकार गणित में उतरता है, उस पर यूकलिडेतर ज्यामिति के ही नियम लागू होते हैं।

कहते हैं, आइंस्टीन के अनुसन्धान का प्रभाव न्यूटन के गुरुत्वाकर्षणवाले नियम पर भी पड़ा है। गुरुत्वाकर्षण को लेकर भी वैज्ञानिकों में कुछ शंकाएँ चला करती थीं। पहली शंका यह थी कि गुरुत्वाकर्षण यदि शक्ति है, तो उसके संक्रमण करने में कुछ भी समय क्यों नहीं लगता, जैसे प्रकाश में लगता है। दूसरी यह है कि कोई भी आवरण गुरुत्वाकर्षण के मार्ग में अवरोध क्यों नहीं डालता है? आइंस्टीन ने बताया कि गुरुत्वाकर्षण शक्ति नहीं है। पिंड एक-दूसरे की ओर इसलिए खिंचे दीखते हैं कि हम जिस विश्व में अवस्थित हैं, वह यूकलिड के नियमों से परे का विश्व है। विश्व को चार आयामों से संयुक्त मानने पर प्रत्येक द्रव्य के पास कुछ वक्रता होगी। इसी को हम गुरुत्वाकर्षण समझते आए हैं। इस प्रकार गुरुत्वाकर्षण को आइंस्टीन ने देश और काल का गुण स्वीकार किया।

न्यूटन के सिद्धान्तानुसार देश और काल एक-दूसरे से स्वतन्त्र थे और वे द्रव्य

या भूत की क्रियाओं में कोई भी भाग नहीं लेते थे। किन्तु रिमैन की ज्यामिति और आइंस्टीन के सापेक्ष्यवाद ने जिस विश्व की कल्पना को जन्म दिया है, उसमें देश और काल परस्पर संपृक्त हैं और वे सृष्टि की क्रियाओं से तटस्थ भी नहीं है। अवश्य ही गणित के इस इन्द्रजाल को, पूर्ण रूप से, हृदयंगम करने में मानवता को काफी समय लगेगा।

इसी प्रकार आणविक अनुसन्धानों से जो ज्ञान सामने आया है, वह भी प्राचीन विज्ञान के सामने चुनौती बन गया है। आरम्भ में वैज्ञानिक यह मानते थे कि सारा द्रव्य अणुओं के संघटन से बना है। तब जोन डालटन ने यह पता लगाया कि द्रव्य का सबसे छोटा भाग अणु (मोलेक्यूल) नहीं, परमाणु (एटम) है। फिर 1895 ई. के आसपास प्रयोग और गणित से यह बात मालूम हुई कि परमाणु भी अपने-आप में पूर्ण नहीं है। उसके भीतर भी विद्युतित कण हैं, जो आकर में परमाणु से दो हजार गुणा छोटे होते हैं। ये ही कण इलेक्ट्रोन थे।

इलेक्ट्रोन इतने छोटे हैं, यह आश्चर्य की बात नहीं थी। अचरच यह सोचकर हुआ कि वे विद्युतित क्यों होते हैं। विद्युतित पिंडों का धर्म है कि बिजली का चार्ज पाते ही उनका आकार बढ़ने लगता है। अतएव वैज्ञानिकों ने औत्सुक्यवश यह जानना चाहा कि इलेक्ट्रोन के पिंड का कितना अंश अपना है और कितना अंश ऐसा, जो चार्ज के कारण बढ़ता है। और वैज्ञानिकों ने जब यह देखा कि इलेक्ट्रोन पिंड हैं ही नहीं, वे केवल विद्युत हैं, केवल शक्ति हैं, तब उन्हें बिलकुल अवाक् रह जाना पड़ा। न्यूटन के समय से लोग मानते आए थे कि द्रव्य को चीरा जाए, तो अन्त में जो अविभाज्य अंश बचेगा, वह भी ठोस द्रव्य ही होगा। अणु तक तो इस विश्वास का कोई धक्का नहीं लगा था। परमाणु की अदृश्य होने पर भी ठोस द्रव्य ही था, जो अविभाज्य और अपरिवर्तनशील था। किन्तु परमाणुओं को चीरने पर द्रव्य पूरा-का-पूरा विलुप्त हो गया और यह अनुमान आप-से-आप निकल आया कि जो ठोस पदार्थ हमें दिखाई देता है, वह ठोस नहीं, प्रत्युत वायवीय है; वह स्पृश्य नहीं, केवल गणित-साध्य और अनुमेय है। विज्ञान के इन अनुसन्धानों पर विचार करते समय शंकर के मायावाद का स्मरण हो आए, तो उसे अप्रासंगिक नहीं मानना चाहिए।

एक समय पदार्थ का अन्तिम अविभाज्य अंश अणु माना जाता था और लोग उसे बिलकुल ठोस समझते थे। फिर जब परमाणु का पता चला, तब विज्ञान उसी को ठोस मानने लगा। किन्तु आज परमाणु ठोस नहीं, पोला माना जाता है, जिसके नाभिक (न्यूक्लियस) के चारों ओर इलेक्ट्रोन और प्रोटोन नाच रहे हैं। परमाणु इतने पोले माने जाते हैं कि वैज्ञानिकों का यह अनुमान है कि यदि एक भरे-पूरे मनुष्य को इस सख्ती से दबा दिया जाए कि उसके अंग का एक भी परमाणु पोला न रहे, तो उसकी देह सिमटकर एक ऐसे बिन्दु में समा जाएगी, जो आँखों से शायद ही दिखाई पड़े।

आणविक अनुसन्धान से यह भी पता चला है कि परमाणु के नाभिक में इलेक्ट्रोन और प्रोटोन की जो घूर्णि चलती है, उसके फलस्वरूप बहुत-से इलेक्ट्रोन, अकारण ही, विघटित होते रहते हैं। विघटीकरण की यह प्रक्रिया रेडियम में सबसे तेज होती है। और हम चाहे जो भी करें, जितना भी दबाव अथवा ताप डालें, किन्तु उससे विघटन की इस प्रक्रिया पर कोई असर नहीं होता। विज्ञान को अभी तक यह भी ज्ञात नहीं है कि ऐसा क्यों होता है। कारण-कार्य-नियम की अबाधता में विज्ञान का अटल विश्वास था; किन्तु वह नियम ऐसे प्रसंगों में आकर असमर्थ हो गया है।

भौतिकी में ऐसी ही क्रान्ति क्वाटंम सिद्धान्त से भी घटित हुई है। इस विषय का आरम्भिक चिन्तन सन् 1900 ई. के आसपास मैक्स प्लैंक ने शुरू किया था। उनकी जिज्ञासा का विषय यह था कि उत्तप्त वस्तुओं से ताप किस प्रकार क्षरित होता है। ज्वलंत ताप तरंगमय होता है, यह बात पहले से मालूम थी। किन्तु तप्त वस्तुओं से निःसृत होनेवाला ताप सदा एक ही तरंग-दैर्घ्य (वेव लेंथ) में नहीं निकलता। तरंगें छोटी, बड़ी और मीडियम—सभी प्रकार की होती हैं। मैक्स प्लैंक ने जानना यह चाहा कि इनमें से कौन-सी तरंग सबसे अधिक तापवाली होती है। इस जिज्ञासा का समाधान गणित और परीक्षण, दोनों ही विधियों से किया जा सकता था और प्लैंक ने दोनों विधियों से उसे जाँचा भी। किन्तु यह देखकर उन्हें चकित रह जाना पड़ा कि गणित की विधि से निकला हुआ परिणाम कुछ और तथा परीक्षण से निकला हुआ परिणाम कुछ और होता है।

इस विरोध के समाधान के लिए प्लैंक ने यह अनुमान निकाला कि ऊर्जा (एनर्जी) का क्षरण निरन्तर प्रवाह के रूप में नहीं होता, वह थोड़ा-थोड़ा करके, ठहर-ठहरकर निकलती है। इस प्रकार एक धक्के या 'जर्क' में निकलनेवाली ऊर्जा का माप उन्होंने एक क्वांटम माना। किन्तु ऊर्जा को प्लैंक परमाणु नहीं मानते थे। उनका अनुमान था कि परमाणु के भीतर कोई यान्त्रिक प्रक्रिया होगी जिसके कारण ऊर्जा क्वांटम में क्षरित होती है। किन्तु आइंस्टीन ने इस विषय में जो संकेत दिया, वह यह है कि ऊर्जा का स्वरूप भी परमाणविक (एटॉमिक) है। इसे अत्यन्त असाधारण अनुसन्धान कहना चाहिए। ऊर्जा को हम लोग हमेशा से ऐसी वस्तु मानते आए हैं, जो सतत प्रवाहशील होती है, जो रुक-रुककर नहीं चलती। निरन्तरता की दृष्टि से गति, दूरी और समय के सम्बन्ध में हमारी जो धारणा है, वही धारणा हम ऊर्जा के बारे में भी रखते हैं। प्रश्न उठता है कि यदि ऊर्जा का स्वरूप परमाणविक है, तो देश और काल भी परमाणुओं से बने हैं या नहीं। अभी कहीं भी इसका कोई उत्तर नहीं दीखता। सम्भव है, आगे चलकर देश और काल के स्वरूप भी परमाणविक सिद्ध हो जाएँ। द्रव्य, विद्युत और ऊर्जा—ये सब-के-सब परमाणविक सिद्ध हो चुके हैं। अब, शायद देश और काल की ही बारी है।

क्वांटम सिद्धान्त पर आगे जो काम हुए, उनसे यह भी पता चला कि इलेक्ट्रोन,

जो द्रव्य के लघुतम अविभाज्य अंश हैं, उनका आचरण कभी तो कण के समान होता है और कभी तरंग के समान। किसी प्रयोग से इलेक्ट्रोन तरंग दिखाई देते हैं और किसी प्रयोग से कण। एडिंगटन ने उनके दोनों रूपों को समन्वित करके उनका नया नाम Wavicle रखा है, जिससे यह सूचित हो कि इलेक्ट्रोन तरंग (Wave) भी हैं और कण (Particle) भी।

क्वांटम सिद्धान्त का परमाणु पर प्रयोग पहले-पहल डेनमार्क के एक वैज्ञानिक नियल बोर ने किया। बोर से पहले मान्यता यह थी कि परमाणु के भीतर घूर्णिशील इलेक्ट्रोन से ऊर्जा बराबर क्षरित होती रहती है। बोर ने दिखलाया कि ऐसा नहीं होता। नाभिक के चारों ओर कई वृत्तों की काल्पनिक रेखाएँ हैं जिन पर इलेक्ट्रोन घूमा करते हैं। किन्तु जब तक वे इन रेखाओं पर रहते हैं, तब तक उनसे ऊर्जा क्षरित नहीं होती। ऊर्जा उनसे तब निकलती है, जब वे कँगारू के समान एक रेखा से कूदकर दूसरी रेखा पर जाते हैं। प्लैंक ने जिसको जर्क (धक्का) कहा था, वह शायद इलेक्ट्रोन की इसी कँगारू-कूद का परिणाम था। किन्तु इलेक्ट्रोन का तरंगकल्प आचरण बोर के सिद्धान्त का समर्थन नहीं करता और सच तो यह है कि अब बोर का सिद्धान्त कुछ पीछे छूटता जा रहा है। और उसकी जगह पर जो नए अनुमान प्रचलित किए गए हैं, उनसे भी द्रव्य का विश्लेषण सूक्ष्म से सूक्ष्मतर होता जा रहा है। ज्यों-ज्यों भौतिकी प्रगति करती है, द्रव्य का रूप अत्यन्त असाधारण और बुद्धि के लिए अगम्य बनता जा रहा है।

क्वांटम-सिद्धान्त-विषयक अनुसन्धानों का एक बड़ा परिणाम यह निकला कि उतने दिनों से निश्चिन्त आता हुआ नियतिवाद अथवा डिटरमिनिज्म का सिद्धान्त संदिग्ध हो गया। अभी हाल तक वैज्ञानिक यह विश्वास करते थे कि वर्तमान स्थिति के सम्यक् ज्ञान से भविष्य का कथन किया जा सकता है और इसमें कोई सन्देह नहीं है कि आकाश-स्थित ग्रहों के बारे में जो भी भविष्यवाणियाँ की गईं, वे बराबर सच निकलीं। सच वे आज भी निकलती हैं। किन्तु अपने ही दर्शन के स्तर पर विज्ञान ने जो कुछ देखा है, उससे अब वह अपने नियमों पर शंका करने लगा है। इस शंका का जन्म इलेक्ट्रोन की लीला से हुआ। जैसा कि ऊपर कहा गया है, रेडियम के भीतर जो परमाणु होते हैं, उनमें से कुछ परमाणु आप-ही-आप विघटित होते रहते हैं। किन्तु विज्ञान यह नहीं बता सकता कि ऐसा क्यों होता है। परमाणु विघटित होते हैं, यह तथ्य हैं, किन्तु रेडियम के किसी भी परमाणु के विषय में विज्ञान यह बताने में असमर्थ है कि वह अभी विघटित होगा या अब से हजार वर्ष बाद। इसका कारण क्या है? क्या परमाणु के बारे में विज्ञान की जानकारी अभी पूरी नहीं हुई? अथवा कारण-कार्य के जिस नियम को विज्ञान उतना अटल मानता था, वह नियम ही झूठ है? विज्ञान इस स्थिति में नहीं है कि वह इनमें से किसी भी प्रश्न का कोई समीचीन उत्तर दे सके।

नियतिवाद के विरुद्ध अनिश्चितता (इनडिटरमिनेसी) का जो अनुमान विज्ञान को भासित हो रहा है, उसका आधार यह है कि हम प्रकृति के आचरणों का सही ज्ञान तब तक नहीं प्राप्त कर सकते, जब तक उसकी प्रक्रिया को हम रोक न दें। किन्तु प्रकृति की स्वाभाविक प्रक्रिया को रोककर हम उसका जो ज्ञान प्राप्त करेंगे, वह उसके जीवित, गतिशील रूप का ज्ञान नहीं होगा। मृत शरीर के अध्ययन से जो ज्ञान प्राप्त होता है, वह स्पष्ट ही जीवित व्यक्ति का ज्ञान नहीं है। किन्तु यह अनिश्चितता सबसे अधिक प्रखर इलेक्ट्रोनों के अध्ययन में दिखाई देती है।

इलेक्ट्रोन इतने सूक्ष्म होते हैं कि उनकी सत्ता का ज्ञान हमें तब तक होता ही नहीं, जब तक वे किसी अन्य द्रव्य के साथ ऊर्जा का विनियम न करें। और जब भी ऐसा विनियम होता है, तब कम-से-कम एक क्वांटम ऊर्जा अवश्य क्षरित होती है। किन्तु इलेक्ट्रोन इतने हलके और सूक्ष्म होते हैं कि एक क्वांटम ऊर्जा से भी उनकी स्थिति इधर-से-उधर होने लगती है। अब परीक्षण की कठिनाई यह है कि यदि तीव्र प्रकाश से उन्हें देखा जाए, तो वे विचित्र प्रकार से चंचल हो उठते हैं और क्षीण प्रकाश से उनकी स्थिति का कोई ज्ञान नहीं हो पाता। नतीजा यह है कि किसी भी परीक्षण से उनका सम्यक् अध्ययन नहीं किया जा सकता।

इस स्थिति से स्पष्ट भासित होता है कि कारण-कार्य का नियम प्रकृति में भी सर्वत्र नहीं चलता। एडिगंटन ने एक स्थान पर यह संकेत दिया भी है कि स्वतन्त्र संकल्प (फ्री विल) जैसे किसी सिद्धान्त का आरोप किए बिना आगे की राह कठिन दिखाई देती है और ऐसा उन्होंने इसलिए नहीं कहा है कि इस आरोप का वे कोई अस्थायी लाभ विज्ञान को देना चाहते हैं, प्रत्युत उनका विचार है कि जैसे कारण-कार्य का नियम मौलिक नियम है, वैसे ही स्वतन्त्र संकल्प का नियम भी मूलभूत नियम हो सकता है।

ये दोनों विकल्प सत्य हो सकते हैं। प्रकृति के स्थूल रूपों पर तो कारण-कार्य और नियतिवाद के सिद्धान्त स्पष्ट ही सफल सिद्ध हुए हैं। किन्तु यह भी दिखाई देने लगा है कि स्थूल के प्रचलित नियमों से सूक्ष्म का वास्तविक ज्ञान प्राप्त नहीं किया जा सकता। आवश्यकता शायद इसी बात की है कि सूक्ष्म के ऐसे नियम पहले खोजे जाएँ, जिनसे स्थूल के नियम आप-से-आप निकलते हों। अब सृष्टि की कुँजी परमाणु नहीं, इलेक्ट्रोन है। अतएव इलेक्ट्रोन के नियमों से ही किया गया परमाणु का विश्लेषण सही वैज्ञानिक विश्लेषण होगा।

गणित और भौतिकी के नवीन अनुसन्धानों से विश्व की जो कल्पना निकली है, उसकी व्याख्या करते हुए सर जेम्स जीन्स (1877-1946 ई.) ने लिखा है कि सृष्टि की प्रक्रिया तभी समझ में आ सकती है, जब कोई उसका चित्र खींच दे। नई भौतिकी ने ऐसे दो चित्र बनाए हैं, जिनके नाम कण और तरंग हैं। (अर्थात् इलेक्ट्रोन कण

भी हैं और तरंग भी) किन्तु इन दोनों में से कोई भी चित्र हमें पूरे सत्य के दर्शन नहीं करा सकता। कण-चित्र का उपयोग फोटो-विद्युत-इफेक्ट के लिए और तरंग-चित्र का उपयोग प्रकाश-इफेक्ट के लिए किया जाता है। इसलिए दोनों सत्य और दोनों उपयोगी हैं। अब यदि इन चित्रों से यह प्रश्न किया जाए कि प्रकृति कारण-कार्य-नियम के अधीन है या नहीं तो कण-चित्र स्पष्ट कहेगा कि प्रकृति कारण-कार्य-नियम के अधीन नहीं हैं, क्योंकि कणों की गति कँगारू के उछलने की गति के समान है और इस कूद पर कारण-कार्य नियम का प्रतिबन्ध नहीं होता। किन्तु तरंग-चित्र कहेगा कि प्रकृति कारण-कार्य-नियम के अधीन है, क्योंकि प्रत्येक तरंग अपने पहले वाली तरंग से चालित होती है। इसी प्रकार, इन चित्रों से यदि हम यह पूछें कि वास्तविकता अन्त में जाकर परमाणविक है अथवा और कुछ तो कण-चित्र का उत्तर होगा कि वास्तविकता का अन्तिम रूप परमाणविक ही है, क्योंकि द्रव्य, विद्युत और विकिरण (रेडियेशन)—ये सब परमाणु के रूप में ही अवस्थित है। किन्तु तरंग-चित्र यहाँ कठिनाई में पड़ जाएगा। उसका सम्भावित उत्तर यही हो सकता है कि हमें ऐसी वस्तुओं का कोई पता नहीं है।

ऐसा क्यों होता है? केवल इस कारण कि कण-चित्र पुराने क्वांटम-सिद्धान्त पर आधारित हैं और तरंग-चित्र का आधार नया क्वांटम-सिद्धान्त है और वह गणित से भी सिद्ध पाया गया है। इसीलिए तरंग-चित्र का उत्तर हमेशा सही; किन्तु कण-चित्र का उत्तर कभी सही और कभी झूठ होता है।

विज्ञान के अहंकार को सबसे बड़ी ठेस यह लगी है कि कारण-कार्य (कौजेल्टी) का जो सिद्धान्त द्रव्य के सभी रूपों के विश्लेषण में उतना अधिक सफल पाया गया था, वह इलेक्ट्रोन के विश्लेषण में झूठ हो गया है। निःसंग परमाणु और इलेक्ट्रोन—ये दोनों ऐसे आचरण करते हैं, मानो वे स्वेच्छाचारी और स्वाधीन हों। इलेक्ट्रोन के स्वभाव की इस स्वेच्छाचारिता के कारण डिटरमिनिज्म का सिद्धान्त, निश्चित रूप से खंडित हो गया है और उसके स्थान पर अनियतिवाद अपना पाँव जमाने लगा है। इससे भौतिकी के अनेक नेता बहुत ही चिन्तित हो उठे हैं। आइंस्टीन और मैक्स प्लैंक ने यह आशा व्यक्त की है कि अनियतिवाद केवल कुछ दिनों तक ही टिकेगा। देर-सबेर नियतिवाद का सिद्धान्त भौतिकी में फिर से वापस आनेवाला है; किन्तु एडिंगटन आदि आचार्यों का मत है कि डिटरमिनिज्म विज्ञान से सदा के लिए चला गया।

वास्तविकता का असली स्वरूप क्या है, इसे जानने के सारे प्रयास व्यर्थ हुए हैं और जिस ज्ञान को वैज्ञानिक गणित-सिद्ध मानते हैं, उसका भी बहुत-सा भाग ऐसा है, जो सामान्य बुद्धि की पकड़ में नहीं आता। उदाहरणार्थ, अभिनव विज्ञान की यह स्थापना रहस्यवाद से मिलती-जुलती-सी लगती है कि देश (अर्थात् आकाश या स्पेस) निर्बन्ध होता हुआ भी ससीम (अनबाउंडेड बट फाइनाइट) है। विज्ञान की दूसरी

मान्यता यह है कि क्षण-क्षण स्पेस का अपरिमित विस्तार होता जा रहा है, मानो बैलून को कोई फूँक रहा हो और वह पल-पल फैलता जाता हो। आकाश में स्थित ग्रह परस्पर दूर होते जा रहे हैं, इस स्थिति को देखकर आकाश के फैलने की बात कुछ-कुछ सच मालूम होती है। किन्तु आकाश फैलता है, तो वह किसमें फैलता है? शून्य के बाहर जो शून्य है, वह क्या कोई और तत्त्व है? कुछ समझ में नहीं आता। किन्तु यहाँ यह बात विचारणीय हो जाती है कि भारत में यूनिवर्स का पर्याय ब्रह्मांड है। यह शब्द ब्रह्म से बना है और ब्रह्म शब्द बृं ह् धातु से बनता है, जिसका अर्थ बढ़ना होता है। कहीं ऐसा तो नहीं है कि ब्रह्मांड के सतत बढ़ते रहने का ज्ञान भारत के ऋषियों को था और इसीलिए उन्होंने इसका नाम ब्रह्मांड रखा?

ऐसी ही शंका देश और काल के बारे में भी उठती है। न्यूटन की मान्यता थी कि देश और काल परस्पर भिन्न और दो अलग सत्ताएँ हैं। यह बात सामान्य बुद्धि से सही मालूम होती है, क्योंकि यद्यपि ग्रह और नक्षत्र कहीं-न-कहीं देश में ही अवस्थित हैं; किन्तु उनकी स्थिति से देश के स्वभाव में कोई अन्तर नहीं आता। देश तो तब भी रहा होगा, जब ये ग्रह-नक्षत्र नहीं जनमे होंगे और वह तब भी रहेगा जब सारे ग्रह-नक्षत्र विनष्ट हो जाएँगे। यही अवस्था काल की भी है। सूर्य के उगने या डूबने से, घड़ी के लोलक के चलने अथवा राजाओं के जन्म या मृत्यु से काल की जो नाप की जाती है, वह मनुष्य की अपनी मानसिक क्रिया है। अन्यथा काल तो इन सभी चीजों से तटस्थ है। वह तब भी था जब सृष्टि नहीं बनी थी और वह उस समय भी रहेगा, जब सृष्टि विनष्ट हो जाएगी। भारत में काल को बुढ़ापे और मृत्यु का कारण माना गया है। किन्तु यह भी काल को नापने की ही क्रिया की भाषा है। अन्यथा काल तो तटस्थ है। वह किसी के मरण का कारण क्यों बनेगा?

किन्तु अब आइंस्टीन ने देश और काल से उनकी तटस्थता छीन ली है और यह सिद्ध कर दिखाया है कि वे भी घटनाओं में भाग लेते हैं। इससे भी अधिक विचित्र स्थापना यह है कि देश और काल मिलकर एक हैं और वे चार डायमेंसनों में अपना काम करते हैं। यहाँ यह प्रश्न उठता है कि दो डायमेंसनों (लम्बाई और चौड़ाई) में तो हम पाँव से चलते हैं और तीसरा डायमेंसन जो मोटाई, घनत्व या ऊँचाई है, उसमें सीढ़ियों के सहारे चला जा सकता है। किन्तु काल के डायमेंसन अर्थात् अतीत और भविष्य में हम कैसे पहुँचें? क्या स्मृति और कल्पना—ये भी अब भौतिकी के वृत्त में आनेवाले हैं?

ऋग्वेद के नासदीय सूक्त में यह प्रश्न उठाया गया है कि "जब कुछ नहीं था तब क्या रहा होगा?" और इसके उत्तर में यह कहा गया है कि तब दिन भी नहीं था और रात भी नहीं थी, जीवन भी नहीं था और मृत्यु भी नहीं थी। उस समय प्रत्येक तत्त्व की अविद्यमानता विद्यमान थी। सूर्य न हो, चन्द्रमा न हो, राजा-प्रजा और सारे

द्रव्य विनष्ट हो जाएँ, काल तब भी रहेगा, यह बात समझ में आती है। किन्तु किसी प्रकार यदि सारा आकाश सिमटकर एक बिन्दु बन जाए अथवा वह लुप्त ही हो जाए, काल तब भी रहेगा या नहीं, इस सवाल का कोई जवाब नहीं सूझता। एक हलकी-सी सम्भावना जरूर दीखती है कि देश के विलय के साथ काल का भी विलय हो सकता है। शायद नासदीय सूक्त की अनुभूति आगे चलकर भौतिकी द्वारा सत्य प्रमाणित होगी।

ये विज्ञान की नई दार्शनिक प्रवृत्तियाँ हैं, जो यह सूचना देती हैं कि हम विचारों के किसी सर्वथा नवीन युग के समीप आ गए हैं। विज्ञान में जड़ता का युग शायद समाप्त हो रहा है। न्यूटन आस्तिक थे, किन्तु नास्तिकता के प्रचार में उन्हीं के सिद्धान्तों ने सबसे अधिक योग दिया। सृष्टि यन्त्र है, देश और काल परस्पर स्वतन्त्र सत्ताएँ हैं और प्रकृति के भीतर सब कुछ गणित की निश्चितता से घटित हो रहा है, इन स्थापनाओं के बाद और रह क्या गया था, जिसके लिए आदमी अदृश्य वास्तविकता समझने की कोशिश करता?

भौतिकवाद को शक्ति इसी न्यूटनीय विज्ञान से प्राप्त हुई। ये भौतिकवादी लोग मानते थे कि द्रव्य, देश और काल—ये सम्पूर्ण वास्तविकता हैं। चेतना को वे भूत की प्रक्रिया से उद्भूत अत्यन्त उपेक्षणीय घटना मानते थे। उनकी मान्यता थी कि चेतना फोटोन, इलेक्ट्रोन और द्रव्य की मिश्रित गति से उत्पन्न कोई चीज होगी। विचार को भी वे मस्तिष्क में घटित होनेवाली यान्त्रिक प्रक्रिया का नतीजा और भाव को शारीरिक प्रक्रिया का परिणाम समझते थे। और सभी विज्ञान उसका समर्थन करते थे, क्योंकि चेतना शरीर से अलग कहीं दिखाई नहीं देती है।

किन्तु नई भौतिकी कुछ और ही संकेत देती है। सबसे पहले तो देश और काल को वह परस्पर परिवर्तनीय मानती है। फिर उसका यह भी अनुमान है कि देश और काल के भीतर केवल द्रव्य और विकिरण ही नहीं, बहुत-सी और भी चीजें हैं, जिनका महत्त्व है। जिस भौतिक जगत को हम आँखों अथवा यन्त्रों से देखते हैं, वह वास्तविकता का न तो असली रूप है, न उसे हम पूरी वास्तविकता कह सकते हैं। असली या पूरी वास्तविकता कुछ और है और जो कुछ हमें दिखाई देता है, वह उसका बिम्ब (एपियरेंस) मात्र है। सर जेम्स जीन्स ने लिखा है कि वास्तविक विश्व की कल्पना हम एक अगाध नदी के रूप में कर सकते हैं। हमारा दृश्य जगत उस नदी की ऊपरी सतह के समान है, जिसके नीचे की चीजें हमें दिखाई नहीं देतीं। इस नदी के अगाध तल में जो घटनाएँ घटती हैं, उनसे उत्पन्न कुछ तरंगें और वीचियाँ हमें सतह पर भी देखने को मिल जाती हैं, ये तरंगें और लहरें ही हमारे दृश्य-जगत की ऊर्जा-तरंग और विकिरण हैं, जिनका प्रभाव हमारी इन्द्रियों पर पड़ता है और जो हमारे मस्तिष्क को क्रियाशील बनाते हैं। किन्तु जल की अगाधता तो इन तरंगों के बहुत नीचे प्रच्छन्न है। उसके विषय में निश्चित रूप से हम कुछ भी नहीं जानते और जो

कुछ हम जानते हैं, वह हमारा अनुमान मात्र है।

जीन्स ने आगे और भी कहा है कि हमारे दृश्य जगत की सारी क्रियाएँ मात्र फोटोन और द्रव्य अथवा भूत की क्रियाएँ हैं तथा इन क्रियाओं का एकमात्र मंच देश और काल है। इसी देश और काल ने दीवार बनकर हमें घेर रखा है। वास्तविकता के जो बिम्ब हम इन दीवारों पर देखते हैं, वे ही भूत के कण और उनकी लीलाएँ हैं। असल में, जिस वास्तविकता की छाया इन दीवारों पर पड़ रही है, वह स्वयं देश और काल से परे है।

शंकराचार्य ने इस दृश्य जगत को मिथ्या कहा था। नई भौतिकी उसे मिथ्या नहीं कहती; किन्तु यह अनुमान अब उसे भी होने लगा है जो कुछ दृश्य है, वही सम्पूर्ण यथार्थ नहीं हो सकता। अतएव वह मानती है कि देश और काल की दीवार भी सत्य है, उस पर पड़नेवाले बिम्ब भी सत्य हैं (क्योंकि इन्हीं बिम्बों से हमारी इन्द्रियाँ प्रभावित होती हैं) और जो वस्तु देश और काल से परे रहकर ये बिम्ब फेंक रही है, वह भी सत्य होगी। सम्पूर्ण सत्य कदाचित् इन सभी सत्यों के समवाय में है।

नई भौतिकी की तुलना में पुरानी भौतिकी अर्थात् न्यूटन से लेकर पुराने क्वांटम-सिद्धान्त तक की भौतिकी का दोष यह था कि वह बिम्ब (एपियरेंस) को ही सम्पूर्ण सत्य मानती थी और देश तथा काल से अपने को सीमित किए हुए थी, बल्कि उसे इतना भी अनुमान न था कि देश और काल से परे भी कोई वास्तविकता हो सकती है। नई भौतिकी की विशेषता यह है कि वह दुराग्रह छोड़ रही है और उसके भीतर यह अनुमान उत्पन्न होने लगा है कि बिम्ब वाले विश्व को समझने के लिए भी यह आवश्यक है कि हम दीवार से परे वाली वास्तविकता का ज्ञान प्राप्त करें।

सर आर्थर स्टैनले एडिंगटन (1882-1944 ई.) ने विज्ञान की दार्शनिक प्रवृत्तियों का उल्लेख किया है। यद्यपि ये प्रवृत्तियाँ अभी बहुत स्पष्ट नहीं है; किन्तु एडिंगटन का विचार है कि इस ओर वैज्ञानिकों को ध्यान देना चाहिए। विज्ञान की नई प्रवृत्तियाँ हमें जिस ऊँचाई पर ले गई हैं, वहाँ से दर्शन का समुद्र दिखाई देने लगा है। आइंस्टीन, हेजनबर्ग और बोर के सापेक्ष्यवाद और क्वांटम के सिद्धान्तों ने पिछले बीस वर्षों के भीतर यह स्थिति उत्पन्न कर दी है कि वैज्ञानिक भी धर्म की सम्भावनाओं में विश्वास कर सकें। भौतिकी के दार्शनिक को चाहिए कि भौतिकी से आगे अब वह उस भूमि का सन्धान करें, जो भूत और अध्यात्म की सीमा पर पड़ती है।

वास्तविकता केवल दृश्य जगत तक ही सीमित नहीं है। आदमी केवल सनसनाहटों का पुंज नहीं होता, उसमें ध्येय और दायित्व भी होते हैं। वह त्यागी, तपस्वी और रहस्यवादी सन्त भी होता है। जगत एक नहीं, दो हैं। भौतिक के साथ-साथ एक आध्यात्मिक विश्व भी है। मनुष्य के अनुभव का अर्थ वह अनुभव भी है, जो उसे बाह्य विश्व से प्राप्त होता है और वह अनुभव भी, जो उसे आत्मा से उपलब्ध होता है। और विज्ञान तो वही सम्पूर्ण होगा, जो मनुष्यों के इन दोनों प्रकार

के अनुभवों को स्वीकार करे। किन्तु दुर्भाग्यवश भौतिकी इन दोनों विश्वों को अभी अपने आलिंगन में बाँधने में असमर्थ है।

और भौतिकी की अब तक की परेशानी भी कम नहीं है। जब भौतिकी का आरम्भ हुआ, उसके हाथ की चीजें ठोस थीं। पानी हवा की चोट के नीचे बहता था और वह गुरुत्वाकर्षण तथा हाइड्रोडायनिमिक्स के नियमों के अधीन था। किन्तु वस्तुओं का यह ठोसपन माया के समान निस्सार निकला। तरल में से हमने ठोस तत्त्व परमाणु निकाला, फिर उसे इलेक्ट्रोन में विभक्त कर दिया। किन्तु इलेक्ट्रोन बनते ही ठोस चीज हमारे हाथों से गायब हो गई। सन्तोष इतना ही है कि इलेक्ट्रोन और प्रोटोन के रूप में चीजों का सूक्ष्मतम रूप अब भी वर्तमान है। किन्तु क्वांटम का सिद्धान्त इन्हें भी बहुत स्थूल समझता है, अतएव इनसे आगे वह हमें एक ऐसी जगह लिए जा रहा है, जहाँ गणित के प्रतीकों के सिवा और कुछ भी नहीं है। जो ठोस था, वह गलकर शून्य हो गया है और हम आकार का हिसाब निराकार के पट पर लिख रहे हैं। पंडित नेहरू के शब्दों में "ठोस दुनिया पिघलकर गणित का कोई विचार अथवा छलना बन गई है, जो माया-सिद्धान्त के बहुत ही समीप है।"

प्राचीन विश्व में मन भ्रान्तियों और माया का मूल माना जाता था। उससे बचने को मनुष्य विश्व का नए ढंग से विश्लेषण करने लगा; किन्तु अब उसे फिर भासित हो रहा है कि जिस रोग से वह बचना चाहता था, वह अब भी उसके साथ है। भ्रान्ति से भागकर हम वास्तविकता को छूने चले थे, किन्तु ज्ञात हमें यह हो रहा है कि यह वास्तविकता मनुष्य के भीतर भ्रम उत्पन्न करनेवाली शक्ति से सम्बद्ध है। कारण, मनुष्य का जो मन माया का जाल बुनता है, वह वास्तविकता का भी एकमात्र साक्षी है। सत्य से माया का वही सम्बन्ध है, जो धुएँ का आग से है।

आदमी जब तक थाह में रहता है, तब तक अकड़ उसकी शेष रहती है; किन्तु अथाह में पहुँचने पर वह ईश्वर को पुकारे या नहीं, अकड़ तो वह छोड़ ही देता है। विज्ञान का भी यही हाल हुआ है। जब तक वह अथाह में न पहुँचा था, न्यूटनीय सिद्धान्तों के भरोसे वह निश्चिन्त था; किन्तु अथाह में पहुँचते ही वह यह मान गया है कि अब पहले की-सी निश्चिन्तता और आत्मविश्वास के साथ कोई भी बात जोर से नहीं कही जा सकती। यह विनम्रता की निशानी है और इसमें कोई सन्देह नहीं कि आज का विज्ञान अब से तीस वर्ष पहले की अपेक्षा कहीं विनम्र है। विज्ञान के जिस मंच से पहले यह आवाज सुनाई पड़ती थी कि वस्तुओं का अतीत यदि हमें ज्ञात है तो हमारे लिए यह बताना तनिक भी असम्भव नहीं कि उनका भविष्य क्या होगा; अब उसी मंच से यह बात सुनाई पड़ रही है कि विज्ञान का तो अभी आरम्भ मात्र है और उसकी सीमाएँ भी अनेक हैं। आज बड़े-बड़े विज्ञानाचार्य एक विचित्र उत्साह से यह घोषणा करने लगे हैं कि विज्ञान से हमें जो ज्ञान प्राप्त होता है, वह

वास्तविकता के केवल एक अंश का ज्ञान है और अब हम पर यह बाध्यता नहीं है कि विज्ञान जिन विषयों की उपेक्षा करता है, उन्हें हम भी उपेक्षणीय मानकर छोड़ दें।

विज्ञान की इस नई प्रवृत्ति से उन सभी लोगों के भीतर आशा सुगबुगाने लगी है, जो आधिभौतिक दर्शन में विश्वास करना नहीं चाहते थे; किन्तु तब भी जिन्हें आधिभौतिक विश्वासों से बाहर निकलने की राह अलभ्य थी। विज्ञान ने जिस विश्व की कल्पना की थी, उसे अन्तिम सत्य मान लेने का स्वाभाविक परिणाम यह था कि उस विश्व में मनुष्य का स्थान तिनके के समान तुच्छ हो जाता था। विज्ञान का विश्व विवेक-शक्ति और ध्येयों से सर्वथा विहीन एक ऐसा परम विशाल यन्त्र था, जिसका संचालन गणित करता था और आदमी इस यन्त्र से निकला हुआ कोई आनुषंगिक जीव था, जिसके सामने कोई ध्येय नहीं, जिसके जीवन का कोई अर्थ नहीं और जो अपने आपका भी स्वामी नहीं, प्रत्युत कारण-कार्य नियम से उतना ही अधीन था, जितना कोई भी पशु, पेड़ या पौधा हो सकता है।

किन्तु जब से इलेक्ट्रोन की स्वेच्छाचारिता ने नियतिवाद को चुनौती दी, तब से यह मानने का रास्ता खुल गया है कि केवल इलेक्ट्रोन ही नहीं, मनुष्य भी नियतिवाद का अपवाद है। वह अपना प्रत्येक कार्य परिस्थितियों से चालित होकर नहीं करता, बहुत बार निर्णय उसके अपने हाथ में होता है। बल्कि सच तो यह है कि विकास की प्रक्रिया अब पेड़ों, पौधों और पशुओं में नहीं चलती। उसका एकमात्र क्षेत्र अब मनुष्य की मनोभूमि है। मनुष्य पशुओं को स्थिति से ऊपर उठकर मनुष्य हुआ है, यह सत्य है; किन्तु पशुता के बहुत-से अवशेष उसमें अभी भी वर्तमान हैं। मनुष्य का अगला विकास इस बात पर निर्भर करता है कि अपने भीतर संचित पाशविक संस्कारों से वह कहाँ तक मुक्त होता है तथा भौतिक, रासायनिक और प्राणिशास्त्रीय नियमों की वह कहाँ तक अवज्ञा कर सकता है। विकास एक लम्बा-ऊँचा सोपान है जिसकी सबसे ऊपर वाली सीढ़ी पर मनुष्य पहुँचा है। यह कैसे माना जाए कि विकास की सारी सम्भावनाएँ उसी मनुष्य में आकर समाप्त हो गईं, जिसे हम जानते हैं? स्वाभाविक तो यही दीखता है कि मनुष्य का अभी और विकास होगा। यह विकास मनुष्य को अन्ततः क्या रूप देनेवाला है, इसकी विचिकित्सा असाध्य है। सम्भव है, वह पश्चिम के विकासवादी चिन्तकों की कल्पना का मनुष्य हो, जिसके दाँत, अन्त्रपुच्छ और लोम नहीं होंगे, सम्भव है, वह श्री अरविन्द की कल्पना का अति-मनुष्य हो, जिसके पाँच की जगह छह या सात ज्ञानेन्द्रियाँ होंगी और जो बिना बोले ही बात तथा इच्छा मात्र से सन्ततियाँ उत्पन्न करेगा, अथवा यह भी सम्भव है कि वह किसी और ही तरह का आदमी हो जाए। किन्तु इन दिशाओं में से किसी भी दिशा में जाने से पहले उसे पशुता से अपना सम्बन्ध निःशेष कर लेना होगा।

मनुष्य पशुओं की दुनिया से अधिक-से-अधिक दूर भागे, यह उसके अगले विकास की सबसे पहली शर्त दीखती है।

विकास जड़ से निकलकर चेतन होता हुआ मस्तिष्क के धरातल तक आ पहुँचा है। अब यहाँ से उसका क्रिया-क्षेत्र या तो मस्तिष्क है या मस्तिष्क से ऊपरवाली भूमि, जिसे श्री अरविन्द ने अति-मस्तिष्क कहा है। विवेकशील मनुष्य प्राणिशास्त्र के नियमों के उतना अधीन नहीं होता, जितना विज्ञानवादी लोग समझते हैं। प्राणिशास्त्र के नियमों का पालन पशु करते हैं, जिनका सारा उद्देश्य अपने जीवन की रक्षा करना है। किन्तु मनुष्य तो बहुत बार दूसरों का दुख दूर करने के लिए अपनी जान गँवा बैठता है। विकासवाद के सिद्धान्त से भी जनसाधारण की यही धारणा पुष्ट होती है कि विज्ञान के नियम जड़ पर पूर्ण रूप से, चेतन पर उससे कम और मनुष्य पर आकर सबसे कम चरितार्थ होते हैं।

चेतना केवल इन्द्रिय-ग्राह्य बिम्बों का समुच्चय नहीं है। भावना, उद्देश्य, मूल्य और विवेक भी चेतना के ही अंग है। किन्तु विज्ञान चेतना के उन्हीं रूपों की व्याख्या करता है, जो इन्द्रिय-ग्राह्य बिम्बों से सम्बद्ध हैं। एडिंगटन मानते हैं कि यह वास्तविकता की आंशिक व्याख्या मात्र है। पूरी वास्तविकता तो तभी व्याख्येय होगी, जब हम यह मानकर चलें कि मनुष्य केवल भूत ही नहीं, अध्यात्म भी है। इन्द्रिय-ग्राह्य बिम्बों का स्रोत खोजते-खोजते हम, निश्चित रूप से, बाह्य विश्व में पहुँच जाते हैं, जो विज्ञान का क्षेत्र है। किन्तु चेतना की कितनी ही ऐसी वीचियाँ भी हैं, जिनका उद्‌गम खोजते-खोजते हम कहीं और चले जाते हैं। इस अपरिचित देश का सन्धान पाए बिना सम्पूर्ण वास्तविकता के ज्ञान का दावा बिलकुल बेकार है।

विज्ञानाचार्यों का यह स्वीकार करना कि अब तक का विज्ञान सृष्टि के स्थूल यंत्रों और उसके ढाँचों के ज्ञान का पर्याय है, बड़ी ही आशा की घोषणा है, क्योंकि इससे यह संकेत मिलता है कि स्थूल यन्त्रों और ढाँचों के परे सृष्टि का जो अदृश्य रूप है, उसके सम्बन्ध में विज्ञान ने कोई पूर्वाग्रह पैदा नहीं किया है। इस पूर्वाग्रह के अभाव में हम यह मानने को स्वतन्त्र है कि सौन्दर्य के प्रति हमारी रागात्मक वृत्ति और ईश्वर के साथ एकीभूत होने की हमारी रहस्यात्मक कल्पना बिलकुल निस्सार नहीं है। सम्भव है, इन वृत्तियों का भी कोई स्पष्ट लक्ष्य सृष्टि के भीतर प्रच्छन्न हो। अभिनव विज्ञान ने सृष्टि-विषयक जिस नवीन कल्पना को जन्म लेने की छूट दे दी है, उसमें केवल गणितज्ञ ही नहीं, रहस्यवादी सन्त और कलाकार भी रह सकते हैं।

(29 जून, 1959 ई.)

('विवाह की मुसीबतें' पुस्तक से)

मिली-जुली संस्कृति

यह देखकर मुझे बेहद खुशी हुई कि मॉरिशस के हिन्दुओं में अपने धर्म और संस्कृति के लिए पूरा उत्साह है। वे भारत से बाहर रहने पर भी भारत को नहीं भूले हैं। वे यह भी चाहते हैं कि भारत से साधु और संन्यासी, कवि, लेखक, पंडित और कलाकार बराबर मॉरिशस आते रहें, जिससे भारत के साथ मॉरिशस का सांस्कृतिक सम्बन्ध बना रहे और वह दिनोंदिन मजबूत होता जाए।

यह बहुत अच्छा हुआ कि मुझे मॉरिशस आकर अपने बिछुड़े हुए भाइयों और बहनों से मिलने का मौका मिला। इस मौके का लाभ उठाकर मैं यहाँ के हिन्दुओं और मुसलमानों की सेवा में यह निवेदन करना चाहता हूँ कि भारत की संस्कृति, तहजीब, तमद्दुन या कल्चर का असली रूप क्या है।

भारत की संस्कृति किसी एक जाति या धर्म की संस्कृति नहीं है। वह मिली-जुली संस्कृति है और हिन्दुस्तान में हम उसे सामासिक संस्कृतिक या कम्पोजिट कल्चर कहते हैं।

जब आर्य भारत आए, उससे पहले भारत में अनेक जातियों के लोग रहते थे, जिनमें द्रविड़ों की सभ्यता प्रधान थी। भारत आने पर आर्यों ने वहाँ पहले से रहनेवाले लोगों के साथ विवाह-सम्बन्ध किया और सभी जातियों को आपस में मिलाकर उन्होंने विशाल हिन्दू-संस्कृति की रचना की। आर्यों की भाषा संस्कृत थी। जब आर्य भारत आए, उनकी भाषा यानी संस्कृत भाषा का प्रभाव भारत की सभी भाषाओं पर पड़ा। लेकिन, भारत में जो शब्द पहले से प्रचलित थे, उनमें से भी बहुत-से शब्द संस्कृत में घुस गए और संस्कृत भाषा ने उन शब्दों को अपना लिया। पंडितों का विचार है कि पूजा, पंडित, कुन्तल, कक्ष, और ऐसे अनेक शब्द द्रविड़ भाषा से निकलकर संस्कृत में आए थे। मगर ये शब्द संस्कृत में इस तरह घुल-मिल गए हैं कि अब हम उन्हें संस्कृत के ही शब्द समझते हैं।

भक्ति-मार्ग के विषय में भी विद्वानों का विचार है कि भक्ति द्रविड़ों के बीच जन्मी और विकसित हुई थी। बाद को वह सारे भारत में फैल गई। श्रीमद्भागवत में भक्ति ने नारदजी से कहा है :

उत्पन्ना द्राविड़े चाऽ हम कर्णाटे वृद्धिमागता
स्थिता किंचिन्महाराष्ट्रे, गुर्जरे जीर्णतां गता।

अर्थात् मेरा जन्म द्रविड़ देश में हुआ था, कर्णाटक में मैं फूली-फली, महाराष्ट्र में मैंने विहार किया और गुजरात पहुँचकर मैं बूढ़ी हो गई।

इसका दूसरा प्रमाण वह दोहा है, जो साधु-समाज में बहुत दिनों से प्रचलित रहा है :

भक्ति द्राविड़ ऊपजी, लाए रामानन्द,
परगट कियो कबीर ने, सात द्वीप नौ खंड।

हिन्दुओं को यह याद रखना चाहिए कि भक्ति-आन्दोलन के सभी आचार्य दक्षिण भारत में जन्मे थे। शंकराचार्य, रामानुज, वल्लभाचार्य, मध्वाचार्य—ये सभी सन्त दक्षिण में जन्मे और उत्तर में उनके मतों का प्रचार हुआ। स्वामी रामानन्द प्रयाग में जन्मे थे। मगर साधना उन्होंने भी दक्षिण जाकर रामानुजाचार्य के आश्रम में की थी।

शिक्षा यह कि उत्तर और दक्षिण भारत में कोई भेद नहीं है। तमिल, तेलुगू, मराठी, बंगला और हिन्दी बोलनेवाले सभी हिन्दू एक हैं और आपस में उन्हें हमेशा एक रहना चाहिए।

जब मुसलमान भारतवर्ष में आए, आरम्भ में हिन्दुओं के साथ उनकी थोड़ी खट-पट रही। मगर मुगलों के आने के बाद हिन्दू और मुसलमान एक-दूसरे को ज्यादा समझने लगे। वैसे हिन्दू-मुस्लिम-एकता का आन्दोलन पठानों के समय ही शुरू हो गया था। हिन्दुस्तान के इतिहास में हिन्दू-मुस्लिम-एकता के बड़े नेता तीन हुए हैं। उनमें से पहले का नाम महात्मा कबीरदास, दूसरे का सम्राट अकबर और तीसरे का महात्मा गांधी था। कबीरदास समझते थे कि हिन्दू और मुसलमान—दोनों-के-दोनों गलत रास्तों पर हैं। धर्म मूल में एक ही होता है। डालों पर जाकर वह अलग-अलग हो जाता है। इसलिए, दोनों को चाहिए कि वे डालों से उतरकर मूल पर आवें।

डार तजौ, सब मूल गहौ।

हिन्दुस्तान के लिए हिन्दू और मुसलमान की एकता जरूरी है। वे अगर एक नहीं होंगे, तो हिन्दुस्तान कमजोर हो जाएगा। वे अगर आपस में मिलकर रहेंगे, तो हिन्दुस्तान की ताकत बहुत बड़ी हो जाएगी। कबीर के शिष्य स्वामी दादूदयाल ने आज से चार सौ साल पहले कहा था :

दोनों भाई हाथ पग, दोनों भाई कान।
दोनों भाई आँख हैं हिन्दू-मुसलमान।

18वीं सदी में जब यूरोप भारतवर्ष पहुँचा, तब भारतीय सभ्यता ने एक बार फिर करवट बदली। यूरोप के साथ साइंस था, बुद्धिवाद था और एक नया धर्म भी उसके साथ आया था। उस समय यूरोप से आनेवाले लोगों ने हिन्दू धर्म और इस्लाम, दोनों पर प्रहार किया और अपनी रक्षा के लिए दोनों धर्मों ने नए-नए नेता पैदा किए। इस्लाम के भीतर से सर सैयद अहमद खाँ, चिराग अली, हाली और इकबाल पैदा हुए, जिन्होंने हिन्दुस्तान में यूरोपीय संस्कृति के कुप्रभाव को बढ़ने से

रोकने की कोशिश की। इसी तरह हिन्दू-धर्म के भीतर से पहले राममोहन राय और केशवचन्द्र पैदा हुए। फिर उस धर्म ने रामकृष्ण परमहंस, स्वामी दयानन्द, स्वामी विवेकानन्द, लोकमान्य तिलक, रवीन्द्रनाथ, श्री अरविन्द, महर्षि रमण और गांधी को जन्म दिया। इन नेताओं की शिक्षा थी कि यूरोपीय सभ्यता में जो अच्छाइयाँ हैं, उन्हें हम स्वीकार करेंगे। लेकिन भारतीय संस्कृति में जो अच्छाइयाँ हैं, उन्हें भी हम मिटने नहीं देंगे।

भारत में हम आज भी उसी मार्ग पर चल रहे हैं। हमने यूरोप से साइंस लिया है, कल-कारखाने लिये हैं, प्रजातन्त्र अथवा डेमोक्रेसी का नया रूप लिया है और समाज-सुधार की भी बहुत-सी शिक्षाएँ ली हैं। किन्तु, धर्म हमने अपना ही रखा है, संस्कृति के क्षेत्र में हमने अपनी विरासत को नहीं छोड़ा है तथा रामायण और महाभारत आज भी हमारे साहित्य के मूल स्रोत बने हुए हैं।

हिन्दू किसी भी धर्म से द्वेष नहीं करता है। वह आरम्भ से ही सभी धर्मों का आदर करता रहा है और सभी धर्मों को शरण देता रहा है। ईसाइयत यानी क्रिश्चियनिटी भारत में उस समय पहुँच गई थी, जब इंग्लैंड के लोग क्रिस्तान नहीं हुए थे। यहूदी धर्म भी बहुत प्राचीन काल से भारत में मौजूद रहा है। जरथुस्त्र-धर्मी यानी पारसी लोग पहले ईरान में रहते थे। मगर जब ईरान पर मुसलमानों का कब्जा हो गया, तब पारसी जाति ईरान से भागकर हिन्दुस्तान चली आई। तब से पारसी लोग भारत में रहकर अपने धर्म की साधना करते रहे हैं। भारत सभी धर्मों को अपना ही धर्म समझता है और वह सभी के अधिकारों की रक्षा करता है।

धर्म को लेकर आपस में झगड़ा करना मूर्खता का काम है। मन्दिर, मस्जिद, गिरजे और गुरुद्वारे धर्म के बाहरी रूप हैं। ये शाखाएँ हैं, वृक्ष की बाहरी डालियाँ हैं। असल में वृक्ष की जड़ एक है। धर्म बहुवचन होकर झूठा हो जाता है। एकवचन रहकर वह सत्य रहता है। रवीन्द्रनाथ ने कहा था, धर्म को पकड़े रहो, धर्मों को छोड़ दो। जो आदमी यह समझता है कि धर्म अनेक हैं, वह अभी धर्म के मार्ग पर नहीं आया है। जो भी आदमी धर्म की राह पर आ जाएगा, वह सभी धर्मों को एक ही धर्म समझेगा।

धर्म को लेकर झगड़ना जितना बड़ा बेहूदापन है, उससे बड़ी मूर्खता यह है कि लोग जात-पाँत को लेकर आपस में मनमुटाव पैदा करें। इस मामले में मॉरिशस के हिन्दुओं को बहुत ही सतर्क रहना है। उनका भला इसमें है कि वे जात-पाँत को लेकर आपस में नहीं टूटें। वे अपने मूल केन्द्र से छूटकर एक टापू में जी रहे हैं। उनके भीतर अगर एकता का भाव मजबूत नहीं रहा, तो वे बिखर जाएँगे और हम जिस आशा से मॉरिशस की ओर देख रहे हैं, वह आशा अधूरी रह जाएगी।

मॉरिशस का टापू हिन्द महासागर का हीरा है। मॉरिशस के हिन्दू भारत के शरीर के अंश भले ही न हों, मगर वे भारत की आत्मा के अंश हैं। हमारी आत्मा का यह

अंश अगर उजागर रहेगा, तो उससे केवल मॉरिशस की नहीं, हिन्दुस्तान की भी इज्जत बढ़ेगी।

भारत में भगवान एक नया प्रयोग कर रहे हैं। संसार एक इसलिए नहीं हो पा रहा है कि संसार में धर्म अनेक हैं, भाषाएँ अनेक हैं और जातियाँ भी अनेक हैं। ये सारी बातें भारत में भी हैं। तब भी भारत एक देश होकर जी रहा है। भारत की एकता अगर काफी मजबूत हो गई, तो उसी का अनुकरण करके कभी सारी दुनिया भी एक हो जाएगी। और जो साधना भारत के पचास करोड़ लोग कर रहे हैं, उसी साधना में मॉरिशस को भी लगना चाहिए, क्योंकि मॉरिशस का टापू भी छोटे पैमाने पर भारतवर्ष का ही नमूना है। मॉरिशस की सफलता का प्रभाव भारत पर पड़ेगा और भारत की सफलता से मॉरिशस को प्रेरणा मिलेगी।

आदमी जहाँ भी रहे, उसे एकता के साथ रहना चाहिए। एकता ताकत है, अनेकता कमजोरी है। भारत गुलाम इस वजह से हो गया था कि उसकी एकता कमजोर हो गई थी। जब गांधीजी ने भारत की एकता को मजबूत बना दिया, भारत तुरन्त गुलामी की जंजीर तोड़कर दुनिया के सामने शान से खड़ा हो गया। भारत आजाद हो गया। ईश्वर की ऐसी कृपा है कि मॉरिशस की आजादी भी अब दूर नहीं है। किन्तु भारत हो या मॉरिशस, दोनों ही देशों में रहनेवाले को हमेशा यह याद रखना चाहिए कि एकता ही हमारी सारी तरक्की की कुंजी है। अगर गफलत में आकर हमने एकता को खिड़की की राह से जाने दिया, तो हमारी स्वतन्त्रता सदर दरवाजा खोलकर भाग जाएगी। मॉरिशस के निवासियो! हिन्दुस्तान के इतिहास से शिक्षा लो, जैसे भी बने, अपनी आपसी एकता को मजबूत रखो। एकता तुम्हारा अमृत है। एकता तुम्हारी जान है। हिन्दू-धर्म की पाचनशक्ति में विश्वास रखो। भगवान ने तुम्हारे बाप-दादों को भारत से निकालकर इस टापू में किसी बड़े काम के लिए एकत्र किया था। तुमने बड़ी-बड़ी मुसीबतें झेली हैं, बहुत अपमान सहा है, इस टापू को खूबसूरत बनाने के लिए बड़ी-बड़ी कुर्बानियाँ दी हैं। अब भगवान के द्वारा निश्चित घड़ी आन पहुँची है। यह वह वक्त है, जब तुम्हें पहले से भी ज्यादा एकजुट रहकर काम करना है। हिन्द महासागर का यह टापू हिन्दू-हिन्दू की एकता का नमूना पेश कर, हिन्दू-मुस्लिम-एकता का छोटा-सा गढ़ बने तथा पूरब और पश्चिम के बीच सेतु या पुल का काम दे, यही भगवान की इच्छा है।

मॉरिशस

27-7-67

('मेरी यात्राएँ' पुस्तक से)

गांधी से मार्क्स की परिष्कृति

समाज में गरीबी और विषमता की समस्या, आदिकाल से ही मौजूद रही है और जितने भी अवतार, नबी और पैगम्बर तथा सुधारक पृथ्वी पर अवतीर्ण हुए, उन सबने इसके जहर का अनुभव किया और सबने घूम-फिरकर गरीबी की सत्ता को स्वीकार कर लिया तथा लोगों से कहा कि जो अभाव से पीड़ित हैं उनके लिए दान दो, उनके लिए अपने सुखों का त्याग करो।

लेकिन जब मार्क्स आए, उन्होंने सारी स्थिति का विधिवत् अध्ययन करके कहा कि गरीबी कोई दैवी-सत्ता-कृत अटल वस्तु नहीं है और न दान इसका उपचार है। दरअसल, समाज में गरीबी इसलिए फैली हुई है कि समाज की पद्धति शोषण को स्वीकार करती है और शोषण से चोर पैदा होते हैं। ये चोर धन जमा करनेवाले चोर हैं और ये चोर जब तक मौजूद रहेंगे, तब तक समाज में गरीबी भी कायम रहेगी। अतएव समाज से गरीबी को दूर करने का तरीका दान नहीं, बल्कि, क्रान्ति और उच्छेद है।

मार्क्स, शायद, मानवता के पहले पैगम्बर हैं जिन्होंने गरीबी की सत्ता को स्वीकार नहीं किया। मगर, क्रान्ति के जिन साधनों को उन्होंने अंगीकार किया, वे इतिहास के पुराने साधन थे। फिर भी, उन्होंने स्पष्ट संकेत किया कि क्रान्ति के रक्तमिश्रित साधनों का प्रयोग तभी करना चाहिए तब प्रतिपक्षी कमजोर हो और जनता के अधिक-से-अधिक सदस्य क्रान्तिकारियों के साथ हों जिससे क्रान्ति के सिलसिले में कम-से-कम रक्तपात हो।

किन्तु यह बात चली नहीं। क्रान्ति जब आने लगी तब भी उसने समाज के अनन्त जीवों, विश्वासों और मूल्यों को तहस-नहस कर डाला और जब वह आकर सिंहासन पर बैठ गई, तब भी उसे रोज ही लहू की प्यास सताती रही। वह अपने पक्ष की प्रबलता को जानती है और वह यह भी जानती है कि समस्त संसार के बुभुक्षित और त्रस्त मनुष्य उसकी ओर आशाभरी दृष्टि से देख रहे हैं। भला जिसके उद्‌देश्य इतने पवित्र और महान हों, उसे डर किसका है?

किन्तु तब भी भय और आशंकाएँ झूठ नहीं, सच हैं। क्रान्ति इस बात से नहीं डरती कि लोग उसके उद्‌देश्य को झुठलाने कि हिम्मत करेंगे, क्योंकि अब संसार में ऐसे बेहया लोग आगे नहीं हैं जो सामाजिक विषमता को श्रेष्ठ बताने अथवा पूँजीवाद

के शोषण का समर्थन करने की हिम्मत कर सकें। मगर तब भी क्रान्ति को भय लगा है, क्योंकि जिस रास्ते से वह आई है, वह रास्ता मानवीयता के शान्तिमय विकास और मानव-स्वभाव की उन्नति का रास्ता नहीं है, वह रास्ता ऐसा नहीं है जिसे मनुष्य स्वेच्छा से अथवा समझ-बूझकर स्वीकार कर ले। जो मनुष्य दुष्कर्म में लीन हो, उसे सुधारने के लिए लाठी मारने की नीति का समर्थन राजनीति, अर्थनीति अथवा धर्मनीति के भी किसी-किसी कांड में मिल सकता है। किन्तु सुधार के ये तरीके मनुष्य को पसन्द नहीं होते। आप तो लाठी के बल पर उसे अच्छी राह पर लाना चाहते हैं, किन्तु, प्रभाव उस पर यह पड़ता है कि उसके साथ जबर्दस्ती की जा रही है।

जब आप अधिकारों को अपने हाथ में केन्द्रित करके मनुष्य से यह कहते हैं कि "मैं जो कुछ कर रहा हूँ, तुम्हारे कल्याण के लिए कर रहा हूँ, तुम उसी राह पर चलो जिसे मैं बता रहा हूँ, तब मनुष्य का गौरव बढ़ता नहीं, कम होता है और अपने गौरव के ह्रास की प्रक्रिया को वह सुख से नहीं देखता। अतएव उसके भीतर इस प्रवृत्ति का जाग्रत होना स्वाभाविक है कि नियन्त्रणों को तोड़कर वह स्वेच्छा से विचरण करे तथा अपनी उन जिज्ञासाओं का समाधान खोजे जिनका समाधान अधिनायकवाद के लौह-बन्धन के नीचे खोजा ही नहीं जा सकता।

यही प्रवृत्ति मनुष्य के स्वाभाविक विकास की प्रवृत्ति है। यही प्रवृत्ति उसके गौरव की शिखा है और निर्दलन के रथ पर चढ़कर आनेवाली क्रान्ति मनुष्य की इसी प्रवृत्ति से घबराती है। किन्तु क्रान्ति की जिस प्रक्रिया में मनुष्य की इस प्रवृत्ति के फैलाव की गुंजाइश होगी, उस प्रक्रिया को मनुष्य का पूरा विश्वास प्राप्त होगा और तब क्रान्ति को किसी से कोई भय नहीं रहेगा।

जब खेतों में पानी भर जाता है तब उसे बाहर निकालने के दो ही तरीके होते हैं–एक तो यह कि हम प्रवाह को रोकनेवाले बाँध या बाधा को काट देते हैं, जिससे कि जरूरत से फाजिल पानी आप ही बहकर बाहर निकल जाए, और दूसरा यह कि हम जबर्दस्ती उस पानी को उलीचकर बाहर फेंक देते हैं जो अपेक्षाकृत अधिक श्रमसाध्य और कुरूप कार्य है। जड़ उपकरणों के सम्बन्ध में इस दृष्टान्त की भीषणता भले ही नहीं भासित हो, किन्तु चैतन्य प्राणियों के विषय में इस नीति से काम लेना बड़ा ही दुर्द्धर्ष है।

मनुष्य के मस्तिष्क पर आसन जमाकर उसे अपनी इच्छा के अनुसार हाँकनेवाला नेता या शासक राशन और कंट्रोल के नियमों के अनुसार मनुष्य को उसके सुखों का भाग भले ही दिलवा दे, किन्तु यह हीन प्रकार ही सेवा है। इससे भी ऊपर एक स्तर है जो ऊँची मनुष्यता का स्तर है और जहाँ पहुँचने पर मनुष्य को सामाजिक न्याय की अनिवार्यता सिखाने के लिए अंकुश की आवश्यकता नहीं होगी।

हम समाज की रचना-विशेष के द्वारा मनुष्य को सुखी बनाना चाहते हैं। किन्तु

समाज की पद्धति अगर मनुष्य की वैयक्तिकता को ही लील गई, तो फिर सुखी कौन होगा?

मगर मनुष्य की वैयक्तिक स्वच्छन्दता की बात इतनी सूक्ष्म है कि लोग उसकी आवश्यकता को उपेक्षित छोड़ देते हैं। संसार के नेताओं की दृष्टि मनुष्य के व्यक्तित्व को छोड़कर उसकी दौलत पर चली गई है। आज वे सभी विद्याएँ गौण अथवा हेय हो गई हैं जो मनुष्य के बाह्य रूप को छोड़कर उसकी आन्तरिक आवश्यकताओं की व्याख्या करती थीं। जो लोग मनुष्य के नेता हैं, जिन पर मानव- समाज के संचालन का भार है, वे, प्रायः राजनीति, अर्थनीति और समाज-विज्ञान की रेखाएँ पकड़कर चल रहे हैं। वे मनुष्य पर नहीं सोचकर उस समाज की रूप-रेखा पर विचार कर रहे हैं जिसमें वे मनुष्य को रखना चाहते हैं। वे धन के उत्पादन के विषय में सोचते हैं, वे धन के वितरण के सम्बन्ध में विचार करते हैं, वे सम्पत्ति के आधार पर बने हुए उस समाज के रूप का चिन्तन करते हैं जिसकी कल्पना उन्हें रुचिकर प्रतीत हुई है और जिसमें वे मनुष्यों को जबर्दस्ती ठूँस देना चाहते हैं! किन्तु यह तो साधनवाला पहलू है। असल उद्देश्य तो मनुष्यों को सुख और आनन्द देना है। मनुष्य के सम्बन्ध में जो अन्तिम प्रश्न है, उसमें यह नहीं पूछा जाता कि किसने कितना कमाया; बल्कि यह कि किसे कितना प्राप्त हुआ। सन्तोष, आनन्द और प्रसन्नता ही वह तुला है जिस पर हम समाज की प्रगति का असली मूल्यांकन कर सकते हैं। सिर्फ समाज के ढाँचे को ठीक समझकर यह समझ लेना कि उसमें रहनेवाले व्यक्ति भी सुखी हैं, न्याय नहीं है। साधनों का अन्तिम मूल्य व्यक्ति में आँका जाता है, समाज में नहीं। आखिर समाज की रचना का उद्देश्य उसके सदस्यों को सुखी बनाने के सिवा और हो भी क्या सकता है? इतने वैज्ञानिक आविष्कारों, सुख के इतने अधिक साधनों और मनुष्य-समाज में आई हुई इतनी बड़ी जाग्रति के होते हुए भी अगर मनुष्य सुखी नहीं हो रहा है, तो इसका प्रधान कारण यह है कि मानव-समाज के नेता मनुष्य को भूलकर उस गृह की रचना में उलझ गए हैं जिसमें मनुष्य को निवास करना है।

और यही वह बिन्दु है जहाँ गांधीजी का सिद्धान्त मनुष्यता का सहायक हो सकता है। गांधीजी और मार्क्स के बीच जो एक प्रकार की खाई खोदी जा रही है, वह उचित नहीं है; क्योंकि जो आदमी मार्क्स के यहाँ से घबराकर भागेगा, वह गांधीजी के यहाँ भी त्राण नहीं पा सकता। जिसे यह भय है कि मार्क्स उसकी दौलत को छीनकर सर्वहारा में बाँट देगा, वह जब गांधीजी के पास जाएगा, तब गांधीजी भी उससे यही कहेंगे कि जिन चीजों की तुम्हें नितान्त आवश्यकता नहीं है, वे चीजें तुम्हारी हो ही नहीं सकतीं। तुम्हारा धर्म है कि तुम स्वेच्छा से इन फाजिल चीजों को समाज के स्वामित्व में दे दो।

गांधीजी की कल्पना का समाज इकाइयों का समाज है। उसमें प्रधानता समूह की नहीं बल्कि व्यक्ति की है। समाज के रोग के निदान के लिए वे समाज-रूपी रोगी की कल्पना नहीं करते, बल्कि रोगी तो वे एक-एक सदस्य को मानते हैं और रोग-निवारण के लिए भी वे समाज के ढाँचे पर प्रहार नहीं करके व्यक्ति को ही समझाते हैं। एक तरह से यह बात ठीक भी है; क्योंकि समाज की व्यक्तियों से भिन्न कोई अलग सत्ता तो नहीं मानी जा सकती। समाज के पापी होने का अर्थ उसके सदस्यों का ही पापी होना है और अगर हम समाज को सुधारना चाहते हैं, तो इसका स्पष्ट उपाय उसके व्यक्तियों में ही सुधार लाना है।

गांधीजी की दृष्टि में संसार की सभी समस्याएँ उसमें बसनेवाले व्यक्तियों की समस्याएँ हैं और इन समस्याओं के समाधान का मार्ग व्यक्ति के दृष्टिकोण में परिवर्तन लाने का मार्ग है।

संस्कृति के विषय में कहा जाता है कि हम एक संस्कृति को विनष्ट करके दूसरी संस्कृति का प्रचार नहीं कर सकते; क्योंकि संस्कृति विनष्ट नहीं, रूपान्तरित होती है। गांधीजी भी एक समाज को विनष्ट करके दूसरे समाज की स्थापना की कल्पना नहीं करते, प्रत्युत उसका रूप बदल देना चाहते हैं। जमे हुए पानी को वे उलीचकर फेंकना नहीं चाहते, बल्कि वे बहने का मार्ग बताकर उसे स्वयं कम करने देने के पक्षपाती हैं। यह भी एक प्रकार की क्रान्ति है और सफल हो तो, शायद, मार्क्सवादी क्रान्ति की अपेक्षा यह अधिक दीर्घायु भी हो सकती है। किन्तु, इस क्रान्ति की प्रक्रिया दमन और निर्दलन नहीं, प्रत्युत मूल्यों में परिवर्तन लाना है।

अन्तिम ध्येय के क्षेत्र में भी गांधीजी और मार्क्स एक-दूसरे से दूर नहीं हैं। दोनों का ही कहना है कि मनुष्य को एक शासनहीन समाज चाहिए, जिसमें पुलिस, मैजिस्ट्रेट और सेना की आवश्यकता नहीं हो। किन्तु मार्क्सवादी क्रान्ति के समर्थक आरम्भ में सारी सत्ता शासन को दे देना चाहते हैं। "सारे अधिकार सरकार को दो जिससे कि एक दिन वह अधिकारविहीन हो जाए"—यह उक्ति लोगों को अचरज में डालनेवाली उक्ति है। किन्तु मार्क्सवादियों का विश्वास है कि हम काफी दिनों तक लोगों को लाठी से हाँककर उन्हें इस योग्य बना देंगे कि उन्हें फिर हाँकने की जरूरत नहीं रह जाए। इसके विपरीत, गांधीजी आरम्भ से ही व्यक्ति को स्वावलम्बी और स्वाधीन रखना चाहते हैं। सर्वोदय की पंचमुखी योजना यह है कि भोजन, वस्त्र, गृह, शिक्षा और स्वास्थ्य के सम्बन्ध में सारे अधिकार जनता के पास अक्षुण्ण रहने चाहिए जिससे कि जीवन के इन अनिवार्य उपकरणों के मामले में जनता को सरकार का आश्रय नहीं लेना पड़े और जनता में इतनी स्वाधीनता हर वक्त मौजूद रहे कि वह जब चाहे सरकार के खिलाफ खड़ी हो जाए।

गांधीजी को योजना में जनता की प्रगति तथा शासन की अधोगति के काम साथ-साथ चलते हैं। उनकी कल्पना का सर्वोदय समाज एक प्रकार का स्वावलम्बी

एवं विकेन्द्रित समाज है जिसमें जीवन की आवश्यकताओं की पूर्ति के अधिकार जनता के हाथों में अक्षुण्ण रहते हैं।

किन्तु, गांधीजी के संकेतों को संसार किस रूप में ग्रहण करेगा, यह अभी ठीक मालूम नहीं होता। साम्यवाद अगर मानवता के लिए एक क्रान्तिकारी लक्ष्य है, तो इसमें कोई सन्देह नहीं कि इस क्रान्ति का विधाता मार्क्स है। किन्तु, मार्क्स ने क्रान्ति के साधनों में कोई क्रान्ति नहीं की। मगर, गांधीजी के अहिंसक उपायों को संसार ने ग्रहण किया, तो यह क्रान्ति साधनों की भी क्रान्ति समझी जाएगी।

एक बात और है। जिसे हम एवोल्यूशन का विकास कहते हैं, उसकी गति बहुत ही धीमी होती है। चिन्तक आते हैं; सुधारक आते हैं; लड़ाइयाँ होती हैं; नाना प्रकार के प्रयोग किए जाते हैं और तब भी शताब्दियों के बाद आदमी वहीं घूमता-फिरता दिखाई देता है, जहाँ वह पहले था। मगर, कभी-कभी एक ही व्यक्ति आकर मानवता के रथ को इस प्रकार झकझोर डालता है कि प्रगति कुछ अधिक स्पष्ट हो जाती है और चक्कों का आगे घूमना हम देखने लगते हैं। गांधीजी ने भी अपने प्रयोगों के द्वारा, अपने जीवनकाल में ही, मानवता के रथ को कुछ स्पष्ट प्रगति दी है। आज हम विश्व में जो यह गुनगुनाहट सुन रहे हैं कि साधन की पवित्रता उपेक्षणीय नहीं है, इसका कारण सिर्फ यही नहीं है कि दुनिया मार-काट और खूँरेजी की पद्धति से ऊब गई है, बल्कि यह भी कि गांधीजी के अहिंसक प्रयोग ने भारतवर्ष में जो सफलता प्राप्त की, उससे भारत और भारत के बाहर के लोगों की आँखें खुल गई हैं और वे गांधीजी के प्रयोग के आलोक में अपने मतों और विश्वासों में संशोधन लाने की बात सोच रहे हैं।

गांधीजी ने जिस रथ में प्रगति दी है, उसके चक्के का घूमना हम देख रहे हैं। निश्चय ही, गांधीवाद और कुछ होने की अपेक्षा विकास की ही एक सुनिश्चित प्रक्रिया का द्योतक है। पशुता से और भी अधिक दूर जाओ, यह विकासवाद की पुकार है श्रेणीहीन समाज एक अविचल लक्ष्य है। किन्तु हम उसे कैसे प्राप्त करेंगे? मार-काट, खूँरेजी और 'कूप' से अथवा मनुष्य के भीतर उच्च मानवता को जगाकर? हम मनुष्य के शरीर ही नहीं, उसकी आत्मा की भी रक्षा करना चाहते हैं। जो लोग मार्क्सवादी प्रयोगों से थक गए हैं, उन्हें निराश नहीं होना चाहिए; क्योंकि गांधीजी इसी प्रयोग के दूषण को दूर करने को आए हैं। मार्क्स ने मानव-समाज का लक्ष्य बदल दिया। गांधीजी मनुष्य को उस लक्ष्य तक जाने की निर्मल राह बताएँगे। मगर पहले कहाँ? भारत में या भारत से बाहर? उत्तर देना कठिन है।

('अर्धनारीश्वर' पुस्तक से)

स्वतन्त्रता के बाद

स्वतन्त्रता के युद्ध की समाप्ति के साथ भारतीय इतिहास का एक महत्त्वपूर्ण युग समाप्त हो गया है और आज हम जिस काल में खड़े हैं, वह सचमुच ही, एक नवीन युग का आरम्भिक काल है। संघर्ष और आक्रोश, नारे और चीत्कार तथा धूलि और धुएँ से ध्वनित एवं आच्छादित एक वायुमंडल छूटकर हमारे पीछे रह गया है। पीड़ाएँ और अतृप्त कामनाएँ तो आज भी हमारे साथ हैं। किन्तु अपने समस्त अभावों को लेकर हम काल के एक दूसरे क्षेत्र में पहुँचे हुए हैं, जहाँ दायित्व को छोड़कर कोई और बन्धन नहीं तथा जिम्मेदारियों को छोड़कर दूसरी जंजीर नहीं है। यहाँ के वातावरण में एक गूँज है, जिसे केवल वे ही सुन सकते हैं, जिनकी श्रुतियाँ चैतन्य तथा जिनका हृदय जागरूक है। जिन्होंने भी इस आवाज को सुना है, वे जानते हैं कि स्वाधीनता की रक्षा और पालन ही कठिन होता है, उसे प्राप्त करना नहीं।

आज जो अवस्था भारतीय जन-समूह की है, वही दशा उसके साहित्य को भी व्याप रही है। पिछले वर्षों में राजनीति से उपेक्षित और तिरस्कृत होकर भी साहित्य ने जनता का साथ दिया; मगर आज बदली हुई परिस्थिति में वह भी ठिठककर सोच रहा है कि आगे की दिशा कौन-सी है। जैसा कि लेविस ने यूरोप के साहित्यकारों के विषय में लिखा है, भारतीय साहित्यकार भी दो विश्वों के सन्धि स्थल पर खड़ा होकर अपने हृदय का मन्थन कर रहा है। एक तो वह विश्व है, जिसे ध्वस्त करके हम आगे बढ़ जाना चाहते हैं और दूसरा वह है, जो अभी कल्पना से उतरकर जमीन पर खड़ा ही नहीं हुआ है। हमारी कठिनाई का कारण यह भी है कि पुरानी दुनिया के भस्मावशेष में से अनेक मूल्यवान उपकरणों को चुनकर हम अपने साथ ले लेना चाहते हैं और हमारी अभिलाषा है कि हम अपने लिए जो नया महल तैयार करें, उसमें इन उपकरणों को भी यथास्थान खचित कर दें। मगर पुरानी दुनिया में जो आग लगी हुई है, उसके शमित होने पर क्या बचेगा और क्या नहीं, इसका हमें ठीक ज्ञान नहीं है, और न हम यही जानते हैं कि आनेवाले विश्व में प्राचीन विश्व के किन उपकरणों के उपयोग की हमें आजादी रहेगी।

हमारे देश में यह संघर्ष, प्राचीनता और नवीनता के संघर्ष से अधिक, नवीनता की ही दो कल्पनाओं के बीच के संघर्ष का रूप धारण करता जा रहा है। केवल भारतवर्ष में ही नहीं, प्रत्युत समस्त संसार में मनुष्यमात्र का चरम लक्ष्य और विकास

वैयक्तिक मुक्ति की प्राप्ति समझा जाता था। आज से पहले प्रत्येक धर्म और प्रत्येक देश के लोग समझते थे कि मनुष्य का अन्तिम ध्येय मोक्ष की प्राप्ति है और उसी के लिए किया जानेवाला प्रयास मानव का सबसे बड़ा प्रयास है। भारतवर्ष में तो इस भावना का इतना अधिक विकास हुआ कि ब्रह्मविद्या सभी विद्याओं से श्रेष्ठ तथा आत्मज्ञान सभी ज्ञानों से ऊपर माना जाने लगा। इसी प्रकार, मुसलमानों और क्रिस्तानों के बीच भी वे ही लोग सबसे अधिक पूज्य समझे जाते रहे, जो अपनी आत्मा की पवित्रता के माध्यम से ईश्वर को प्राप्त करने का प्रयास करते थे। यह बात बहुत दिनों तक चलती रही; और तब विज्ञान आया, जिसने मनुष्य की बुद्धि को सत्य के उस रूप की ओर उन्मुख किया, जो गणित तथा स्थूल प्रमाणों से सिद्ध किया जा सकता था। मनुष्य ने धीरे-धीरे यह अभ्यास प्राप्त किया कि सत्य वही है, जो मानवीय तर्कों से ज्ञान के नानाविध स्थूल साधनों और प्रमाणों से सिद्ध किया जा सके। इनके अतिरिक्त, अन्य अनुभूतियों के माध्यम से, जिस सत्य की उपलब्धि होती है, वह सत्य सिर्फ काल्पनिक हो सकता है, वास्तविक नहीं। विज्ञान ने अपनी काठ की उँगलियों से प्रत्येक तत्त्व को छू-छूकर उसकी सच्चाई की जाँच करनी शुरू की। परिणाम यह हुआ कि ताराओं पर बैठनेवाली कविता विज्ञान को देखते ही वहाँ से उड़ गई और संध्या तथा उषा के आलोक से विस्मय का संचार कम होने लगा। विज्ञान स्वयं तो खगोल में आँखें गड़ाकर एक नक्षत्र से दूसरे नक्षत्र की दूरी का हिसाब निकालता रहा, किन्तु, उसका प्रभाव मनुष्य की दृष्टि को नीचे ले आनेवाला सिद्ध हुआ। और जब मनुष्य की दृष्टि नीचे पृथ्वी पर आई, तब उसने समाज में फैले हुए वैषम्य को देखकर सोचा कि क्या इतनी विषमताओं और अनाचारों के होते हुए भी कोई यह दावा कर सकता है कि वह ईश्वराराधना में इसलिए लगा चूँकि धरती पर उसके करने योग्य कार्यों का अभाव था। मनुष्य में इस नवीन जिज्ञासा के जन्म लेते ही, ईश्वर और धर्म की ओर से उसकी रुचि फिरने लगी तथा वह इस निष्कर्ष के समीप जाने लगा कि मनुष्य का सर्वोत्तम कर्तव्य यह नहीं है कि वह विश्व से विमुख होकर ईश्वराराधना में जा लगे; बल्कि यह कि संसार में फैली हुई अनीतियों का विरोध करके वह अधिक-से-अधिक मनुष्यों को सुखी बनाने का प्रयत्न करे। इस भावना की परिणति कार्ल मार्क्स के सिद्धान्तों में हुई जिनका अन्तिम निचोड़ यह है कि मोक्ष व्यक्ति का नहीं, बल्कि समाज का होना चाहिए।

मानवता की सभी समस्याओं पर गवेषणापूर्वक विचार करके कार्ल मार्क्स ने जो निदान और हल उपस्थित किया, उससे केवल यूरोप ही नहीं, बल्कि एशिया भी चमत्कृत हो उठा तथा मनुष्यमात्र ने समझा कि दुनिया का आखिरी पैगम्बर अब आया है। संसार में दलितों की संख्या अधिक तथा सुख भोगनेवालों की कम है और यह भी ठीक है कि जो लोग अधिक सुख भोगने के आदी हैं, वे अगर अपनी जेब में आनेवाले हर पैसे की राह की खोज करें तो उन्हें मालूम हो जाएगा कि संसार में जो

अनीति और शोषण कायम है, उसकी जिम्मेदारी किसी-न-किसी अंश में हर विलासी मनुष्य पर है। अतएव शोषितों ने कार्ल मार्क्स को अपना त्राता समझा तथा शोषण से लाभ उठानेवाले लोग उसका नाम सुनकर चौंकने लगे।

किन्तु बातें यहीं खत्म नहीं हुईं। मनुष्य ने एक बार आत्मा की उपासना में शरीर को भुला दिया था। मार्क्स को सामने रखकर जब वह शरीर की सेवा में जुटा, तब उसकी आत्मा बिलखने लगी और आलोचकों ने पूछना शुरू किया कि समाज की मुक्ति क्या शरीर की सेवा और आत्मा के हनन का ही दूसरा नाम है?

और इसी समय, विश्व के रंगमंच पर, महात्मा गांधी का आविर्भाव हुआ, मानो प्राच्य लोक की सारी परम्परा और संस्कार ने मानवता की समस्याओं को सुलझाने के लिए अपनी तमाम अच्छाइयों को एकत्र करके दुनिया के सामने एक नमूना पेश कर दिया हो। गांधीजी ने आते ही कहा, शरीर ठीक है और आत्मा भी ठीक है। शरीर को रोटी नहीं मिले तो आत्मा ही क्या कर सकेगी? और भूखों के सामने तो ईश्वर को भी रोटी तथा रोजी को छोड़कर किसी और रूप में प्रकट होने की हिम्मत नहीं हो सकती। मगर मुक्ति बराबर आत्मा की होती है, यद्यपि उसे प्राप्त करने के पहले शरीर की मुक्ति भी परमावश्यक है। यानी मुक्ति तो व्यक्ति की ही हो सकती है, किन्तु उसकी प्राप्ति का साधन समाज को मुक्त करने का प्रयास है। मनुष्य अपनी मुक्ति के लिए जो भी तपस्याएँ कर सकता है, वे तपस्याएँ समाज की मुक्ति के लिए ही की जानी चाहिए। क्योंकि आज समाज की ही मुक्ति से मनुष्य की वैयक्तिक मुक्ति सम्भव हो सकती है।

कार्ल मार्क्स के सिद्धान्त और गांधीवाद के बीच खड़ा भारतवर्ष यह सोच रहा है कि यह किधर जाए। कुछ लोगों का विचार है कि ये दोनों ही परस्पर विरोधी सिद्धान्त हैं तथा उनसे एक-दूसरे का खंडन होता है। सम्भव है कई अंशों में यह दलील ठीक हो। किन्तु जहाँ तक मानवता को शोषण से बचाने का सवाल है, मुझे दोनों ही सिद्धान्तों की दार्शनिकता बहुत कुछ समान दीखती है। क्योंकि कार्ल मार्क्स और गांधीजी में से दोनों ही व्यक्ति दोहन और पूँजीवाद के खिलाफ हैं, और दोनों ही उस समाज की कल्पना करते हैं जिसमें एक मनुष्य भी अभाव-पीड़ित या विपन्न नहीं रहेगा। फर्क यह है कि समत्व-विधान के लिए जहाँ मार्क्स का यह कहना है कि जो ऊँचे हैं उन्हें ठोंककर नीचे करो, वहाँ गांधीजी कहते हैं कि जो लोग भी नीचे हैं, उन्हें उठाकर ऊपर ले जाओ।

अकसर गांधीजी आत्मा के प्रतीक और मार्क्स शरीर के प्रतिनिधि समझ लिए जाते हैं। किन्तु गांधीजी के पक्ष में यह उक्ति यथेष्ट नहीं है। वे सिर्फ आत्मा के ही प्रतीक नहीं, शरीर के भी पालक और त्राता हैं। बात यह है कि यूरोप तथा भारतवर्ष की आत्माओं के मौलिक भेदों पर जोर देते-देते हम इस भ्रम में पड़ गए हैं कि भारतवर्ष में उत्पन्न होनेवाली प्रत्येक विलक्षणता यूरोप की विशिष्टताओं की विरोधिनी

होती है। यह ठीक है कि भारतवर्ष अनादि काल से अदृश्य तथा अगोचर की आराधना करता रहा है तथा यूरोप ठीक उसी मात्रा में गोचर अथवा दृश्य को पूजता रहा है। हम शान्ति के कामी तथा यूरोप शक्ति का पुजारी रहा है। हमारी शक्ति अन्तर्मुखी और यूरोप का उत्साह बहिर्मुखी है। हम जिस जोर से मोक्ष की कामना करते रहे हैं, यूरोप उसी आतुरता के साथ राजनीतिक मुक्ति के लिए प्रयास करता रहा है। हम पारलौकिक सुखों की आशा में सभी लौकिक सुखों पर लात मारते रहे हैं। किन्तु, पाश्चात्य देशों के लोग पारलौकिक सुखों को अनिश्चित मानकर बराबर इस प्रयत्न में रहे हैं कि वे लौकिक सुखों की तह में चले जाएँ। संक्षेप में, हम कल्पना के स्वर्ग की आशा में मिट्टी की उपेक्षा करते रहे हैं और यूरोपवाले मिट्टी को ही स्वर्ग बना डालने की चेष्टा में तल्लीन रहे हैं। किन्तु, साथ ही, यूरोप हमारी ओर तथा हम यूरोप की ओर आशा से भी देखते रहे हैं।

इस विरोधाभास को देखकर स्वामी विवेकानन्द ने कहा था कि यूरोप की सभ्यता सर्वथा तिरस्कार की वस्तु नहीं है; क्योंकि मैं भी उस ईश्वर में विश्वास करना नहीं चाहता जो मरने के बाद मुझे शान्ति तो दे सकता है, किन्तु जीवन में मुझे रोटी नहीं दे सकता। स्पष्ट ही, स्वामी विवेकानन्द भारतीय अध्यात्म का सम्बन्ध उस वस्तु के साथ जोड़ना चाहते थे, जो हमारे पास नहीं थी—जो, शायद, हमारे पूर्वजों के पास भी नहीं थी। उन्होंने धर्म की गोद में ऊँघते हुए भारतवर्ष को जगाने के लिए शंखनाद किया और कहा कि तुम्हें जीवन में स्पन्दन भरनेवाली प्रेरणा की जरूरत है; तुम्हें शक्ति का वह विद्युतप्रवाह चाहिए जिससे धरती जवान रहती है और जिससे यूरोप के अंग-अंग में चेतना और स्वास्थ्य का सौन्दर्य छलक रहा है।

विवेकानन्द की वाणी में भारतीय अध्यात्मवाद ने एक नया घोष सुना, और जब गांधीजी आए, तब उन्होंने अपने कर्म-कलाप के द्वारा मिट्टी और आकाश के इस मिलन को साकार करना आरम्भ किया। गांधीजी सिर्फ आत्मा के प्रतीक बनकर संसार से विदा नहीं हुए हैं। उनका अपरिग्रह का सिद्धान्त मार्क्स के शोषण-विरोधी सिद्धान्तों का पर्याय है तथा उनकी शान्ति और प्रेम की कल्पना संसार को सभी मलों से मुक्त करके उसे शान्त एवं कोमल बनाने की योजना है। जो मनुष्यता को सभी प्रकार के दाहों से मुक्त करना चाहते हैं, जो मनुष्यों को सभी अभावों से स्वच्छन्द करके समाज को सुन्दर बनाना चाहते हैं, उन्हें गांधीजी से भी उतनी ही प्रेरणा मिल सकती है, जितनी मार्क्स तथा एंजिल से। और देश के जो भी चिन्तक इस निष्कर्ष पर पहुँचे हैं कि गांधीवाद की एक पूरी खुराक से समाजवाद के बल की वृद्धि हो सकती है, वे सत्य से जरा भी दूर नहीं हैं।

देश के सामने जो सपने मंडरा रहे हैं, जो कल्पनाएँ तैर रही हैं, उनकी प्राप्ति गांधीजी करवा सकते थे। मगर अफसोस कि हमने उन्हें खो दिया। किन्तु, साहित्य के दर्पण में इन स्वप्नों की जो छाया पड़ रही है, वह हमें जागरूक और चैतन्य रख

सकेगी, इसमें कोई सन्देह नहीं।

जब तक गांधीजी जीवित थे, वे हमारे सबसे बड़े नेता होने के साथ, हमारे सबसे बड़े कवि और चिन्तक भी थे। किन्तु उनके शरीरपात के साथ उनका कवित्व और नेतृत्व, दो श्रेणियों के लोगों में बँट गया है और यह कहना कठिन है कि दोनों में से किस श्रेणी के लोगों पर पड़नेवाला भार अधिक गुरुतर है। नेतृत्व की विरासत ढोनेवाले लोग, चाहे कितने ही विशाल और महान क्यों नहीं हों, किन्तु भविष्य के गह्वर में ऊँचा सिंहासन तो उन्हीं का रहेगा, जो गांधीजी के चिन्तन और कवित्व के उत्तराधिकार का भार वहन करने को तैयार हों। यह मैं इसलिए भी कहता हूँ, चूँकि हर मनुष्य का नाम और स्थूल व्यक्तित्व उसके विचारों की अपेक्षा छोटा होता है। और दुनिया की किस्मत का असली लेखा राजनीति के मैदान में नहीं, बल्कि, साहित्य के कुंज में लिखा जाता है। कवि की कल्पना और अवतार के चरित्र में से कौन अधिक सत्य है, यह विवाद बहुत प्राचीन है तथा अब तक भी इसका सम्यक् निपटारा नहीं हो सका है। हम तो सिर्फ इतना जानते हैं कि अयोध्या की राजपुरी में राम के लिए जो महल बना था, वह कब का ही भस्मसात् हो गया; किन्तु वाल्मीकि ने अपने हृदय में उनके लिए जो कुटी बनाई थी, वह आज भी कायम है तथा उसमें प्रवेश करते ही हम राम को पूर्णरूप से जीवित एवं चैतन्य पाते हैं। और इस जिज्ञासा का समाधान कौन करेगा कि गीता के श्लोकों को भगवान कृष्ण ने व्यास के मुख में रखा अथवा व्यास ने भगवान कृष्ण के मुख में?

साहित्य स्वप्नों को रूप तथा सन्देशों को अमरत्व प्रदान करता है। शून्य में मंडरानेवाले सपने सबसे पहले साहित्यकार को दिखाई पड़ते हैं। हवा में गूँजनेवाली अस्पष्ट ध्वनियाँ सबसे पूर्व चिन्तकों को सुनाई पड़ती हैं। वर्तमान की स्थूलता पर जो क्रीड़ाएँ हो रही हैं, उनमें सभी भाग ले सकते हैं; किन्तु स्थूलता के भीतर प्राणों का जो गूँज चलता है, उसे तो वे ही सुन सकते हैं जिनकी श्रुतियाँ सृष्टि के आन्तरिक तारों से लगी हुई हों।

भारतवर्ष के आकाश में जो अनेक छायाएँ घूम रही हैं, उन्हें जाँचने और परखने के लिए हमें पूर्णरूप से जाग्रत और चैतन्य साहित्यकारों की आवश्यकता है। आज की शंकाओं और हिलती हुई आस्थाओं को शमित एवं स्थिर बनाने का काम उस साहित्यकार के आगमन की प्रतीक्षा कर रहा है जो भविष्य के उपवन में खिलनेवाले फूलों का संवाद आज के मनुष्य को सुना सके। हृदय-हृदय में जो एक उत्साह है, प्राण-प्राण में जो एक अनिर्वचनीय उमंग है, तथा जन-जन में जो एक मूक आशा किलोल कर रही है; उसकी परिभाषा साहित्य में लिखी जाएगी, राजनीति और विज्ञान में नहीं। बुद्धि और तर्क मनुष्य के मस्तिष्क को सन्तुष्ट करते हैं; कर्म की प्रेरणा तो हमेशा हृदय से ही आती है। हमारे सामने जो सपने घूम रहे हैं, उन्हें मूर्त्त रूप देने के लिए मनुष्य को प्रेरित करना लेखकों और कवियों का काम है।

वे दिन चले गए, जब साहित्य वैयक्तिक प्रेम और विरह के हलके गाने गाकर समाज में आदर का अधिकारी समझा जा सकता था। आज उसे वैयक्तिकता से ऊपर उठकर समूह के सपनों, समूह की आकांक्षाओं को चित्रित करना होगा। जिस प्रकार, वैयक्तिक मोक्ष की जगत सामाजिक मुक्ति ने ले ली है, उसी प्रकार साहित्य में भी वैयक्तिक भावनाओं के ऊपर सामूहिक आवेगों को प्रधानता मिलनी चाहिए। और जिस प्रकार, समूह की मुक्ति को गांधीजी ने वैयक्तिक मोक्ष का साधन माना था, उसी प्रकार हमें वैयक्तिक अनुभूतियों को भी सामूहिक अनुभूति के माध्यम से लिखना होगा। व्यक्ति और समूह के बीच जो यह द्वन्द्व छिड़ा है, उससे भारतवर्ष के ही नहीं, प्रत्युत अखिल विश्व के साहित्यकार कुछ विचलित-से हो रहे हैं। किन्तु, यह विचलित होने की बात नहीं है; साहित्यकारों के बीच सबसे बड़ी सफलता तो हमेशा उन्हीं को मिली, जो अपनी अनुभूतियों को उस समाज की अनुभूति से मिलाकर लिखते थे, जिसमें उनका जन्म और विकास हुआ था। संक्रमणशीलता साहित्य का सबसे बड़ा गुण है। और संक्रमणशीलता में वृद्धि भाषा की सफाई अथवा काव्य के उस गुण से भी नहीं होती, जिसे हम 'प्रसाद' कहा करते हैं। वह तो कवि की विशिष्ट प्रकार की मनोदशा से उत्पन्न होती है। वह तो इस बात पर अवलम्बित रहती है कि कवि अपनी बात को अधिक-से-अधिक लोगों तक पहुँचाना चाहता है या नहीं। जो अधिक-से-अधिक पाठकों के हृदय को छूना चाहता है, जो समय के अधिक-से-अधिक विस्तार में झंकार उत्पन्न करना चाहता है, वह अपनी वैयक्तिक अनुभूति को भी समूह की अनुभूतियों के साथ अवश्य विजड़ित करेगा। और यह कार्य उतना कठिन भी नहीं, जितना कि लोग समझ लेते हैं। क्योंकि प्रत्येक व्यक्ति समाज का ही एक खंड है और जो अनुभूति एक के हृदय में उत्पन्न होती है, उसे सभी रसज्ञों की समझ में आना ही चाहिए। महात्मा तुलसीदास ने रामचरितमानस की रचना स्वान्तः सुखाय आरम्भ की थी, किन्तु उनकी प्रत्येक अनुभूति हममें से प्रत्येक के हृदय में अपनी झंकार उत्पन्न करने में पूर्णरूप से समर्थ है। इसका प्रधान कारण तुलसीदास की भाषा अथवा उनकी प्रसन्न शैली नहीं, प्रत्युत यह बात है कि वे अपनी अनुभूति को सार्वजनिक अनुभूति से मिलाकर लिखना चाहते थे। कविता की कितनी ही परिभाषाएँ युग-युगान्तर से लिखी जाती रही हैं :

कीरति भणिति भूति भलि सोई
सुरसरि सम सब कहँ हित होई।

किन्तु इस परिभाषा के द्वारा काव्य के आनन्द को सर्वजन-सुलभ बनाने का संकेत सिर्फ तुलसीदास ही दे सके; क्योंकि वे जानते थे कि वैयक्तिक विशिष्टताएँ समूह का हृदय छूने में कवि को बाधा नहीं दे सकतीं।

वैयक्तिक अनुभूति को सामूहिक रूप देना इसलिए भी आवश्यक है, चूँकि जनता पर कोई भी विचार हम जबर्दस्ती लादना नहीं चाहते। आज वैयक्तिक अभिमान की कहीं कोई गुंजाइश नहीं रह गई है; जो कुछ हो रहा है, समूह के लिए हो रहा है; जो कुछ किया जा रहा है, समूह के द्वारा किया जा रहा है। यहाँ तक कि वैयक्तिक विशिष्टताओं की सेवा भी आज समूह को ही अर्पित है। हम इस अहंकार से पीड़ित नहीं होंगे कि जो कुछ मैं कह रहा हूँ वही ठीक है; और न हमारा यही आग्रह होगा कि आज गांधीजी अथवा आज से सौ वर्ष पहले मार्क्स और एंजिल जो कुछ कह गए, वह त्रिकाल के लिए सत्य है। ऐसा मान लेने से मनुष्य की स्वाधीन चिन्ता अवरुद्ध हो जाएगी। मानवता की प्रगति के लिए यह आवश्यक है कि हम उपलब्ध ज्ञान और अनुभूति को अपनी पूँजी बनाकर उसका उपयोग करें, किन्तु नई चिन्ताओं एवं नए प्रयोगों के लिए द्वार तो हमेशा ही खुला रहना चाहिए। विशेषतः साहित्य में किसी प्रकार का भी रेजिमेंटेशन नहीं चल सकता। साहित्य की भूमि तभी तक उर्वर रह सकती है, जब तक उसमें फिरनेवाली वायु स्वाधीन हो, उसमें पड़नेवाली किरणें मुक्त हों तथा उस पर बरसनेवाले बादल पर किसी भी प्रकार की जंजीर नहीं हो।

('अर्धनारीश्वर' पुस्तक से)

लोकतन्त्र : कुछ विचार

भारतीय संसद का जो मध्यावधि चुनाव अभी-अभी (1971) पूर्ण हुआ है, उसके ठीक पूर्व की स्थिति संशय और निराश की स्थिति थी। हमारे कई प्रान्तों में संविद सरकारें चल रही हैं। उसी तरह केन्द्र में भी, बिना वैसा कहे हुए, संविद सरकार चल रही थी और दुनिया के कई धन-विमूढ़ देश भारत को 'राइट ऑफ' कर रहे थे यानि अपनी सूची में से भारत का नाम काट रहे थे। उनका खयाल था कि स्थायी देश पाकिस्तान है। भारत विघटित होनेवाला है। मगर चुनाव के बाद हालत पलट गई है। जो देश भारत को 'राइट ऑफ' कर चुके थे, वे अब भारत का नाम मोटे अक्षरों में लिख रहे हैं और दौड़-दौड़कर प्रधानमन्त्री श्रीमती इन्दिरा गांधी को बधाइयाँ दे रहे हैं। चिन्ता उनके मन में अब भी है, मगर वह चिन्ता हिन्दुस्तान की नहीं, पाकिस्तान की है।

राज पहले राजे लोग करते थे और सलाह वे सामन्तों, सरदारों और दिलरुबाओं से लेते थे। मगर चार क्रान्तियों ने राजाओं के तख्ते पलट दिए। सन् 1688 ई. की पहली क्रान्ति इंग्लैंड में हुई, सन् 1789 ई. में दूसरी क्रान्ति फ्रांस में हुई, सन् 1917 में तीसरी क्रान्ति रूस में हुई और सन् 1918 ई. में चौथी क्रान्ति जर्मनी में हुई। लोकतन्त्र का सम्मिलित इतिहास इन्हीं चार क्रान्तियों का इतिहास है। एशिया में सबसे बड़ी क्रान्ति सन् 1947 ई. में भारत में हुई, यद्यपि उसका क्रम कोई सौ साल पहले से चला आ रहा था। यह क्रान्ति दुनिया की सबसे बड़ी क्रान्ति थी, क्योंकि यद्यपि प्रेरणा इसने संसार की सभी क्रान्तियों से ली थी, किन्तु अन्त में प्रयोग इसने अहिंसा का किया था। यह क्रान्ति केवल राजनीतिक नहीं थी। उसका आरम्भ धर्म की भूमि में हुआ था, उसके कई नेता मानवता के आध्यात्मिक गुरु थे। उस क्रान्ति ने भारत के छह हजार वर्षों के इतिहास को नवीन कर दिया। वह क्रान्ति सांस्कृतिक एवं राजनीतिक मूर्च्छा में पड़े हुए एक विशाल देश को होश में ले आई। शत-वर्ष-व्यापी इस क्रान्ति का सार गांधीजी के अहिंसक प्रयोग में प्रकट हुआ और सारे संसार ने यह अनुभव किया कि मानवता नितान्त कंगाल नहीं हुई है, उसकी आशा अभी शेष है।

अहिंसा लोकतन्त्र का मूलाधार है, जिसमें उत्तराधिकार का सवाल गोली नहीं, मत-पेटी से तय होता है। केवल इतना ही नहीं, सफल लोकतन्त्र की सारी मुद्रा

अहिंसा की मुद्रा होती है, सलाह-मशविरे और विचार-विनियम की मुद्रा होती है। भीतर जो असन्तोष है, उसे बहस के जरिए निकाल दो, जिससे तलवार पर जाने की विवशता न उत्पन्न हो। और सबसे आदर्श संसद वह है, जिसमें बहस करनेवालों की आँखें लाल नहीं होती हैं।

संसार में शासन की जितनी भी प्रणालियाँ प्रचलित हैं, लोकतन्त्र की प्रणाली उन सबमें श्रेष्ठ है, किन्तु वह भी आदर्श प्रणाली नहीं है। जो प्रणाली आदर्श है, वह शायद कभी भी व्यवहार में नहीं आएगी। मसलन, अफलातून की यह कल्पना कि राज उनका चले, जो दार्शनिक और सन्त हैं। अथवा गांधीवादियों का यह स्वप्न कि हम आपको मन्त्री बनाना चाहें और आप उसके लिए तैयार न हों; हम आपको संसद में भेजना चाहें और आपको वह स्वीकार न हो। अभी भी ऐसे व्यक्ति हैं, जो सत्ता के आसन पर बैठने को तैयार नहीं होंगे। लेकिन वह जनता कहाँ है, जो एकमुख होकर एक सज्जन का नाम ले सके? और अगर यह कहा जाए कि जनता को इसके लिए संगठित करना होगा, तो खतरा यह है कि जो लोग जनता के संगठन का बीड़ा उठाएँगे, वे ही उम्मीदवारों का मनोनयन कर देंगे। अतएव, बात घूम-फिरकर वहीं पहुँच जाती है, जहाँ से हम निकलना चाहते हैं।

लोकतन्त्र में जब तक स्थायित्व रहता है, तब तक उसके दोषों की चर्चा बन्द रहती है। शासन की अन्य प्रणालियों के साथ प्रजातन्त्र की तुलना अनेक बार हो चुकी है और इस तुलना में प्रजातन्त्र की जो खामियाँ पाई गई हैं, उन्हें मनुष्य ने पुस्तकालयों में बन्द कर रखा है। मगर एक बार यदि प्रजातन्त्र में अस्थिरता दिखाई पड़ी, तो प्रजातन्त्र के दोष पुस्तकालयों से निकलकर जनता की जीभ पर चढ़ जाते हैं और समाज में उनकी चर्चा शुरू हो जाती है।

प्रजातन्त्र के वे दोष कौन-से हैं?

प्रजातन्त्र का सबसे बड़ा दोष यह है कि उसमें निर्णय लेने में विलम्ब होता है और जहाँ निर्णय तुरन्त-का-तुरन्त लिया जाना चाहिए, वहाँ भी निर्णय आनन-फानन नहीं लिया जा सकता। प्रजातन्त्र का अनुशासन ढीला होता है। और कानून उसके उदार होते हैं—इतने उदार कि उनका फायदा अपराधी भी उठाता है। शहरों और देहातों में जो बदअमनी बढ़ रही है, उसका कारण यह है कि कानून उदार हैं और उनकी प्रक्रिया अपराधियों की सहायता करती है। गर्चे जर्मनी और जापान जैसे देश युद्ध के बाद प्रजातन्त्र के मार्ग पर चलकर ही सम्पन्न हुए, मगर भारत में तथा एशिया के अन्य देशों में समझा यह जाता है कि उत्पादन में तेजी से वृद्धि डिक्टेटर ला सकता है, जिसकी आज्ञा कठोर होती है और जिसके भय से कारखानों में हड़ताल बहुत कम होती है।

एशिया में बदअमनी प्रजातन्त्र की नित्य-संगिनी हो गई। अनेक एशियाई देशों में प्रजातन्त्र की मृत्यु से लोगों को खुशी हुई है, क्योंकि बदअमनी और आजादी के

उफान से वे आजिज आ गए थे। जनता सबसे पहले समाज में शान्ति और सुरक्षा चाहती है, मगर अपराधी जब दंडित नहीं किए जा सकते अथवा जब वे ऊँची जगहों पर आदर और सत्कार पाते हैं तब प्रजातन्त्र का मुकद्दमा कमजोर हो जाता है और जनता डिक्टेटर की इन्तजार करने लगती है। इस प्रसंग में सबसे भयानक स्थिति वह होती है, जब चोरों, उचक्कों और हत्यारों को प्रश्रय शासक-दल के लोग देने लगते हैं और जिन्हें हमेशा जेलों में बन्द रहना चाहिए, उनकी मदद से राजनीतिक पार्टियाँ चुनाव जीतने लगती हैं।

समाजवाद की शान्तिमय प्रगति से प्रजातन्त्र मजबूत हो सकता है, मगर उस समाज में शान्ति कब तक टिकी रहेगी, जिसके नेता बिना वाणिज्य-व्यवसाय के धन कमाते हैं और सोचते हैं कि सबका संचित धन तो वे बाँट देंगे, लेकिन उनका अपना संचित धन कोई नहीं बाँटेगा? इस देश में भी शासक-दल के लोग चोरों, कातिलों और डकैतों को प्रश्रय देते देखे गए हैं। जब महँगाई बढ़ती है, जनता में कानोंकान यह चर्चा फैल जाती है कि किसी मन्त्री या अफसर ने सेठ से माल खा लिया है और सेठ उसी क्षति-पूर्ति के लिए अपनी चीजों का दाम बढ़ा रहा है। और-तो-और, अपने देश में नकली दवाइयाँ बेचनेवालों को दंड नहीं मिल पाता, न खाने की चीजों में मिलावट करनेवाले पापी गिरफ्तार किए जाते हैं। अखबारों का हाल यह है कि राजनीतिज्ञों के पीछे वे हाथ धोकर पड़े रहते हैं, मगर नकली दवा बनानेवालों के खिलाफ वे जीभ भी नहीं हिलाते, क्योंकि उनसे मिलनेवाले विज्ञापनों का आर्थिक मूल्य काफी होता है। ये सभी छिद्र हैं, जिनसे होकर प्रजातन्त्र की जड़ काटी जाती है।

वालतेयर प्रजातन्त्र की अपेक्षा बादशाहत को अधिक पसन्द करता था। उसका कहना यह था कि बादशाहत के अधीन एक व्यक्ति को शिक्षित कर देने से काम चल जाएगा, मगर जब सभी बालिग बादशाह हो जाएँगे, तब उन सबको शिक्षित करना पड़ेगा। वालतेयर की बात बड़ी अप्रिय है, लेकिन वह उतनी ही ठीक भी है। और देश जब भारत के समान विशाल हो, तब सार्वभौम शिक्षा का काम कितना कठिन हो जाता है, यह हम भारतवासी खूब समझ रहे हैं। असल में प्रजातन्त्र विशाल देशों के लिए था ही नहीं। आरम्भ में वह नगर-राज्य (सिटी स्टेट) के लिए निकला था, क्योंकि नगर-राज्यों में सभी लोग शासन में सीधे भाग ले सकते थे। छोटी जनसंख्या वाले देशों की अपेक्षा बड़ी जनसंख्या वाले देश आसानी से शासित किए जा सकते हैं, क्योंकि ऐसे देशों की जनता में अकर्मण्यता अधिक होती है। किसी शिकायत को लेकर परस्पर एक होना उनके लिए जितना कठिन होता है, किसी कार्यक्रम को लेकर एक होने में भी उन्हें वैसी ही कठिनाई महसूस होती है। भारत में जनसंख्या के अलावा एक बुराई और है। हम सभी लोग जातों में बँटे हैं और हमारा भाव है कि आदमी अगर हमारी जात का है, तो वह खूबसूरत भी है और ईमानदार भी। और अगर वह हमारी जात का नहीं है, तो वह निश्चय ही बदसूरत और बेईमान

होगा। हमारे ग्रामीण मतदाता यह कहने में तनिक भी नहीं शरमाते कि वोट ओर बेटी अपनी ही जात में दी जानी चाहिए। और जो हाल ग्रामों का है, शहरों की उससे बहुत भिन्न दशा नहीं है।

प्रजासत्ता सबसे बड़ा ढिंढोरा समानता और स्वतन्त्रता का पीटती है। लेकिन शक्ति और योग्यता में समान हुए बिना मनुष्य समान रूप से स्वतन्त्र कैसे हो सकता है? समाज का रूप जैसे-जैसे जटिल होता जाता है, मनुष्य की समानता और स्वतन्त्रता भी वैसे-वैसे ही छीजती जाती है। और यह युग तो विज्ञान का, अथवा केन्द्रीकरण का है। प्रत्येक आविष्कार मनुष्य की समानता और स्वतन्त्रता को कम करनेवाला होता है। जनता के हाथों में मतपत्र देकर सरकार कहती है कि तुम सब समान हो। किन्तु सत्ता का विवरण क्या समान रूप से होता है? और कितने ऐसे अवसर आते हैं, जब राजनीति के निर्णय धन नहीं, जन के बहुमत से किए जाते हैं? देश में जो आर्थिक विषमता और आर्थिक पराधीनता फैली हुई है और बहालियों तथा पदोन्नतियों में जो पक्षपात बरता जा रहा है, उसे देखते हुए कितने लोग हैं, जिन्हें समता और स्वतन्त्रता प्राप्त है? जब राजे राज करते थे, सिंहासनों पर सिंह बैठा करते थे। अब उन पर चूहे विराजमान हैं और वे अपार सुख भोग रहे हैं। प्रजातन्त्र गरीबी की चाहे जितने भी मुखौटे लगा ले, उसके ढाँचे में वर्धन और विकास अमीरी का होता है। साम्यवाद के विषय में भिलोवन जिलास ने लिखा है कि उसके भीतर अमीरों का नया वर्ग पनपता है। ऐसा वर्ग प्रजातन्त्र के भीतर भी पैदा होता है और अमीरी का असली मक्खन यही वर्ग खाता है।

वर्धा के स्वामी आनन्द ने एक सूक्ति कही थी। भैंसों को अगर मताधिकार मिल जाए, तो इससे उनका क्या बननेवाला है? मजे तो चरवाहों को मिलेंगे। वोटर बेचारा क्या कर सकता है? वह अपनी रोटी-दाल के मसले में गर्क है। नए राज्यों की राष्ट्रीय और अन्तर्राष्ट्रीय समस्याएँ अत्यन्त जटिल, समझने में कठिन और सोचने में विकराल होती हैं। वोटर के पास इतना समय कहाँ है कि वह इन समस्याओं को समझने की कोशिश करे और वह अगर कोशिश करे भी, तो ये जटिल समस्याएँ उसकी समझ में नहीं आएँगी। कानून से हम हर बालिग व्यक्ति को बादशाह तो बना देते हैं, मगर कानून से हम सभी बादशाहों को शिक्षित नहीं कर सकते। संसद सदस्य जिन वोटरों को अपना मालिक मानते हैं, उन मालिकों को मालूम कुछ भी नहीं होता। प्रजातन्त्र, असल में, उनका राज है जो अज्ञानी और मूर्ख हैं।

और जो सदस्य चुनकर संसदों और विधान-सभाओं में भेजे जाते हैं, उनका ज्ञान किस तरह का होता है? विदेश मन्त्रालय वे चलाते हैं, जिन्होंने दुनिया का इतिहास और भूगोल, कुछ भी नहीं पढ़ा और खाद्य-मन्त्रालय के मन्त्री वे बनाए जाते हैं, जो कोदों और सामा के बीच फर्क नहीं बता सकते। जैसे सचिवालयों के अफसरों का सबसे बड़ा गुण यह है कि वे नोट अच्छा लिख सकते हैं, इसी प्रकार संसद सदस्यों

की सबसे बड़ी विशेषता यह मानी जाती है कि वे जोर-जोर से बोल सकते हैं। मैकाले ने कहा था कि ऐसी सेनाएँ हुई हैं, जिन्होंने खराब जेनरलों के अंडर भी अच्छा काम किया, मगर ऐसी सेना एक भी नहीं हुई, जिसने बहस करनेवाली परिषद के नेतृत्व में उन्नति की हो। कोई आश्चर्य नहीं कि युद्ध छिड़ते ही प्रजातन्त्र निस्तेज हो जाता है। प्रजातन्त्र के द्वारा युद्ध से छुटकारा भले ही न मिले, युद्ध के आते ही प्रजातन्त्र से छुटकारा मिल जाता है। नेता गरज-गरजकर घोषणा करते हैं कि हम गरीबी के साथ युद्ध के धरातल पर संघर्ष करेंगे, मगर प्रजातन्त्र के नेता गरीबी के साथ भी युद्ध के धरातल पर नहीं लड़ सकते। प्रजातन्त्र को अक्षुण्ण रखते हुए युद्ध का धरातल बन ही नहीं सकेगा और युद्ध का धरातल बन गया, तो प्रजातन्त्र के अंजर- पंजर ढीले हो जाएँगे। प्रजातन्त्र युद्ध का इलाज नहीं हो सकता, लेकिन युद्ध, स्पष्ट ही, प्रजातन्त्र का इलाज है।

जर्मनी की वायमर रिपब्लिक को देखकर (और शायद अन्य प्रजातन्त्रों से भी सबक लेकर) ओसवाल्ड स्पैंगलर ने कहा था, "प्रजातन्त्र सर्वोत्तम लोगों का राज नहीं होता, वह चुने-चुनिन्दे लोगों का भी राज नहीं होता, वह असल में रुपयों का राज होता है।" भारत में धनिकों की संख्या बहुत थोड़ी है, मगर चुनावों में रुपया कौन-सा करिश्मा दिखा सकता है, इसके दृष्टान्त हम भारत में भी देख सकते हैं। जब तक धनियों का वर्ग मौजूद है और वह नेताओं और अधिकारियों को खरीदने की नीति में विश्वास करता है, तब तक वोट भले ही गरीब लोग देते रहें, नीति धनियों की चलेगी। जिन्हें मिल्कियत नहीं है, वे भी कानून मिल्कियत वालों के हित में बनाते हैं। यदि धनवानों का धन रहे और वोट का अधिकार उनका छिन जाए, तब भी बात उन्हीं के फायदे की होगी, अब वह कानून के जरिए हो या घूस के द्वारा। प्रजातन्त्र के असली, भीतरी निर्णयों पर प्रभाव बहुसंख्यक वोटरों का नहीं, अल्पसंख्यक धनियों का पड़ता है।

प्रजातन्त्र यदि प्रतिभा का शत्रु नहीं है, तब भी उसके प्रतिकूल जरूर है। जो साहित्य या कला औसत आदमी की समझ में नहीं आती, प्रजातन्त्र उसका प्रचार नहीं कर सकता। चूँकि प्रजातन्त्र यह मानता है कि सभी मनुष्य समान है, इसलिए औसत से बड़े आदमी की प्रजातन्त्र में उपेक्षा होती है। और यह केवल साहित्य और विद्या के ही क्षेत्र में नहीं, बल्कि राजनीति में भी प्रतिभाशाली और सज्जन लोग सत्ता के ऊँचे आसन पर नहीं पहुँचाए जा सकते। प्रजातन्त्र औसत बुद्धिवाले चतुर खिलाड़ियों का खेल है। उसमें चलती राजनीतिज्ञों की होती है, राजपुरुषों (स्टेट्समैन) की नहीं। राजनीति में अधिकार के पदों पर पहुँचने में जैसी बाधा प्रतिभासम्पन्नता से आती है, वैसी किसी और गुण या दुर्गुण से नहीं। इसके दो-एक अपवाद भारत में उस समय देखे गए थे, जब देश तुरन्त-तुरन्त आजाद हुआ था। मगर अपवादों का वह समय चला गया और अब वह कभी नहीं आएगा। चूँकि दूरदर्शी राजपुरुष प्रतिभा का धनी

होता है, इसलिए सत्ता की कुर्सी पर वह अकसर नहीं पहुँच पाता। जब राजे राज करते थे, उनके सलाहकार चोटी के विद्वान होते थे। मगर प्रजातन्त्र नवरत्नों की कीमत नहीं समझ पाता, वह उत्तम के ऊपर मध्यम को तरजीह देता है। और देखने में यह भी आया है कि मध्यम को भी ढकेलकर अधम आगे बढ़ गए हैं।

प्रजातन्त्र के असली नेता राजपुरुष नहीं, राजनीतिज्ञ होते हैं। मुख से वे समाजवाद और समानता के उद्घोष निकालते हैं, किन्तु वास्तव में सत्ता के ऊपर या उसके पास बैठकर वे ऐसे सुख भोगते हैं, वैसे सुखों का जनता स्वप्न भी नहीं देख सकती। मिली हुई जनता को तोड़कर वे उसे परस्पर विरोधी दलों में विभक्त कर देते हैं। वोट जनता देती है, मगर राज उनका चलता है, जो उम्मीदवारों का मनोनयन करते हैं। जीन जैकुस ने सत्य ही कहा था कि 'सच्चा प्रजातन्त्र न तो कभी पहले हुआ है, न आगे होगा, क्योंकि यह प्रकृति के नियमों के विरुद्ध है कि बहुमत अल्पमत पर राज करें।' जो भी राजनीति है, सुसंगठित अल्पमतों की प्रतिस्पर्धा का परिणाम है।

वोटर समझता है कि वह अपने मन से वोट डाल रहा है। यह बात वह समझ नहीं सकता कि वोट उससे डलवाया जा रहा है। उसे देश की समस्याओं का कोई ज्ञान नहीं है। वह यह नहीं जानता कि कौन पार्टी अधिक अच्छी और कौन कम अच्छी है। वह अपनी जात के आदमी को जानता है, अपने इलाके के नेता को पहचानता है अथवा देश के किसी बड़े नेता के नाम का उस पर जादू है। वह वोट नहीं देता, भावना के किसी प्रवाह में बह जाता है। असल में वह तमाशबीन है, जो जीतनेवालों के लिए तालियाँ बजाता है और हारनेवालों का मजाक उड़ाता है। वह दर्प से फूला रहता है कि देश का वह मालिक है और प्रधानमन्त्री उसके सबसे बड़े नौकर का नाम है। मगर एक बार मालिक अपने सबसे बड़े नौकर से मिलने चला जाए तो, उसे मालूम हो जाएगा कि मालिक कौन और नौकर कौन है। सब लोगों को बेवकूफ बनाकर हमेशा राज करना मुश्किल काम है, मगर राज करने के लिए काफी लोगों को बराबर बेवकूफ बनाया जा सकता है।

प्रजासत्ता को तरजीह देनेवालों ने सोचा था, असली ताकत तायदाद में होती है। मगर व्यवहार में मालूम हुआ कि संख्या असाधारणता नहीं, साधारणता (मेडियोक्रिटी) को चुनती है। कवि-सम्मेलन का आकार जितना बड़ा होता है, कविताएँ वहाँ उतनी ही घटिया आदर पाती हैं। निर्वाचन-क्षेत्र जितना विशाल होगा, उतना ही मामूली उम्मीदवार वहाँ विजय पाएगा। छोटे निर्वाचन-क्षेत्रों में सम्मान चरित्र, ज्ञान, अनुभव और कुशलता का हो सकता है, लेकिन बड़े निर्वाचन-क्षेत्र भाषणों से प्रभावित होते हैं, लफ्फाजी के सामने सिर झुकाते हैं और उन लोगों का आदर करते हैं, जिन्हें अमीरों से गरीबों को और गरीबों से अमीरों को डराने की कला मालूम है। पार्टियाँ इस विचार से अपने घोषणा-पत्र नहीं लिखतीं कि उन्हें काम में लाना है, बल्कि इस भाव से कि

उनसे जनता को चमत्कृत करना है, उसे बेवकूफ बनाकर सत्ता में आना है। और अगर यह कहो कि तब अगले चुनाव के समय क्या होगा, तो इसका सीधा-सा जवाब यह है कि राजनीति के खिलाड़ी अगले चुनाव के समय भी भाषण, लफ्फाजी, झूठे वायदों और नए घोषणा-पत्रों से जनता को चमत्कृत कर देंगे, बशर्ते कि वे काफी पैसों का प्रबन्ध कर सकें।

सदस्यों से यह आशा करना ही बेकार है कि वे जनता की सेवा करेंगे। जनता की सेवा चाहें, तो वे कर सकते हैं, जो सरकार के कर्णधार हैं। बाकी सदस्य तो यही कर सकते हैं कि सरकार के संचालकों की सहायता करें और जनता को धोखा दें। जनमानस में राजनीति का सामान्य अर्थ चालाकी हो गया है और राज्य, ढाँचे में, चाहे जितना भी प्रतापी और पवित्र दीखे, भीतर से वह भ्रष्ट होता है। प्रजातन्त्र का सारा दारोमदार बोलने पर है, अतएव झूठ भी उसमें ज्यादा बोला जाता है। राजे बोलते कम, काम ज्यादा करते थे। नेपोलियन ने कहा था, 'तानाशाहों को झूठ बोलने की जरूरत नहीं होती, वे मुख से कम, कर्म से ज्यादा बोलते हैं।'

तब भी ऐसा क्यों है कि बादशाहत और तानाशाही, दोनों से हम प्रजातन्त्र को श्रेष्ठ समझते हैं? कारण यह है कि यद्यपि प्रजातन्त्र शासन की पूर्ण प्रणाली नहीं है, फिर भी अन्य प्रणालियों की अपेक्षा दोष उसमें कम हैं। प्रजातन्त्र की सबसे बड़ी महिमा यह है कि उसके निर्णय का आधार बहुत चौड़ा होता है। जब भी राष्ट्र के सामने कोई समस्या आती है, सारे देश के लोग उस पर अपना मत व्यक्त कर सकते हैं, दुकानदार दूकान में, किसान खेत या खलिहान में, छात्र विद्यालयों में और विधायक विधान-सभाओं में। और अखबार के लोग अखबारों के द्वारा विचार की इस प्रवृत्ति को प्रोत्साहन देते हैं। राज्य की तीन टाँगे सेना, विधानसभा और अदालतें हैं, उसकी चौथी टाँग का नाम अखबार है। जिस राज्य की यह चौथी टाँग टूट गई, उसकी तीन टाँगों के सहारे प्रजातन्त्र नहीं टिक सकता।

प्रजातन्त्र में भी शासक कभी-कभी अखबारों की मार नहीं सह सकते, वे तिलमिला उठते हैं और चाहते हैं कि अपनी ताकत लगाकर अखबार का मुँह बन्द कर दें। ये ही शासक वे लोग हैं, जो प्रजातन्त्र का गला रेतते हैं, जिनके भीतर से तानाशाह के पैदा होने की सम्भावना रहती है। विद्वानों को मुक्त चिन्तन की स्वतन्त्रता न रहे और अखबारों की बोलने की आजादी छीन ली जाए, तो समझना चाहिए कि देश से प्रजातन्त्र विदा हो रहा है। सरकार जितनी भी उत्तम हो, उसकी कार्रवाइयों पर अखबारों को आलोचक की दृष्टि रखनी ही चाहिए। प्रजातन्त्र के सच्चे सिपाही वे अखबार हैं, जो इस बात की परवाह नहीं करते कि विरोधियों का प्रचार करने से कहाँ, कौन नाराज हो रहा है। दुनिया में ऐसे भी देश हैं, जो अपने को प्रजातन्त्र कहते हैं, किन्तु विरोधी दलों को वे अंकुरित भी होने नहीं देते, न अखबारों को ऐसी बात छापने देते हैं, जिसका छापा जाना सरकार को नापसन्द हो। स्पष्ट ही

ऐसे देश में प्रजातन्त्र का मुखौटा लगाकर डिक्टेटर राज कर रहे हैं। जब विरोधी दल का अस्तित्व ही नहीं और अखबार केवल सरकार का प्रचार करते हैं, तब ऐसे देशों को प्रजातन्त्र कहना प्रजातन्त्र का अपमान है। अखबारों की आजादी प्रजातन्त्र की जान है। जहाँ अखबार स्वतन्त्र नहीं हैं, वहाँ प्रजातन्त्र भी नहीं है। जेफरसन ने कहा था कि "यदि मुझसे पूछा जाए कि तुम्हें अखबार के बिना सरकार चाहिए या सरकार के बिना अखबार, तो मैं बेधड़क कहूँगा कि मैं सरकार के बिना अखबार ही लूँगा।" राज्य का निर्माण ही व्यक्ति और सम्पत्ति—इन दो तत्त्वों की रक्षा के लिए होता है। यदि चिन्तकों से चिन्तन की स्वतन्त्रता छीन ली जाए और अखबारों के मुँह बन्द कर दिए जाएँ, तो वे दोनों चीजें खतरें में पड़ जाएँगी, जिनकी रक्षा सरकार का पहला कर्त्तव्य है।

तानाशाही की तुलना में प्रजातन्त्र की सबसे बड़ी खूबी यह है कि उसके पास आत्म-सुधार का तन्त्र होता है। राजे जब निर्णय लेते थे, अपने दरबार के रत्नों से पूछकर लेते थे, मगर रिवाज यही था कि दरबारी लोग राजा के अदब में आकर सच्ची राय कम ही दे पाते थे और राजा ही अपनी ही राय प्रधान रहती थी। तानाशाहों के साथ भी बहुत कुछ यही बात है। उनके भी सलाहकार तानाशाहों के रौब में रहते हैं और अकसर हाँ-में-हाँ मिलाने के सिवा कोई विपरीत मत नहीं दे सकते। लेकिन प्रजातन्त्र का निर्णय विधान-सभाओं में होता है, जहाँ हर सदस्य को अपनी राय जाहिर करने की पूरी आजादी होती है। यही नहीं, राष्ट्रीय निर्णयों पर देश के अखबारों का बहुत बड़ा प्रभाव पड़ता है, क्योंकि प्रजातन्त्र में अखबार स्वतन्त्र होते हैं और शासकों की हाँ-में-हाँ मिलाने से जनता के बीच उनकी इज्जत मारी जाती है। जब मुसोलिनी सत्तासीन हुआ था, तब यह खबर छपी थी कि इटली में अब ट्रेनें समय पर आती और समय पर खुलती हैं। मगर मुसोलिनी सर्वतन्त्र-स्वतन्त्र हो गया और पूरे देश को लेकर लड़ाई के खड्ड में कूद पड़ा। अगर वह किसी स्वतन्त्र संसद के अधीन रहता, तो युद्ध में शरीक होने से संसद उसे रोक सकती थी। अजब बात कि पाकिस्तान ने भी भारत से युद्ध उस समय ठाना, जब वहाँ प्रजातन्त्र नहीं था, अय्यूब की तानाशाही चल रही थी। और पाकिस्तान में भी जब तानाशाही शुरू हुई, तब यह खबर छपी थी कि पाकिस्तान में ग्वाले अब दूध में पानी नहीं मिलाते हैं।

जैसे तानाशाह गलती करते हैं, वैसे ही प्रजातन्त्र का प्रधानमन्त्री भी गलती कर सकता है। लेकिन प्रधानमन्त्री की गलती छिपी नहीं रहती, वह पकड़ी जाती है। उसे संसद के सदस्य पकड़ते हैं और अखबार उसे लेकर शोर मचा देते हैं। और इस प्रकार देश गलत निर्णय लेने से बच जाता है। इसीलिए मैं कहता हूँ कि प्रजातन्त्र के पास आत्म-सुधार का यन्त्र है और इसी कारण वह तानाशाही से श्रेष्ठ होता है।

प्रजातन्त्र के पक्ष में और भी कितनी ही बातें कही जा सकती हैं। सरकारों के अधीन रहते हुए उनके अत्याचारों से साफ बच जाने का कोई उपाय नहीं है। जहाँ

जैन राजे थे, वहाँ वैदिक धर्म की उपेक्षा होती थी; जहाँ वैदिक राजे थे, वहाँ जैनों पर अत्याचार होता था। जब मुसलमान आए, उन्होंने हिन्दुओं पर जी भरकर अत्याचार किया। इसी प्रकार अंग्रेजी राज में ईसाइयों के साथ पक्षपात होता था। सच्चा प्रजातन्त्र वह है, जहाँ के अल्पसंख्यक सुखी और सन्तुष्ट हों।

प्रजातन्त्र की एक खूबी यह भी है कि उसके कारण जनसाधारण के जोश और दर्प में वृद्धि होती है। पाँच साल बाद ही सही, मगर चुनाव के समय उसकी पूछ तो होती है। समानता के सिद्धान्त के प्रचार के कारण मध्यम कोटि की बुद्धिवाले लोगों की बन आई है। लेकिन उसी परिमाण में प्रतिभाशाली की प्रतिभा अनुर्वर हो गई है, उसका दर्प टूट गया है। चूहों के राज में सिंह भी चूहों की भाषा और उनका रिवाज सीख रहे हैं।

प्रजातन्त्र के प्रचार के कारण गरीब-से-गरीब आदमी के भीतर भी यह भाव पैदा हो गया है कि मैं गुलाम नहीं हूँ। व्यवहार में राष्ट्रपति चाहे बड़े लोग ही होते हों, किन्तु सिद्धान्ततः कोई भी व्यक्ति राष्ट्रपति बनने की बात सोच सकता है।

बादशाहत की तरह प्रजातन्त्र की भी कुछ थोड़ी सीमा है। जैसे स्वेच्छाचारी राजे ऐसे कानून नहीं चला सकते थे, जिन्हें जनता मानने को तैयार न हो, उसी प्रकार काफी वोट मिल जाने पर प्रजातन्त्र के अन्दर भी कानून चाहे जो भी बनाए जा सकते हैं, मगर जो कानून जनता की मर्जी के खिलाफ बनते हैं, वे बालू की रस्सी होते हैं और जरा-सी ऐंठन पड़ते ही टूट जाते हैं।

प्रजातन्त्र के अन्दर सरकार जनता के चरित्र के अनुसार बनती है और उसी के अनुसार चला भी करती है। इसीलिए जनता जैसी होती है, सरकार भी वैसी ही बनती है। मगर यह काफी नहीं है। इस स्थिति को हम कब तक सहते जाएँगे? सरकार के नेताओं का चरित्र उत्तम हो, तो जनता का चरित्र भी विकास पाएगा। चीनी दार्शनिक लाओत्से ने कहा था कि राजा को अगर कंचन से घृणा हो जाए, तो समाज में चोरी कोई नहीं करेगा। राजा हवा है, जनता धान का पौधा। हवा जिधर को बहती है, पौधा उधर को ही झुक जाता है। आज तो राजा और प्रजा, दोनों भ्रष्ट हैं। फिर भी सोचने की बात है कि पहले भ्रष्ट कौन हुआ। जो पहले भ्रष्ट हुआ है, उसे ही पहले सुधरना भी चाहिए। यों भी समझ में तो यही बात आती है कि चाँद और तारे, अगर दोनों भ्रष्ट हो जाएँ, तो चाँद को देखकर तारों को सुधरना पड़ेगा, तारों को देखकर चाँद को नहीं।

मनुष्य के शरीर, मन और सम्पत्ति की रक्षा राज्य का पहला कर्त्तव्य है। इसी कर्त्तव्य के पालन से राज्य अपने पुलिस-धर्म का प्रमाण देता है। किन्तु उसका लक्ष्य इतना ही नहीं है। सरकार का अन्तिम लक्ष्य मनुष्यों का सांस्कृतिक उत्थान है, उन्हें अधिक त्यागी और उदार बनाना है, मनुष्य मात्र का प्रेमी और निःस्वार्थ बनाना है। लाओत्से ने कहा था कि सबसे अच्छे राजे वे हैं, जनता जिनका नाम केवल सुनती

है। उनसे घटकर वे हैं, जिनके जनता दर्शन करती है और सबसे हीन वे हैं, जिनकी जनता को कदम-कदम पर जरूरत पड़ती है। मानवता के भावी उत्थान की दृष्टि से सबसे अच्छी सरकार वह है, जो सबसे कम शासन करती है और जो इस साधना में है कि एक दिन मनुष्य को उसकी जरूरत ही नहीं रहे।

('विवाह की मुसीबतें' पुस्तक से)

नेता नहीं, नागरिक चाहिए

सन् उन्नीस सौ बीस-इक्कीस के जमाने में एक विज्ञापन पढ़ा था : 'क्या आप स्वराज्य चाहते हैं? तो लेक्चर देना सीखिए।' इश्तहार छपवानेवाला कोई पुस्तक विक्रेता था जो इस विज्ञापन के जरिए अपनी किसी किताब की बिक्री बढ़ाना चाहता था और सम्भवतः किताब में नेताओं के भाषणों का ही संकलन भी था।

तब से इस देश में व्याख्यानों की ऐसी झड़ी रही है, जैसी झड़ी अब मेघों की भी नहीं लगती। पिछले तीस वर्षों से अपने देश में व्याख्यान लगातार बरसते रहे हैं और उनकी वृद्धि करनेवाले नेताओं की तादाद भी बेशुमार रही है। आजादी की लड़ाई के दिनों में देश के सामने ले-देकर एक सवाल था कि विदेशी शासन कैसे हटाया जाए। मगर यह सवाल जरा टेढ़ा पड़ता था क्योंकि हुकूमत से लड़ने का अर्थ अपनी जान और माल पर संकट को आमन्त्रित करना था। इसलिए जो लोग भी अपनी थोड़ी या बहुत कुरबानी देने के लिए आगे आए, उन्हें जनता ने नेता कहकर पुकार दिया। जनता के पास और था ही क्या जिसे लेकर वह कुरबानी की इज्जत करती?

लेकिन आजादी के बाद जब देश के सारे काम नेताओं के हाथ में आ गए, तब उन्हें पता चला कि अभी तक इस देश ने नेता ही पैदा किए हैं, नागरिक नहीं। व्याख्यान सुनते-सुनते इस देश ने व्याख्यान देने की आदत डाल ली है। जहाँ तक व्याख्यान के मजमून पर अमल करने का सवाल है, वह परिपाटी स्वतन्त्रता के आगमन के साथ ही समाप्त हो गई। अब यहाँ के लोग कर्म को कम, वाणी को अधिक महत्त्व देते हैं। हर किसी की यही अभिलाषा है कि वह दूसरों को कुछ उपदेश दे, मगर खुद किसी भी उपदेश पर अमल करने को वह तैयार नहीं है। यों देश के नवनिर्माण के ज्यादा काम ठप पड़े हुए हैं; क्योंकि जो सचमुच देश के नेता हैं, वे काम करना नहीं जानते और जो काम करना जानते हैं, उन्हें हाथ-पाँव हिलाने की अपेक्षा जीभ की कैंची चलाने में ही अधिक आनन्द आता है। नेता बनने की धुन का यह पहला असर है जिसे हिन्दुस्तान आज बुरी तरह भोग रहा है।

फिर भी यह सच है कि देश के नेता, देश के शिक्षा विशेषज्ञ और बच्चों के माता-पिता सभी चाहते हैं कि स्कूलों, कॉलेजों में पढ़नेवाले हमारे सभी बच्चे और नौजवान किसी-न-किसी क्षेत्र में नेता बनने की तैयारी करें। लेकिन क्या किसी ने यह भी कभी सोचा है कि अगर सारा समाज नेता बनने की तैयारी में लग जाए तो नेताओं

के पीछे चलनेवाले लोग कौन रह जाएँगे? और क्या नेताओं से भरा हुआ देश कोई अच्छा देश होता है?

कल्पना कीजिए कि देश का एक-एक आदमी जवाहरलाल हो गया, तो फिर यहाँ का एक-एक आदमी सोचेगा, योजना बनाएगा और बहस करेगा। लेकिन तब इन पैंतीस करोड़ जवाहरलालों को भोजन कौन देगा? उनके लिए कपड़े कौन बुनेगा? और मुश्किल तो यह है कि उनकी मोटरें कौन चलाएगा? जवाहरलाल बनने में और सब ठीक है; कठिनाई सिर्फ इतनी ही है कि जवाहरलाल कुदाल नहीं चला सकता, हथौड़े नहीं उठा सकता और ज्यादातर वह अपनी मोटर भी आप नहीं हाँकता है।

'बड़ों की बात सुनो, उनकी नकल मत करो'—यह कहावत किसी भारी अक्लमन्द ने कही होगी। लेकिन अब तो बड़ा और छोटा, यह भेद सुनते ही लोगों को गुस्सा आ जाता है। जिस जमाने का एक ही नारा हो कि सब लोग समान हैं, उस जमाने में एक या दस को बड़ा और बाकी को छोटा बताना तंगनजरी नहीं तो और क्या है? हर आदमी सिर्फ बराबरी के सिद्धान्त पर आगे बढ़ने को अधीर है। नतीजा यह है कि जो जहाँ है, वह वहीं कुढ़ रहा है। वह वहीं जल रहा है। हर एक को शिकायत है कि उसकी वाजिब जगह उसको नहीं मिली है। उसे जिस पद पर होना चाहिए, उस पर कोई और बैठ गया है जो निश्चित रूप से उससे छोटा और कमजोर है। अखबारों के सहायक सम्पादक अपने प्रधान सम्पादक से जल रहे हैं। मिल का छोटा मैनेजर बड़े मैनेजर के खिलाफ है। और राजनीतिक दलों के भीतर जो द्वेष का धुआँ छूट रहा है, उसका भी कारण यही है कि आगे के नेता को पीछे ढकेलकर कोई दूसरा आदमी उसकी जगह ले लेना चाहता है।

सब लोग आपस में बराबर हैं, इस बात का लोगों ने गलत अर्थ लिया है। इसका मामूली अर्थ यह है कि सबको विकास का समान अवसर मिलना चाहिए, यह नहीं कि अवसर की प्रतीक्षा किए बिना जो जहाँ चाहे, वहाँ इच्छामात्र से पहुँच जाए। अवसर कोई ऐसी चीज नहीं है जो रोटी-दाल की तरह सबके सामने परोसा जा सके। उसे पाने के लिए अपने गुणों का विकास करना होता है; तत्परता, मुस्तैदी और धीरता भी सीखनी होती है और उम्र तथा अनुभवों का भी इन्तजार करना पड़ता है। मगर नेतागिरी का चस्का लग जाने के कारण लोगों की इन्तजारी की लियाकत घट गई है और जिस जगह पर आदमी धीरे-धीरे और बड़ी कोशिशों के बाद पहुँचता है, उस जगह पर अब लोग छलाँग मारकर पहुँच जाना चाहते हैं।

मगर जो लोग छलाँग मारकर आगे बढ़ना चाहते हैं, उसका कारण क्या है? कुछ तो यह कि कभी-कभी दूसरों को उन्होंने छलाँगें मारकर आगे बढ़ते देखा है और अधिकतर यह कि वे काम करना नहीं; हुक्म चलाना चाहते हैं। वे मानते हैं कि जिन्दगी का असली मजा मेहनत करने में नहीं, अपने मातहतों को हिदायत भेजने में है। वे इस बात को भूल जाते हैं कि हिदायत भेजने की योग्यता काम करने से

ही आती है। और हिदायत भेजने का काम इतना आसान भी नहीं है कि उसे जो भी चाहे, पूरा कर दे। योजना बनाने और आदेश भेजने की सही जिम्मेदारी को वही निभा सकता है जो उन सभी कामों के अनुभव प्राप्त कर चुका है, जिनकी देख-रेख का भार अब उसे सौंपा गया है। इसलिए जो आदमी अनुभव के दौर से होकर गुजरने से इनकार करता है और मेहनत से भागकर आराम की जगह पर पहुँचने के लिए बेचैन है, उसकी यह बेचैनी ही इस बात का सबूत है कि वह अपने संगठन का अच्छा नेता नहीं बन सकता। जिसके चरित्र में धीरता नहीं, उससे बड़े दायित्व के योग्यतापूर्वक निर्वाह की आशा नहीं की जा सकती। चूँकि कुछ अधीर लोग भी संगठनों के नेता बन गए हैं, इससे अधीरता नेतृत्व का गुण नहीं बन जाती। उलटे इन तथाकथित नेताओं के आचरण से यही शिक्षा निकलती है कि जो समय से पूर्व नेता बन जाने को बेचैन है, उसे नेता की जगह पर कभी भी मत आने दो।

नेता का पद आराम की जगह है, इससे बढ़कर दूसरा भ्रम भी नहीं हो सकता। अंग्रेजी में एक कहावत है कि किरीट पहननेवाला मस्तक बराबर चक्कर में रहता है। तब जो आदमी मेहनत और धीरज से भागता है, उससे यह कैसे उम्मीद की जाए की वह आठ पहर के इस चक्कर को बर्दाश्त करेगा और जिनमें धीरज नहीं, सबसे अधिक वे ही इस चक्कर को अपने माथे पर लेने को क्यों बेकरार हैं? दुनिया के सामने संगठनों से निकली हुई तैयार चीजें ही आती हैं, नेताओं के हस्ताक्षरों से भूषित कागज के पुर्जे नहीं। और कागज के इन निर्जीव पुर्जों को लेकर दुनिया करेगी भी क्या? लोग तो कपड़े पहनना चाहते हैं। उन्हें यह जानने की कब इच्छा है कि मिलों के पीछे हुक्म किसका काम करता है? हम अखबारों में लेख और संवाद पढ़ना चाहते हैं; जिस चीज पर कलम उठाने को सहायक सम्पादक बेचैन हैं, उस सम्पादकीय को तो कोई पूछता भी नहीं।

जो अपने काम को प्यार करता है, वह कभी भी नाखुश नहीं होता और न उसे यही रोग सताता है कि घड़ी-घड़ी मेरा अपमान हो रहा है। जहाँ तक ताकत और अधिकार का सवाल है, नेता चाहे कोई भी हो, अधिकार बराबर उसकी मेज पर विराजता है जो मेहनती और ईमानदार है। सारी दुनिया मेहनती और ईमानदार व्यक्ति की खोज में है, क्योंकि हर नेता चाहता है कि वह अपनी थोड़ी-बहुत जिम्मेदारी किसी ईमानदार आदमी पर डाल दे। अधिकार भोगने का जो असली सुख है, वह नेताओं नहीं, मेहनती सहायकों के हाथ में है। जो भी परिश्रमी और ईमानदार है, दफ्तर के अधिकार उसकी कुर्सी के इर्द-गिर्द घूमा करते हैं। और जब अधिकार भोगने का यह सीधा रास्ता मौजूद है, तब लोग नेता बनने के फेर में क्यों पड़ते हैं? यह भी है कि नेता कोई एक ही व्यक्ति हो सकता है, लेकिन ईमानदारी और मेहनत के जरिए बहुत से लोग अधिकार का स्वाद ले सकते हैं। इस प्रकार अधिकार भी विकेन्द्रित होता है और संगठन की भी तत्परता बढ़ती है।

एक तस्वीर यह है कि कारखाने के मैनेजर को अपदस्थ करके कई लोग उसकी कुर्सी पर अधिकार जमाना चाहते हैं। दूसरी तस्वीर यह है कि बहुत से कार्यकर्ता घोर परिश्रम करके अधिक-से-अधिक अधिकारों को अपने कब्जे में रखना चाहते हैं। अब यह चुनाव करना आसान हो जाता है कि देश की जनता और विश्व की मानवता का कल्याण किसमें है? उस तस्वीर में, जिसमें छल, छद्म और साजिश का बोलबाला है या उस तस्वीर में, जिसमें हर आदमी सच्चाई और परिश्रम के बल पर आदर और अधिकार पाना चाहता है?

नेतागिरी का लोभ एक दूसरी दृष्टि से भी मनुष्य को पतित बनाता है। जीवन की विशाल कर्मभूमि की ओर जरा नजर दौड़ाइए। सारा संसार नेतृत्व की अभिलाषा का शिकार हो रहा है। जो व्यापार में हैं, वे मुनाफाखोरी और चोरबाजारी करके धन में सबसे आगे निकल जाना चाहते हैं। जो नौकरी में हैं, वे अपने ऊपरवाले अफसर को ढकेलकर आगे आने को बेचैन हैं। और जो सामाजिक या राजनीतिक क्षेत्र में काम कर रहे हैं, वे भी ऊपर के नेताओं को हटाकर खुद उसकी जगह ले लेना चाहते हैं। भाषण, गर्जन, तिकड़म और छद्म, झूठे वायदों और धोखे की कसमों से सारा सार्वजनिक जीवन कोलाहलपूर्ण है। ये सब-के-सब नेतृत्व की अभिलाषा के दोष हैं। जब मनुष्य यह ठान लेता है कि अपने क्षेत्र में मुझे सबसे आगे बढ़ना है, तब साध्य का आकर्षण उसके भीतर प्रबल हो उठता है और साधन की महत्ता गौण हो जाती है। साधन की महिमा समझनेवाला आदमी गलत राह से चलकर आगे आना नहीं चाहेगा। और नेतृत्व का लोभ साधन की महिमा को कम करता है, इसमें सन्देह नहीं।

अपनी रेखा को बड़ी करने के बदले, दूसरे की रेखा को छोटी बनाने का कुत्सित भाव भी नेतृत्व को आकांक्षा से जन्म लेता है और इस कोशिश में वे सभी लोग आसानी से लग जाते हैं, अपनी योग्यता के बारे में जिनकी भावना अतिरंजित होती है अथवा जो यह सोचकर जलते रहते हैं कि मैदान जिनके हाथ में है, असल में उन्हीं लोगों के चलते हमारी बढ़ती नहीं हो रही है।

आए दिन विद्वानों, चिन्तकों और नेताओं से हम यह सुनते ही रहते हैं कि समाज बहुत ही कुरूप हो गया है और इसके सुधार में अब विलम्ब नहीं किया जाना चाहिए। मगर दुनिया क्यों कुरूप है और उसे सुन्दर बनाने का सही तरीका क्या है? प्रतिद्वन्द्विता की भावना मनुष्य के स्वभाव में दाखिल है, क्योंकि यह हमारी जीवधारी-प्रवृत्ति से निकलती है। लेकिन पशुओं के समान मनुष्य में केवल जीने की ही प्रवृत्ति नहीं होती। दिमाग का मालिक होने के कारण वह सोच भी सकता है और हृदय तथा आत्मा रखने के कारण वह अपने विचार को निर्मल भी बना सकता है। क्या उसे इसका ज्ञान नहीं हो सकता कि केवल पशु-प्रवृत्ति को लेकर चलने से वह मानवता से दूर और पशुता के समीप पहुँच जाएगा? जो भी मनुष्य मानवीय आनन्द में वृद्धि करे और जहाँ भी ईर्ष्या और द्वेष की लपटें उठ रही हैं, उन लपटों को नीचे

लाए। व्यक्ति आगे बढ़ना चाहता है, यह न तो अस्वाभाविक है और न निन्दनीय ही। सिर्फ उसे यह देखते चलना है कि खुद को आगे बढ़ाने की कोशिश में कहीं वह उन मूल्यों को तो नहीं कुचल रहा है, जो एक मनुष्य के वैयक्तिक विकास से कई गुणा अधिक मूल्यवान हैं?

लोगों के भीतर दिन-रात नेतृत्व की आकांक्षा जगाते फिरना खतरनाक काम है। और नेता बनने की कोशिश में लगे रहने से हर आदमी नेता बन भी नहीं सकता। बात कड़वी हो या मीठी, लेकिन आदमी वहीं तक जाता है जहाँ तक जाने की उसमें मौलिक शक्ति होती है। ऐसा भी हुआ है कि इस नियम को तोड़कर लोग नेता के पद पर जा पहुँचे हैं। लेकिन ऐसे अपवादों के नतीजे अच्छे नहीं हुए, क्योंकि या तो वे जल्दी लुढ़ककर नीचे आ गए अथवा उनका नेता बना रहना इंसानियत के लिए हानिकारक साबित हुआ है।

समाज का असली सुधार उसमें रहनेवाले व्यक्ति का सुधार है। व्यक्तियों के ही बुरे या भले होने से हम समाज को बुरा या भला कहते हैं। मुख्य बात यह नहीं है कि हम दूसरों को सुधरने का उपदेश दें, बल्कि यह कि सुधार की जो भी बातें हमारे मन में उठती हों, पहले हम उन्हें अपने चरित्र और स्वभाव पर लागू करें। समाज की सुन्दरता दो-चार नेताओं पर नहीं, बल्कि लाखों-लाख व्यक्तियों के सुधार पर निर्भर करती है।

और नेता होता कौन है? अकसर वह मनुष्य जो उन मूल्यों को अपने चरित्र और व्यक्तित्व में व्यावहारिक रूप देता है जिन मूल्यों की समाज को जरूरत होती है। सभ्यता के मूल्य में परिवर्तन करनेवाले लोग पहले उन मूल्यों को स्वयं बरतते हैं। और जो ऐसा नहीं करते, उन्हें समाज का हार्दिक सम्मान भी प्राप्त नहीं होता है। इसलिए उचित यही है कि समाज की जिन कुरीतियों से हमारी नाराजी है, उन्हें सबसे पहले हम स्वयं छोड़ दें और जिन मूल्यों को हम समाज में लाना चाहते हैं, उन्हें भी अपने वैयक्तिक जीवन में सबसे पहले हमीं बरतना शुरू करें। समाज को योग्य नागरिकों की जरूरत है, नेताओं की नहीं।

('रेती के फूल' पुस्तक से)

शीर्षकमुक्त चिन्तन

1

यूरोपवालों की तरह अब हमें भी यह मान लेना चाहिए कि यह वह युग है, जिसकी शैली प्रधान और कथ्य गौण है, जिसका माध्यम सर्वस्व और सन्देश कोई चीज नहीं है। कविता के पाठक हैं या नहीं, यह विषय कभी-कभी मुझे सन्दिग्ध मालूम होता है, किन्तु कविता पर विचार करनेवाले लोगों की संख्या में वृद्धि अवश्य हुई है। अब कवि-गोष्ठियाँ कम, विचार-गोष्ठियाँ ज्यादा होने लगी हैं। और विचार-गोष्ठियों का आयोजन अब ऐसे लोग भी करते हैं, जिनका साहित्य-विषय विचारों से कोई खास तअल्लुक नहीं है। पहले समाज में साहित्य-प्रेमी समझने जाने के लिए लोग कवि-सम्मेलनों का आयोजन करते थे। अब विचार-गोष्ठियों का आयोजन इज्जत का बड़ा जरिया समझा जाता है। जातियाँ जब थकती हैं, तब उनका ध्यान रचना से हटकर आलोचना पर चला जाता है। मैं नहीं मानता कि भारत अभी उतना क्लान्त देश है। मगर भारत जिन देशों को देखकर अपना फैशन सँवार रहा है, वे अवश्य थके हुए हैं। बेचारे देवता की क्लान्ति भक्त के मन पर छायी जा रही है। कहीं ऐसा तो नहीं है कि जब रचना हारती है, तब वह आलोचना का सहारा लेने लगती है। कई वर्ष पूर्व बच्चन ने मुझसे कहा था कि जो कविता समझ में आसानी से आ जाती है और आनन्द देती है, उसकी आलोचना ज्यादा नहीं की जाती। यानी कविता जब लोकप्रियता की शक्ति खो देती है, तभी पंडित उसे लोकप्रिय बनाने का प्रयास करते हैं। मगर ऐसा सोचना भी ठीक नहीं है। अब साहित्य में प्रसन्नता—प्रसाद गुण—गुण नहीं, दोष है और हर कवि यही कहना चाहता है कि मुझे लोकप्रियता नहीं चाहिए। पहले कवि कवि होते थे, अब जमाना कवि-आलोचकों का आ गया है। मगर मुझे तो आज के कवि कवि कम, आलोचक अधिक दिखाई देते हैं।

2

सन्देश नहीं, शैली चाहिए; कथ्य नहीं, माध्यम चाहिए। बात कुछ और आगे बढ़ गई है। आज का असली नारा होना चाहिए, कविता नहीं, कवि चाहिए।

रेडियोवाले कवियों से वार्ता दिलवाते हैं कि मैं कैसे लिखता हूँ। संकलनों में कविता के पहले कवि का वक्तव्य छापा जाता है। जीवन-चरित और आत्म-चरित हिन्दी में लिखे नहीं जाते, वर्ना उनकी बिक्री कविता से कहीं ज्यादा हो सकती है। मगर यह तो सत्य है कि आजकल काव्य-संकलनों की अपेक्षा आलोचना के ग्रन्थ ज्यादा बिकते हैं। पाठकों का अन्तर्मन कहता है, कविता की खोज में अब क्या धरा है, कवि की खोज करो। यानी कवि अपनी कविताओं में जहाँ तक पकड़ा जाता है, उतना काफी नहीं है। कवि से सवाल करना चाहिए, उसके मुख से आत्म-चरित सुनना चाहिए। यह प्रवृत्ति प्राचीनों की इस चेतावनी के विरुद्ध है कि 'जीवितकवेराशयो न वर्णनीयः' और इसके भी कि आत्मकथा लिखना अस्वर्ग्य कृत्य है। मगर स्वर्ग का अब लोभ किसे है? इस युग के राम कह गए हैं :

सन्देश स्वर्ग का नहीं भूमि पर लाया,
मैं भूतल को ही स्वर्ग बनाने आया।

3

एक अंग्रेज कवयित्री से रेडियो पर जब दुरूहता के बारे में पूछा गया, उन्होंने जवाब दिया, 'कविताओं से आप जहाँ तक अर्थ ग्रहण कर सकते हों, वहाँ तक अर्थ को मत छोड़िए। लेकिन तब भी दुरूहता यदि बच रहती हो, तो समझिए कि वह जायज है, आनन्ददायिनी है। मगर अर्थ आप जितना पकड़ सकते हों, उसे हरगिज मत छोड़िए।'

यानी आपके पल्ले जो पड़ जाए, उसे ही गनीमत समझिए।

4

परम्परा और आधुनिकता का द्वन्द्व आज फिर सताने लगा। सोचता हूँ, विरासत में हमें जो कुछ मिला है, वह जुगाने के लिए मिला है, रक्षा, पालन और विकास के लिए मिला है। यह चिन्तन का एक पक्ष है। मगर फिर शंका उठती है, क्या परम्परा का पालन नवीनता की उपेक्षा करके करना होगा? भारत की संस्कृति और परम्परा बहुत पुरानी है। हम एक ऐसे घर में जी रहे हैं, जो बड़ा तो है, मगर बहुत पुराना है। यह घर शताब्दियों, सहस्राब्दियों के असबाबों से खचाखच भरा हुआ है। कहीं ऐसी तो नहीं है कि नए असबाबों को हम उपेक्षित कोनों में डालते जा रहे हैं? संस्कृति, परम्परा और इतिहास जब लम्बे और समृद्ध होते हैं, वे दमघोंटू बन जाते हैं और वर्तमान को ठीक से साँस भी नहीं लेने देते। अश्वत्थ का मोटा और विशाल वृक्ष, जो छाया तो खूब देता है, मगर अपने नीचे की जमीन पर पौधों को उगने नहीं देता।

5

संस्कृति केवल गौरव ढोने की बहँगी है या उसका कोई ठोस उपकार भी है? विपत्ति और घबराहट में वह धीरज बँधा सकती है? जब समृद्धि हमसे सम्बन्ध तोड़ रही हो, तब संस्कृति क्या इस वियोग की क्षति-पूर्ति कर सकती है? भारत का इतिहास बतलाता है कि इसका उत्तर हाँ में दिया जाना चाहिए।

6

नई कविता किधर जा रही है? परम्परा के घर से वह निकल चुकी है, यह सही है, मगर वह कहाँ पहुँचकर विश्राम लेगी, इसका पता नहीं चलता। वह चली क्यों, इसका कुछ थोड़ा पता है, मगर वह जा कहाँ रही है, यह जानना बड़ा-ही मुश्किल काम है। दिखाई तो यही देता है कि वह कहीं भी नहीं पहुँचेगी। नई कविता के जिस लक्ष्य का अनुमान लगाया जा सकता है, वह मृग-मरीचिका भी हो सकती है।

7

समाज और जीनियस एक-दूसरे के कदम-से-कदम मिलाकर चलें, यह नामुमकिन बात है। बहुत संयत जीनियस में भी विद्रोह की वृत्ति होती है, लोकमत और राजा, दोनों के प्रति अवज्ञा का भाव होता है। दुख-दर्द, निःसंगता और अकेलापन—ये जीनियस के भाग्य में होते हैं, क्योंकि काल के वह विरुद्ध सोचता है। जीनियस मानता है कि राजमत और लोकमत, दोनों त्रासक हो सकते हैं।

8

हरमन हेस का निबन्ध 'यूरोपियन निहिलिज्म'। यूरोप ने अनेक प्रकार के सत्य गढ़ लिए हैं, जो अपनी जगहों पर सही और दुरुस्त हैं। मगर इनमें से किसी भी सत्य में यूरोप तहे-दिल से विश्वास नहीं करता। पुराने मूल्य अविश्वसनीय हैं। नए मूल्य सिर्फ शंका जगाकर चले जाते हैं। ऐसी अवस्था में आदमी के पास कोई ऐसी मान्यता रह नहीं जाती, जिसका सहारा लेकर वह अपनी अविवेकी प्रवृत्तियों का नियन्त्रण या सुसंचालन कर सके। हमारी सहज वृत्तियों का मूल हमारे अवचेतन के समुद्र में डूबा हुआ है। मूल्य और मान्यताएँ अब तक इन वृत्तियों को बँधे घाट में चलाती थीं। अब घाट के बाँध ही गायब हो गए हैं। यूरोप अभी

अनेक उच्छृंखलताओं और अराजकताओं से होकर गुजरेगा। तब शायद वह भविष्य के किसी घाट पर पहुँच सके और उस नए मनुष्य को जन्म दे सके, जिसकी चर्चा तो है, मगर परिभाषा नहीं है। राबर्ट मूसिल ने भी हेस के इस विचार का समर्थन किया है कि अराजकता से गुजरे बिना आदर्श लोक तक पहुँचना असम्भव है।

9

कला में अमूर्त्त शैलियों को प्रश्रय गाँवों नहीं, नगरों से मिलता है। अमूर्त्त शैली प्रसादविहीन होती है। विचित्र बात यह है कि वह सबसे ज्यादा उन्हें पसन्द आती है, जिनके जीवन में एकान्त का अभाव है, जो दिनभर लोगों से मिलते ही रहते हैं, मगर जो सबके साथ बरामदे में ही मिलते हैं, किसी को भी कोठरी के भीतर नहीं ले जाते। रूसी क्रान्ति से प्रेरित भावना को इतना श्रेय अवश्य दिया जाना चाहिए कि उसने अमूर्त्तता को केवल प्रयोग बनने से बचा लिया। लेकिन यह निश्चित दिखता है कि भविष्य के मानव का नाटक नगरों की ही पृष्ठभूमि पर खेला जाएगा।

10

नया युग तो हिन्दी में भी बीत रहा है, मगर हमारा पुरानापन अभी भी हमसे चिपटा हुआ है। हिन्दी में वे भी पुस्तकों को सन्देशविहीनता के लिए नकारते हैं, जो अपने को आधुनिक समझते हैं। साहित्य की परम्परागत धारणा उन पर भी छायी हुई है, जो आधुनिकता के प्रतीक हैं। कविता के सार से अभी कोई सन्तुष्ट नहीं है। हर कोई सन्देश खोजता है। मेरी काव्य पुस्तक 'उर्वशी' की आलोचना में जितनी बातें किताब के खिलाफ कही गईं, उनमें यह सन्देशविहीनता का इलजाम बार-बार लगाया गया और वही इलजाम सबसे फालतू था।

11

नई कविता के प्रति मेरा भाव सात्विक जिज्ञासा का है, किन्तु काफी भक्ति से पढ़ने पर भी नई कविता में मुझे वह चीज नहीं मिलती, जिसका मजा लेने को मैं कविता पढ़ने का आदी रहा हूँ। और इसी सच्चाई के साथ बहुत-से नए कवि और आलोचक मानते हैं कि असली कविता का आरम्भ अब हुआ है। अब तक जो कुछ लिखा गया था, वह आवेश की तुकबन्दी थी। पुराने और नए के बीच जो सम्बन्ध बन गया है, वही बतलाता है कि हम इतिहास के संकट की घड़ी से गुजर रहे हैं। विद्रोह केवल मुक्त चेतना का नशा और अराजकता का आनन्द नहीं है। उसके साथ

मर्दानगी की बातें भी होती हैं। नए कवि जिस निर्भयता, स्पष्टता और उत्साह से लिखते हैं, वह उनकी मर्दानगी का सबूत है। लक्ष्य का उन्हें शायद पता नहीं है, गंतव्य स्थान को वे नहीं जानते, लेकिन परम्परा के घर से वे कहीं-न-कहीं जाने को निकल पड़े हैं। अतीत या परम्परा की विरासत हमें स्थायित्व के लिए मिली है, इस बात को नए कवि नहीं स्वीकार करते। पश्चिम से आनेवाली अत्याधुनिक अनुभूतियों की जो लहर उन्हें छू रही है, वह बतलाती है कि अतीत कुछ नहीं है, भविष्य भी कुछ नहीं है, असली तत्त्व वर्तमान का तत्त्व है। अतीत से मिली हुई चीज भी तब तक ग्रहण करने योग्य नहीं है, जब तक वह वर्तमान की कसौटी पर खरी न पाई जाए। कविता का नया अनुसन्धान जरूरी है, काव्यशास्त्र का भी नया अनुसन्धान होना चाहिए। नैतिकता, पुण्य और पाप की पुरानी परिभाषाएँ व्यर्थ हैं। हमें उनकी नई परिभाषाएँ बनानी चाहिए और अगर भाषा की असमर्थता के कारण नई परिभाषाएँ गढ़ी नहीं जा सकतीं, तो इन शब्दों को अपरिभाषित ही छोड़ देना चाहिए। ईश्वर और अध्यात्म भी हमें सांस्कृतिक विरासत के पुछल्ले के रूप में नहीं प्राप्त हो सकते। नए सिरे से उनका भी अनुसन्धान आवश्यक है। काल का चरमोच्च बिन्दु वर्तमान है। सभी गुजरे युगों की नैतिकता, विश्वास, मान्यता, फैशन और दृष्टिकोण को वर्तमान की अदालत में अपना अस्तित्व सिद्ध करना होगा। जब पुराने मूल्यों में आदमी का विश्वास नहीं रह जाता, संस्कृति का महल ढहने लगता है। इससे एक प्रकार का रिक्तता उत्पन्न होती है, एक प्रकार का अकेलापन जन्म लेता है, जिससे आदमी घबराने लगता है। लेकिन इसी अकेलेपन के बीच उसे अपनी उस मूल प्रकृति का ज्ञान होता है, जो परिभाषाओं से परे और अविश्लिष्ट है। नवलेखन की मानस-भूमि अभी वह भूमि है, जिस पर अनेक प्रकार की प्रवृत्तियाँ मिलती और टकराती हैं। भविष्य की दिशा परिभाषित नहीं है, इसलिए कोलाहल को हम सर्वत्र स्वतन्त्र पाते हैं।

12

नई कविता ने किसी पद्धति या प्रणाली को जन्म दिया है या नहीं—उस तरह की प्रणाली को जैसी भक्ति काल या रीतिकाल या द्विवेदीकाल अथवा छायावाद काल में थी? जब तक एक प्रणाली में समानेवाले सभी तत्त्व अपनी वैयक्तिक विशिष्टताओं का त्याग करके, मोटे तौर पर किसी एक ध्येय या दिशा को स्वीकार नहीं करते, तब तक प्रणाली की रचना असम्भव होती है। नई कविता में प्रणाली-जैसी मुझे एक ही दिखाई देती है—शैली का विशिष्टीकरण या विकास और नए-नए मॉडल बनाने की चिन्ता, किन्तु इससे तो कारयित्री प्रतिभा के कुछ अभाव की ही सूचना मिलती है।

13

सुना है, जर्मनी में कुछ ऐसी लोक-कथाएँ प्रचलित हैं, जिनमें बच्चे अपना भाग्य आजमाने को घर से बाहर निकल पड़ते हैं। उनमें से कोई वीर बहादुर बन जाता है, किसी भी शादी शाहजादी के साथ हो जाती है, कोई बहुत-सा धन इकट्ठा कर लेता है। मगर हर कहानी का छोटा लड़का केवल वनों में घूमता-फिरता है, फूलों से बात करता है, पक्षियों के गीत सुनता है, वनलक्ष्मी के साथ दोस्ती करता है। और जब सभी लड़के लौटकर घर आते हैं, तब बड़ाई का हकदार वह हो जाता है, जो फूलों, पक्षियों और वनलक्ष्मी के साथ भटकता रहा था। इन कहानियों का सबक यह मालूम होता है कि जो आदमी सांसारिकता में असफल है, अधिक-से-अधिक ऊँचाई तक वही पहुँच सकता है।

14

नीत्से ने प्रहार ठीक-ठीक मूल्यों पर नहीं किया है, बल्कि सभ्यता की रुग्णता और थकान पर, जिसके चलते वह नए मूल्यों की सृष्टि नहीं कर पा रही है। नीत्से ने जोश में आकर कहा, ईश्वर मर गया। मगर उसकी आत्मा खुदबुदाती रही कि ईश्वर की मृत्यु के मानी क्या हो सकते हैं? ईश्वर की मृत्यु के मानी हैं उन महान मूल्यों की मृत्यु, जो मनुष्य को ईश्वर से जोड़ते हैं। अतएव नीत्से केवल ईश्वर की मृत्यु की घोषणा करके मौन नहीं हुआ, उसने यह भी कहा कि ईश्वर की मृत्यु बहुत बड़ी घटना है। आदमी इस घटना की बराबरी तभी कर सकता है, जब वह खुद ईश्वर बन जाए। इस जर्मन दार्शनिक के बाद फ्रेंच के उपन्यासकार अल्बेर् कामू आए। उन्होंने कहा, नए आदमी का असली दर्द यह है कि ईश्वर को माने बिना आदमी सन्त हो सकता है या नहीं? भारत की परम्परा के पास इसका जवाब है। बुद्ध सन्त थे, मगर ईश्वर-सिद्धि का प्रचार नहीं करते थे। जैन-धर्म के अनुसार ईश्वरत्व मनुष्य के विकास की उच्चतम कल्पना का नाम है। और महर्षि रमण ने भी कई बार कहा था कि ईश्वर देखने या जानने की वस्तु नहीं है। जानना तो केवल यह है कि 'मैं कौन हूँ?' लगता है, सत्य का सन्धान नीत्से का उद्देश्य नहीं था। उसका काम लोगों का पर्दाफाश करना था और वह इसलिए कि लोग जो कहते हैं, उसे आचरते नहीं हैं। जो मूल्य केवल वाणी की शोभा हैं, आचरणों के आधार नहीं, वे अगर व्यर्थ मान लिए गए, तो इसमें आश्चर्य क्या है?

15

संस्कृत में एक कहावत है–'शास्त्रेषु भ्रष्टाः कवयो भवन्ति'। अंग्रेजी में शेली के

समकालीन लेखक पिकाक ने कहा था, कविता असभ्यता की वाणी है। वह उस युग के लिए ठीक थी, जब विज्ञान नहीं था। अब विज्ञान के युग में आदमी कविता की भाषा में तुतलाए, यह कोई गौरव की बात नहीं है। मेरा खयाल है, दोनों उक्तियाँ गलत हैं। दार्शनिक काव्य की बात मैं नहीं करता। कोरी प्रेम और प्रकृति की लिरिक कविताएँ भी कितना काम करती हैं? अवकाश के क्षणों में वे हमारा मनोरंजन करती हैं, हममें नई स्फूर्ति भरती हैं और ऐसी कितनी ही बातें सिखाती हैं, जिनकी शिक्षा हमें शास्त्र और विज्ञान से नहीं मिल सकती। और सौन्दर्यशास्त्र भी इसीलिए महिमामय शास्त्र है। वह इस बात को सिद्ध करता है कि कला का सत्य विज्ञान के सत्य से कहीं ऊँचा और महान होता है। कविता और कला को मानविकी में गिनने का रिवाज है, क्योंकि कविता और कला का आनन्द न ले सकनेवाला मनुष्य पूरा मनुष्य नहीं है।

16

कविता की स्वायत्तता का आन्दोलन विज्ञान के कारण भी बढ़ा है। ज्यों-ज्यों विज्ञान और टेक्नोलॉजी का प्रचार हुआ, आदमी उपयोग की ओर ज्यादा झुकने लगा। मगर फूल, तारे, बच्चे, पर्वत, हरियाली आदि का जाहिरा उपयोग तो कुछ भी नहीं है। अतएव सौन्दर्यशास्त्र ने इस बात पर जोर देना शुरू किया कि कला की कृति केवल अपनी भाषा बोलती है, उसकी परिभाषा या व्याख्या अन्य प्रकार की भाषाओं में नहीं दी जा सकती। अगर कला की कृति पर किसी इच्छा, आशा, ध्येय या उद्देश्य का आरोप किया जाएगा, तो कृति उसका अवरोध करेगी। मनुष्य की आदत है कि वह काल पर शासन करनेवाली शक्तियों के सामने घुटने टेक देता है, जैसे उसने विज्ञान के सामने घुटने टेक दिए हैं, किन्तु कला अपने साम्राज्य के नियमों को छोड़कर और किसी भी नियम को नहीं मानती। वह हमेशा 'हलादैकमयी' और 'अनन्यपरतन्त्रा' होती है। नई कला किसी अमर भाव, विचार या अनुभूति में विश्वास नहीं करती। वह मनुष्य के समकालीन जीवन से कटकर जीना नहीं चाहती। वह क्षणजीवी वास्तविकता का सत या निचोड़ बनना चाहती है। कविता की क्रिया अब अन्य क्रियाओं से तुलनीय नहीं रही। वह केवल अपने सत्य को प्राप्त करना चाहती है। तब भी कवि दो प्रकार के होते हैं। एक वे, जो केवल माध्यम हैं। दूसरे वे, जो माध्यम भी हैं और क्रियाशील भी। अब जो माध्यम हैं, पहले वे शुद्ध कवित्व के उपासक होते थे और जो क्रियाशील हैं, वे सन्देशवाही हुआ करते थे।

17

नए कवि के ध्येय अथवा उसकी प्रेरणा का जन्म कहाँ होता है? उन मनुष्यों की

सीमाओं और आवश्यकताओं में, जिन्हें अब किसी भी मूल्य में विश्वास नहीं है, जिन्हें शास्त्रीय ज्ञान से कोई सहायता नहीं मिलती, जो कविता को जीवन्त सत्य का आखिरी उद्गम मानते हैं। इससे यह ध्वनि निकलनी चाहिए कि कविता कवि से अधिक आवश्यक तत्त्व है। कवि की व्यक्तिगत शैली का उतना महत्त्व नहीं है, जितना कविता की भाषा का। पिछले दो सौ वर्षों के क्रम में मानवता जिस वस्तु को उपयोगिता में खो चुकी है, उसे वह कविता के जरिए पा सकती है। इससे यह आशा व्यंजित होती है कि कविता का सत्य धर्म के सत्य से एकाकार हो सकता है।

18

कला और विज्ञान की तुलना से यह मालूम होता है कि विज्ञान सतत प्रगतिशील है, उसकी प्रगति की सम्भावनाएँ भी बहुत बड़ी हैं। बिजली, रोग, ग्रह-नक्षत्र और विश्व के ढाँचे के सम्बन्ध में आज मनुष्य को जितना ज्ञान है, उतना पहले कभी नहीं था। और यह भी भासित होता है कि यह ज्ञान बढ़ता ही जाएगा, किन्तु कालिदास या शेक्सपियर की-सी कविताएँ अब लिखी जा सकती हैं या नहीं, यह प्रश्न ही मूर्खतापूर्ण दिखाई देता है। समय ज्यों-ज्यों व्यतीत होता है, विज्ञान अपनी पिछली ऊँचाई से और भी ऊँचा उठता जाता है, मगर समय ज्यों-ज्यों बीतता है, साहित्य की ऊँचाई छीजती जाती है। कालिदास की ऊँचाई रवीन्द्रनाथ नहीं पा सके और रवीन्द्रनाथ की ऊँचाई का कवि अब संसार भर में कहीं नहीं है।

19

विज्ञान मनुष्य के आधिभौतिक उत्थान के साधन जुटाता है। और आदमी जब उन साधनों का उपयोग करता है, तब इस उपयोग की, उसकी भावनाओं और आदतों पर, प्रतिक्रिया होती है। आदमी की दृष्टि में उसके जीवन के बहुत-से अर्थ बदल जाते हैं, बहुत-सी सम्भावनाएँ बदल जाती हैं, जीवन के बहुत-से मूल्य बदल जाते हैं। मनुष्य के जीवन में आनेवाले इन विकारों का मूल्यांकन साहित्य करता है और कभी-कभी दर्शन। इसलिए कला और दर्शन, दोनों ही प्रसंगानुसार विज्ञान की आलोचना करते हैं, किन्तु अब दिखाई यह देता है कि कवि और कलाकार की दुनिया तो पहले के ही समान आबाद है, मगर दार्शनिकों की दुनिया उजड़ रही है। लगता है, दर्शन दर्शन के रूप में ज्यादा दिन जिंदा नहीं रहेगा। जीवित रहने के लिए उसे कोई और रूप धारण करना पड़ेगा क्योंकि मानव-मन की जो प्रवृत्ति दर्शन को जन्म देती है, वह प्रवृत्ति जीवित रहेगी और कहीं-न-कहीं अपनी अभिव्यक्ति खोजेगी।

दर्शन की यह दुर्दशा क्यों हुई? इसलिए कि पुराने जमाने का दार्शनिक कुछ

वैज्ञानिक भी होता था, कुछ कवि भी और अकसर वह सन्त भी हुआ करता था। लेकिन विज्ञान को यशस्वी देखकर दार्शनिक को भी विज्ञान के अनुकरण करने की चाह हुई। बस, विज्ञान के अनुकरण ने उसे मार डाला। अब दार्शनिक के सामने केवल तीन विकल्प रह गए हैं :

1. या तो वह कवि और सन्त बने,
2. अथवा वैज्ञानिक बने,
3. या मनोवैज्ञानिक बन जाए।

दर्शन की इस दुर्दशा से सबसे बड़ा सबक कवि को लेना चाहिए। विज्ञान बनने की कोशिश में दर्शन की मौत हो गई। विज्ञान के अनुकरण के लोभ में पड़कर कहीं कविता भी समाप्त न हो जाए।

दर्शनिकों में धर्माचार्य, वैज्ञानिक और कवि—तीनों का समन्वय रहता आया था। लेकिन दर्शन का स्थान शंकाग्रस्त हो जाने से ऐसा लगता है कि उसका कुछ काम कवि करेंगे और कुछ विज्ञान के विद्वान। फिर भी कलाकार और वैज्ञानिक मिलकर भी दर्शन की पूरी भूमिका अदा नहीं कर सकेंगे।

20

विज्ञान के क्षेत्र में जैसे कानून हैं, कला के क्षेत्र में वैसे कानून नहीं हैं। दो चित्रों के बीच तुलना की बात हो, तो वैज्ञानिक यह कहेगा कि उनमें से कौन लम्बा या बड़ा तथा कौन छोटा चित्र है और वह जो कुछ कहेगा, उसे सारा संसार आँख मूँदकर स्वीकार कर लेगा। लेकिन कला-मर्मज्ञ यदि एक चित्र को दूसरे से हीन या श्रेष्ठ बताएगा, तो उसकी बात सभी लोग नहीं मानेंगे। कला के क्षेत्र में बस एक ही कानून है, यानी अपनी रुचि को और परिमार्जित करो, अपनी बुद्धि को और भी तीक्ष्ण बनाओ।

विज्ञान का मानदंड सुदृढ़ और सुस्पष्ट है, क्योंकि उसका क्षेत्र आधिभौतिक है। प्रकाश की गति को लेकर मतभेद नहीं चलता, पृथ्वी से सूर्य की दूरी के बारे में दो मत नहीं हैं। जिस दिन इन चीजों की नाप हो गई, मतभेद उसी दिन खत्म हो गए। लेकिन दर्शन आरम्भ से ही हिलडोल की अवस्था में रहा है। कांट ने लिखा था कि दर्शन के क्षेत्र में मानक नाप और मानक तौल का कोई उपाय नहीं है, इसलिए यह बताना कठिन है कि किस दार्शनिक की बातें ठोस और किसकी बातें पोली हैं। यह लगभग हास्यास्पद लगता है कि और विज्ञान तो सन्देह की अवस्था से निकलकर निर्णय की स्थिति में आते जा रहे हैं, मगर दर्शन, जो अपने को तत्वज्ञान कहता है, आज भी वहीं चक्कर काट रहा है, जहाँ वह तीन हजार साल पहले चक्कर काटता था।

21

विज्ञान के साथ विरक्ति और कला के साथ अनुरक्ति होती है। विज्ञान उद्धत है, कला विनम्र है। वैज्ञानिक इसलिए काम करता है कि पूर्वज के सिद्धान्त उसे अशुद्ध मालूम होते हैं, अधूरे दीखते हैं। कलाकार इसलिए काम करता है, क्योंकि वह पूर्वजों का अनुकरण करना चाहता है, क्योंकि वह उन्हें अपना आराध्य समझता है।

22

नोट बुक में किसी चिन्तक का एक उद्धरण दर्ज है : 'कुछ लोगों के भीतर अतीत समाया रहता है और कुछ के भीतर भविष्य। जिसे हम वर्तमान का मनुष्य कहते हैं, वह यन्त्र के सिवा और कुछ नहीं है। वर्तमान से बिलकुल अलग होना तो बुद्धिमानी का काम नहीं है, मगर वर्तमान से जो जितना ही दूर है, वह उतना ही अधिक स्वतन्त्र भी है। इसलिए सारा चुनाव अतीत और भविष्य के ही बीच हैं जैसे अतीत का इतिहास होता है, वैसे ही भविष्य का भी इतिहास है। सभी जीवन्त कलाएँ भविष्य का इतिहास बतलाती हैं। सबसे बड़े कलाकार, सबसे श्रेष्ठ वैज्ञानिक और सबसे उत्तम राजनीतिज्ञ अतीत की ओर से नहीं, भविष्य की ओर से आते हैं।'

23

आँखें जब बिलकुल खुली हों और आस-पास की चीजों को देख रही हों, तब कल्पना अपना काम नहीं करती। नजदीक की चीजों के लिए आँख और दूर की चीजों के लिए कल्पना चाहिए। खुली आँखें रास्ते के काँटों को देखती हैं। बन्द आँखों से दूर का भी सत्य देखा जा सकता है।

24

रुचि क्या चीज है?

भावना जब तक जीवित है, वह रस और राग का सुख भोगती है। मर जाने पर वही नियम और संस्कार बनकर भोग की दिशाओं का निर्धारण करती है। रुचि मरी हुई भावना का नाम है अथवा उस भावना का, जिसे स्मृति जिलाए हुए है। रुचि इन्द्रियों की बर्बरता पर लगे हुए अंकुश को भी कहते हैं।

25

साहित्य में जितने भी आन्दोलन उठते हैं, वे मूलतः या तो रोमांटिक होते हैं या

क्लासिक। घड़ी का पेंडुलम कभी इस छोर पर आता है, कभी उस छोर पर जाता है। बीच में स्थिर खड़ा रहना उसके लिए असम्भव है। सदियों से साहित्य में यही होता रहा है और आगे भी यही होता जाएगा। विंधाम लेविस ने लिखा है : 'इसीलिए एक पीढ़ी में सभी लोग काली पोशाक पहनते हैं, दूसरी में हरी, तीसरी में उजली और चौथी में वे फिर काली पर आ जाते हैं।'

26

लेविस ने ही लिखा है : 'बौद्धिक क्लान्ति इस युग का लक्षण है। लोगों की शक्तियाँ इतनी क्लान्त हैं कि वे उन्हीं कृतियों का स्वागत करते हैं, जो डंके की चोट से युग के दिवालिएपन का ऐलान करती हैं। जब अभिव्यक्ति की कोई कीमत नहीं रह जाती, लोग तभी उसके पीछे तालियाँ बजाते हैं। ऐसे युग में सबसे जीवन्त दीखने वाले कलाकार भी मृत्यु के हाथों गढ़ी गई मोम की मूर्तियाँ होते हैं।'

27

नई चित्रकारी के बारे में राय देते हुए लेविस ने कहा है कि 'नए चित्रों में से अधिकांश तो उन हीन कलाकारों की कृतियाँ हैं, जिनमें सीधी राह से चित्र बनाने की सामर्थ्य नहीं थी। अतएव उन्होंने तकनीक का बहाना बनाकर अपनी कमजोरियों को छिपा लिया।'

28

श्रेताओं ने कलाकार से कहा : 'आखिर आप लोग इतने बौद्धिक, इतने अप्रत्यक्ष क्यों होते हैं? द्रविड़ प्राणायाम किए बिना आपको कोई चीज दिखाई नहीं देती, न बुद्धि की काफी कुलाचें खाए बिना आपके मुख से कोई शब्द निकलता है। और तब भी यह सच है कि जिन्दगी हमेशा आपके पास खड़ी रहती है और आप उसे आसानी से देख सकते हैं।'

कलाकार ने उत्तर दिया, 'हाँ, जिन्दगी तो पास ही खड़ी रहती है, मगर अपने में डूबे बिना हम उसे पहचान कैसे सकते हैं?'

29

दुनिया के कामयाब लोग भीड़-भड़क्कों में रहना पसन्द करते हैं, जिससे

अधिक-से- अधिक लोग उनकी चमक से प्रभावित हो सकें। लेकिन कलाकार एकान्त पसन्द करता है, नीरवता और शान्ति की खोज करता है, क्योंकि पवित्रता नीरवता और शान्ति में ही रहती है।

30

राष्ट्रकवि उसे कहना चाहिए, जो अपने देश की प्रत्येक संस्कृति को अपने में समी लेता है, जो देश के प्रत्येक वर्ग का अपने को प्रतिनिधि समझता है और सभी सम्प्रदायों के बीच जो देशगत ऐक्य है, उसे मुखर बनाता है। इसी प्रकार विश्वकवि उसे कहना चाहिए, जो दुनिया के हर देश के भीतर जो अन्तर्राष्ट्रीय तत्त्व है, उसे वाणी दे। विश्वकवि बनने की पहली शर्त यह है कि कवि राष्ट्रीय हो। जो राष्ट्र के विभिन्न अवयवों का प्रतिनिधित्व नहीं कर सकता, वह विश्व के विभिन्न देशों का प्रतिनिधित्व कैसे करेगा? और भारत में जो भी राष्ट्रकवि होगा, उसे विश्वकवि ही समझना चाहिए क्योंकि भारत, छोटे पैमाने पर सारा संसार ही है। जैसे प्रत्येक राष्ट अपनी अभिव्यक्ति के लिए लालायित रहता है, उसी प्रकार देश का भी प्रत्येक सम्प्रदाय अपनी अभिव्यक्ति खोजता है। राष्ट्रपुरुष और राष्ट्रकवि बनना समान रूप से कठिन कार्य है। दोनों के लिए असीम धैर्य और अपरिमित उदारता की आवश्यकता है।

31

महान जाति की कला हमेशा कुछ-कुछ अमूर्त्त होती है। कारण यह है कि जातियाँ महान तब बनती हैं, जब वे विभिन्न तत्त्वों के बीच समन्वय स्थापित करती हैं। समन्वय और सामंजस्य की कला अमूर्त्त ही होगी। यह ध्यान खींचनेवाली बात है कि जैसे-जैसे अन्तर्राष्ट्रीयता की प्रगति होती है, वैसे-ही-वैसे कला की अमूर्त्तता भी बढ़ती और फैलती जाती है। जीनियस के भीतर मानवता की हर किस्म छिपी होती है, इसीलिए वह हर तरह के आदमी को बर्दाश्त कर सकता है। जो गुण जीनियस में देखे जाते हैं, वैसे ही गुण जातियों को भी महान बना देते हैं।

32

समाजवाद गरीब को अमीर बनाना चाहता है, ईसा अमीर को गरीब बनाना चाहते थे। समाजवाद को अमीरों से द्वेष है, ईसा को उन पर तरस आता था। समाजवाद चाहता है कि अधिक-से-अधिक लोग काम करें और वे सब-के-सब सम्पन्न हों। ईसा चाहते थे कि काम कोई न करे और किसी के भी पास दौलत नहीं हो। ईश्वर

और आत्मा सत्य हैं, बाकी सब झूठ है, यह ईसा का मत था। अपनी माता से ईसा ने कहा था : 'औरत, ऐसी कौन-सी चीज है जो मुझे तुमसे बाँध सकती है?' ईसा ने यह भी कहा था कि जिस आदमी को अपने माता-पिता, पत्नी और बच्चे, भाई और बहन, यहाँ तक कि अपने-आप से घृणा नहीं है, वह मेरा शिष्य नहीं हो सकता।

33

आत्म-विरोध अथवा अपनी बात का आप खंडन करने का अधिकार विचारक को होना चाहिए या नहीं? गांधीजी ने कई बार अपनी बात का आप खंडन किया था। हर बड़े आदमी को आत्मखंडन करना पड़ता है। महान विचारक के खेत में एक ही क्यारी नहीं होती, जिसमें एक ही तरह के पौधे उगते हों। वह बराबर अनेक सत्यों के लिए क्यारियाँ तैयार करता रहता है। जो भी सत्य जीवन्त हैं, वे उसकी किसी-न-किसी क्यारी में जड़ पकड़ लेते हैं। बिना आत्मखंडन किए सत्य का सेवन चल नहीं सकता। आदमी को कभी-न-कभी ऐसी बात बोलनी ही पड़ती है, जिससे उसकी पहले की बात का खंडन हो जाता है।

एमर्सन ने कहा था : 'आत्मखंडन के दोष से बचने के लिए हर स्थिति में एक ही बात को दुहराते जाना छोटे मस्तिष्क का लक्षण है। स्वाभाविक तो यह है कि आज तुम्हारा जिस बात में विश्वास हो, उसे जोर से कहो। और कल अगर ठीक उलटी बात तुम्हें सत्य मालूम होती हो, तो उस बात को भी उसी जोर से कहो। इसकी चिन्ता मुतलक भी न करो कि तुम अपनी कल की बात का खंडन कर रहे हो।'

गेटे कहते थे : 'सत्य हीरे के नग के समान है। उसकी किरणें एक ही नहीं, अनेक दिशाओं में छिटकती हैं।'

और सबसे अच्छी बात कवि बादलेयर ने कही थी : 'हाल में हमने अनेक अधिकारों की चर्चा सुनी है। फिर भी एक प्रमुख अधिकार का उल्लेख छूट गया है। प्रमुख अधिकार, यानी अपना खंडन आप करने का अधिकार।'

आत्म-विरोध कोई पाप नहीं है। सीधी तरह सोचने पर तो हम उसे चिन्तन की एक शैली ही कहेंगे, जिसके जरिए हमारे सारे विचार आगे बढ़ते हैं और अभिव्यक्ति पाते हैं।

नाटककार इब्सेन ने एक सवाल पूछा था : 'क्या इस बात पर तुम्हारा ध्यान गया है कि हर विचार दूर तक सोचा जाने पर अपना विरोधी आप बन जाता है?'

कारलाइल अपनी बातों के विरुद्ध नई बातें बराबर बोलता था। कहते हैं, इसका कारण यह था कि कारलाइल सत्य का प्रेमी था और अनेक तरीकों से वह सत्य तक पहुँचना चाहता था। यदि विकल्प ये हों कि या तो अपनी बात का विरोध करो अथवा सत्य का, तो सत्य का प्रेमी अपना ही विरोध पसन्द करेगा।

34

जर्मनी में एक लेखक हुए हैं इगोन फ्रिडेल। उन्होंने आधुनिक संस्कृति का इतिहास तीन जिल्दों में लिखा है। उनका कहना है कि संसार के समस्त साहित्य का इतिहास साहित्यिक चोरियों का इतिहास है। गेटे ने एकरमैन से कहा था : 'किस लेखक के किस भाव का उद्गम कहाँ है, इसकी विचिकित्सा बेहूदगी की विचिकित्सा है। जो लोग मौलिकता के नाम पर प्रभावों की खोज करते हैं, उन्हें यह भी चाहिए कि वे तन्दुरुस्त आदमी की तन्दुरुस्ती का राज उन भेड़ों, बकरों और सुअरों में खोजें, जिन्हें वह खाकर पचा चुका है।'

लेखक में अपनी शक्ति होती है, यह ठीक है, लेकिन विकास उसका उन सहस्रों प्रभावों से होता है, जो उसे अनुकूल मालूम होते हैं। असली चीज यह है कि आदमी की आत्मा को जागरूक और सत्य का प्रेमी होना चाहिए, जिससे सत्य उसे जहाँ भी मिले, वह पहचान ले और पचाकर उसे आत्मसात् कर ले।

दुनिया बहुत पुरानी है। इसमें अच्छे चिन्तक भी इतने अधिक हुए हैं कि सर्वथा नई समझी जानेवाली बातों का अभाव हो गया है। मनुष्य-जाति का सारा बौद्धिक इतिहास चोरी का इतिहास है। अलेक्जेंडर ने फिलिप से चुराया, आगस्टीन ने सन्त पाल से, शिलर ने शेक्सपियर से और शापेनहार ने कांट से। जब भी साहित्य में अक्रियशीलता का दौर आता है, तब समझना यही चाहिए कि चोरी बहुत कम हो रही है। यह भी है कि जब भी कोई बड़ा कलाकार या महान विचारक अपने मिशन में विफल हो जाता है, तब उसका एक बड़ा कारण यह होता है कि उसे ऐसे लोग काफी संख्या में नहीं मिलते, जो उसे खुलकर लूट सकें। सुकरात का सौभाग्य था कि उसे प्लेटो-जैसा साहसी चोर मिला, जिसे चुराने में किसी किस्म की हिचकिचाहट नहीं थी। अगर प्लेटो ने खुलकर सुकरात से चोरी न की होती, तो आज सुकरात को इतने लोग जानते या नहीं, यह सन्दिग्ध है।

असली बात यह है कि हममें यह शक्ति होनी चाहिए कि हम भावों को नई भाषा में सजा सकें, उनका विकास अपनी इच्छित दिशा में दूर तक कर सकें और उन पर अपनी प्रतिभा का आलोक विकीर्ण कर सकें।

गेटे ने कहा है, व्यक्ति बनने की हम जितनी भी कोशिश करें, मगर आखिर में हम समष्टि है और चिन्तन भी समष्टि में ही चलता है। एक ही समय के अनेक लोग, या अनेक युगों के अनेक लोग, एक समान सोचते हैं और परस्पर एक-दूसरे को प्रभावित करते हैं। मैंने जो कुछ लिखा, वह सब-का-सब मेरी ही बुद्धि की उपज नहीं है। दूसरों ने जो बोया था, मैंने उसकी फसल काटी है।

कहते हैं, अपने जूलियस सीजर नामक नाटक में शेक्सपियर ने प्लूटार्क के शब्द-शब्द की नकल की है। महान कवि मौलिक भी होते हैं, मगर जहाँ मौलिक होने

की लाचारी उन पर नहीं होती, वहाँ वे अमौलिक रहकर ही रचना करते हैं। और अमौलिकता का भी लाभ कवि ही उठा सकता है। अगर शेक्सपियर कवि न हुआ होता, तो प्लूटार्क की नकल वह क्यों करता? अकवि कवि का अनुकरण नहीं करते हैं।

सभी खिलाड़ी एक ही गेंद से खेलते हैं, मगर किक मारने में कमाल किसी-किसी को ही हासिल होता है।

जो लोग सर्वथा मौलिक बातें बोलने का दावा करते हैं, उनकी ओर जरा सन्देह से ही देखना चाहिए, क्योंकि सर्वथा नवीन बातें अकसर सर्वथा झूठी बातें होती हैं। वास्तव में साहित्य में अब कोई भी नवीन बात नहीं है, नवीनता के दर्शन हमें बौद्धिक शक्तियों के प्रयोग में होते हैं।

35

फ्रिडेल के अनुसार माइकेल एंजेलो अद्भुत कोटि के मनुष्य थे। उनकी मनीषा एकोन्मुखी भी थी और सर्वोन्मुखी भी। प्रत्येक दिशा में वे बहुत दूर तक देख सकते थे। उनकी दुनिया बिलकुल उन्हीं की खास दुनिया थी, जिसका राज न तो कोई शिष्य समझ सकता था, न कोई समकालीन। मर्त्य मानव पर आनेवाला एक भी ऐसा शोक नहीं था, जिसकी अनुभूति माइकेल एंजेलो को नहीं हुई हो। भगवान ने उन्हें यह शक्ति दी थी कि हर चीज के भीतर से वे अमृत नहीं, जहर चूस सकें। वे अपने समकालीनों, अपने शिष्यों और साथियों से बहुत दूर थे। उनका कहना था कि चित्रकारों को यह मानकर चित्र बनाना चाहिए कि सूरज कुहरे के भीतर से चमक रहा है। वे मानते थे कि बदली के दिनों में जितनी रोशनी होती है, वही चेहरों को देखने के लिए काफी है। उनकी इस शक्ति में हम प्रभाववादी शैली का बीज देख सकते हैं।

36

फ्रिडेल की यह उक्ति भी काफी अर्थपूर्ण है कि आदमी एक बार तो आदम के रूप में स्वर्ग से बाहर निकाला गया और दूसरी बार तब, जब यूरोप में धार्मिक सुधार (रिफार्मेशन) का आन्दोलन उठा। इसी प्रकार आदमी आकाश से एक बार तो आदम के रूप में गिरा और दूसरी बार तब, जब सांस्कृतिक पुनर्जागरण (रेनेसांस) का आन्दोलन शुरू हुआ। स्वर्ग में आदम काम नहीं करते थे। ईसा कर्मठता के विरुद्ध थे, लेकिन रिफार्मेशन के चलते कर्मठता की रूढ़ि पैदा हो गई। और रेनेसांस ने उस मनुष्य को जन्म दिया, जो मौज करता है और अपनी ही पूजा करके

पूजा के काम को खत्म कर देता है। रेनेसांस के भीतर सब कुछ था, केवल आत्मा नहीं थी।

37

पैस्काल ने कहा था कि आदमी गलतियों के ढेर को कहते हैं, गलतियों के ढेर के सिवा आदमी और हो भी क्या सकता है? ईश्वरीय कृपा के बिना उसकी सारी शक्तियाँ बेकार हैं। हर ताकत, हर चीज आदमी को धोखा देती है। बुद्धि और इन्द्रियाँ—ये सत्य के दो सबसे बड़े सहारे हैं। मगर होता क्या है? इन्द्रियाँ बुद्धि को धोखा देती हैं और बुद्धि इन्द्रियों को।

38

बारूद की ईजाद से वीरता जाती रही। वीरता में जो आभिजात्य था, जो वैयक्तिक तेज था, वह बारूद के आने से समाप्त हो गया। 'मैन पावर' का सिद्धान्त बारूद की ईजाद के बाद से चालू हुआ है। 'कांस्क्रिप्शन' की प्रथा भी बारूद के आविष्कार की देन है। जो काम सबके लिए सम्भव नहीं है, उसके लिए सबकी भर्ती भी नहीं की जा सकती। तलवार की जगह बन्दूक के आने से लड़ने का काम वीरता पर निर्भर नहीं रहा। यह भी कह सकते हैं कि बन्दूक ने वीरता के आधार को इतना चौड़ा कर दिया कि उसके भीतर कोई भी आदमी आ सकता है। पहले जमाने के वीर अपने-आप में एक युद्ध होते थे। अब तो सिपाही महज एक नामहीन जन्तु है।

39

'फौस्ट' शब्द का अर्थ भाग्यशाली होता है। फौस्ट की कहानी उन प्रवृत्तियों का प्रतीक है, जिन्होंने नए युग का प्रवर्तन किया है। नए युग की मान्यता है कि सरोकार हमारा केवल सौभाग्य से होना चाहिए और सौभाग्य का अर्थ है शक्ति, ताकत, इन्द्रिय-तर्पण और ज्ञान। फौस्ट की ट्रेजेडी आधुनिक मनुष्य की ट्रेजेडी है, बुद्धिवाद की ट्रेजेडी है, सन्देहवाद की ट्रेजेडी है, वस्तुवाद की ट्रेजेडी है। आधुनिक मनुष्य के भीतर जो मनीषी है, शुद्ध मनीषी है, वही नए मनुष्य का राक्षसी अंश है।

40

डोस्टावास्की कर्म के विपक्ष में सोचते थे। कर्म का एक लक्षण तो लगभग अभिशाप

के समान है। कर्म का अभिशाप यह है कि उससे चिन्तन और निदिध्यासन में बाधा पड़ती है, मनुष्य का ध्यान उचट जाता है, आदमी दो टुकड़ों में विभक्त हो जाता है और अपने आत्मस्थ रूप से दूर हट जाता है। इसीलिए सभी सन्त कर्म से दूर एकान्त में बसते थे, किन्तु इस निष्कर्मता के भीतर उनकी आन्तरिक क्रिया अत्यन्त वेगवती होती थी।

41

पीठ पर अतीत और पेट में भविष्य, मेरा नाम काल है।

42

बहुत-से लोगों का विचार है कि निष्प्राणता की कला का प्राण है। जो रचना ऊपर से थोड़ी नीरस न दिखाई पड़े, वह उत्तम हो ही नहीं सकती। चित्रों में भूरे या मटियाले रंग की जो महिमा है, वह और रंगों की नहीं।

43

जितनी भी बड़ी चीजें होती हैं, अनुपयोगी होती हैं और कोई भी उपयोगी वस्तु महान नहीं होती। संसार के इतिहास के गर्भ में जिस कोलाहल का नाद है, वह किसका है? क्या घोड़ों की टापों का? नहीं, यह सारा कोलाहल लोकेतर स्वप्नों का कोलाहल है, कल्पना की मृग-मरीचिकाओं का शोर है।

44

जो दिमाग हमेशा सोचता रहता है, वह निश्चय ही मित्रों से रहित और बन्धुओं से हीन होगा।

45

दार्शनिक और कलाकार की अपेक्षा कर्मठ व्यक्ति बातचीत में अधिक रोचक होता है। सबसे बढ़िया मजाक करता है, जो दुनियादारी में होशियार है और उससे भी ज्यादा बढ़िया मजाक वह करता है, जिसमें औरतों को समझने की शक्ति हो। मगर औरतों के साथ कामयाब होने से यह नहीं समझना चाहिए कि आदमी उच्च

कोटि का मेधावी पुरुष है। ज्यादातर उदाहरण उलटे ही मिलते हैं।

46

पूरा मर्द कौन है? वह, जिसका शरीर दैत्य का और मन देवता का होता है। वह, जो युद्ध में सेना का नेतृत्व करने के बाद, अवकाश के क्षणों में, दुखान्त नाटक की भी रचना कर सकता है।

47

जितना ज्ञान सर्वसाधारण में फैल चुका है, साहित्य उतने ही ज्ञान का उपयोग करता है। जो ज्ञान अभी विशेषज्ञों की मिल्कियत बना हुआ है, कवि के लिए वह निरुपयोगी है। चेतना का वह अंश, जो सामान्य बन चुका है; संस्कृति का वह रूप, जो सर्वसाधारण को उपलब्ध है; प्रतीकों के वे अर्थ, जो सबको मालूम हैं तथा वर्णन और व्याख्या की ऐसी शैली, जो जनसाधारण की शैली है—इन्हीं का उपयोग करके अच्छा साहित्य लिखा जाता है। कवि के लिए यह तनिक भी आवश्यक नहीं है कि वह हर आदमी के लिए लिखे। मगर हर हालत में उसे आदमी के लिए लिखना चाहिए, केवल विशेषज्ञों के लिए नहीं।

48

सर जेम्स जीन्स ने खूब सोच-विचारकर एक सूक्ति कही है : 'सृष्टि किसी यन्त्र की अपेक्षा किसी महान भाव के अधिक समीप दिखाई देती है।'

49

आदमी जब सूत्र नहीं लिखता, तब सन्दर्भ लिखता है; जब सन्दर्भ से भी उसे सन्तोष नहीं होता, तब वह तर्क की शरण जाता है और जब तर्क भी नाकाफी होते हैं, तब वह ग्रन्थ लिखता है। लेखक जितने ही अधिक शब्दों का प्रयोग करता है, गलतफहमी की सम्भावना उतनी ही बढ़ती जाती है।

50

लेखक के प्रिय लेखक का प्रभाव उसके चिन्तन पर पड़ता है, शैली, अदा और भंगिमा

पर पड़ता है। आरम्भ में आदमी अपनी शैली की खोज दूसरों की शैली देखकर करता है। दूसरों के दर्पण में अपने-आपको पहचानने के बाद लेखक की अपनी शैली आप-से-आप उत्पन्न हो जाती है। जिस लेखक को अपने प्रिय लेखक का पता नहीं है, उसकी शक्ति अभी भ्रूणहीन गर्भ के समान है। प्रत्येक व्यक्ति का प्रिय लेखक कहीं-न-कहीं उत्पन्न हो चुका है। जिसने खोजा नहीं, उसी को वह अभी नहीं मिला है।

51

भाषा की खानें दो हैं—एक पुस्तकों में, दूसरी जनता की जबान पर।

52

पंडित वह जो अन्य पंडितों के मत उद्धृत कर अपने मत की पुष्टि करता है। जो जितना अधिक प्रमाण जुटा सके, वह उतना ही बड़ा विद्वान है।

लेकिन चिन्तक वह, जो प्रमाण अपनी ही प्रतिभा का देता है, जो नख से शिख तक आत्मचिन्तन के रस से सराबोर है।

53

जब भी किसी भी निन्दा लिखने को जी चाहे, अपने-आपसे सवाल करो, इस आदमी के गुणों के बारे में मेरी जानकारी क्या है। अगर आत्मा जवाब दे कि तुम्हें कोई जानकारी नहीं है, तो कलम रख दो और उसे तब उठाओ, जब तुम उसके उज्ज्वल पक्ष को समझ चुके हो।

54

कविता की पंक्ति अच्छी हो, तब यह पूछना व्यर्थ है कि वह नई है या पुरानी, परम्परा में है या उससे छिन्न।

55

जिसने भावों को अपने भीतर पचने नहीं दिया, भीगने नहीं दिया, तुरन्त उगल दिया, वह वह लेखक है, जिसे संग्रहणी का रोग है।

जिसने राजभय या लोकभय से अपनी आत्मा की आवाज को रोक दिया, धन

या कीर्ति के लिए अपनी उक्ति की भंगिमा बदल दी, उसकी कल्पना कृत्रिम गर्भपात से पीड़ित है।

लेकिन जब लेखक के मन में तूफान उठा हो, विद्युत का स्पर्श हुआ हो, जब अभिव्यक्ति का दर्द उसे सता रहा हो और लिखे बिना उसे कल न पड़ती हो, तब समझना चाहिए कि किसी बड़े साहित्य का जन्म-लग्न समीप है।

56

लेखक के बौद्धिक विकास में सबसे बड़ी घटना क्या है? उस लेखक का पता लगाना, जो उसे सबसे अधिक प्रिय है।

57

जिसे पढ़ने की आदत नहीं है, वह अपनी निकट की दुनिया का कैदी है। देश और काल की विस्तृति उसके लिए है ही नहीं।

58

विद्या के काम में जो आगे गए हैं, पढ़ना उन्हें कभी भी कष्टकर नहीं था। किताबों से उन्हें प्रेम था और पढ़ते वे इसलिए थे कि पढ़े बिना रह नहीं सकते थे।

59

मनोविनोद की भावना शिथिल हो गई, तो कला वणिक-वृत्ति के पास पहुँच जाती है। अमरता के लोभ को दूर फेंककर जब बहुत-से लोग कला के काम में केवल आनन्द-भाव से लगते हैं, तभी अच्छे परिमाण में कला की अच्छी कृतियाँ उत्पन्न होती हैं। जो कला आनन्द की गुदगुदी से पैदा होती है, वह मोहक भी होती है और चिरायु भी।

60

मनुष्य पूर्णता के लिए जन्मा था, मासूम, बेवकूफ और खुश होने को पैदा हुआ था। प्रमाण? प्रमाण यह कि धरती पर आने के पूर्व स्वर्ग में वह नंग-धड़ंग ही घूमा करता था।

61

विद्वानों और लेखकों के जगत में सरलता सबसे बड़ी समस्या है। जिसने ठीक से पचाया नहीं है, जो ठीक से पका नहीं है, वह सरल नहीं होता है।

62

कवि लेविस की एक उक्ति : 'सभी आस्थाओं से टूटकर या तटस्थ होकर न तो कोई लिख सकता है, न जी सकता है। प्रभाव उन्हीं आस्थाओं का नहीं पड़ता, जिनमें हम विश्वास करते हैं, बल्कि उनका भी, जिनका हम विरोध करते हैं।'

63

गेटे के फौस्ट के भीतर दो आत्माएँ समाई हुई हैं और फौस्ट दोनों आत्माओं का दर्द बोलता है। एक आत्मा उस मनुष्य की है, जो वासना की भूख से, काम की ज्वाला से उद्विग्न है और दूसरी आत्मा उस मनुष्य की है, जो शुद्ध अध्यात्म के स्तर पर जीने को बेचैन है। मेरे 'उर्वशी' काव्य के नायक में भी दो स्तरों पर जीने की भूख है, गरचे गेटे के फौस्ट का मैंने तनिक भी अनुकरण नहीं किया है।

64

मूर्ख, बेवकूफ और नीच लोगों ने गेटे पर जो अत्याचार किए थे, उन अत्याचारों की निशानियाँ गेटे के साहित्य में मौजूद हैं। साहित्यिकों की कुटिलता से क्षुब्ध होकर गेटे ने एक पद कहा था : 'मैं वह बोझ हूँ, जिसका वजन तुम सभी लोग महसूस करते हो। मगर तुममें से कुछ ऐसे लोग भी हैं, जो मुझसे घृणा करते हैं।' अन्यत्र गेटे ने और भी कहा है : 'मेरे सामने वे नम्र रहते हैं, मगर मन-ही-मन वे मुझसे भयानक घृणा करते हैं।'

65

अलबर्ट आइंस्टाइन ने एक जगह लिखा है : 'यह बात मैं नहीं जानता कि दुनिया में हम क्यों आते हैं। मगर दुनिया में आ जाने के बाद किसी ध्येय की खोज आदमी को करनी चाहिए। लेकिन आश्चर्य की बात है कि जो ध्येय सबसे बड़ा है, उसी की ओर हमारा ध्यान नहीं जाता। सबसे बड़ा ध्येय यह है कि आदमी का जन्म आदमियों

की सेवा करने को होता है। जो व्यक्ति अपने और अपने साथियों के जीवन को अर्थहीन या व्यर्थ समझता है, उससे बढ़कर अभागा आदमी कोई और नहीं है। ऐसे आदमी को जीने का अधिकार नहीं होना चाहिए।'

66

कलाकार अपने-आपको अपनी कृतियों में प्रक्षेपित करता है। वह कृतियों के द्वारा अपने आन्तरिक व्यक्तित्व की रक्षा भी करता है।

67

कला जब सर्वथा नवीन दीखती है, तभी वह सर्वथा सार्थक भी होती है। सच्ची कला की प्रत्येक नई कृति नए आविष्कार के समान होती है।

68

प्रत्येक अनुभूति अनुभावक की चेतना को विस्तीर्ण बनाती है, यह महिमा कला की है। और सौंदर्य क्या है? वह, जो दिलासा देता है, शान्ति-सन्तोष देता है, जो शीतल है, रोचक है, मनोरंजक और ऊपर उठानेवाला है।

69

वैज्ञानिकों की हर पीढ़ी को इस बात पर विचार करना चाहिए कि दर्शन पर विज्ञान का क्या प्रभाव पड़ा है। विज्ञान उन प्रश्नों के उत्तर नहीं देता, जो दर्शन में पूछे जाते हैं, किन्तु जिन उत्तरों को विज्ञान स्वीकार करता है, उन पर दार्शनिकों का ध्यान जाना चाहिए।

70

पिछले 50-60 वर्षों में धर्म और विज्ञान के बीच मतभेद बढ़े हैं। धर्म और विज्ञान के द्वन्द्व पर आज की पीढ़ी जो राय कायम करेगी, उसी पर सभ्यता का भविष्य निर्भर होगा। धर्म और विज्ञान में से किसी का भी त्याग अयोग्य है।

धर्म और विज्ञान के बीच विरोध शायद आरम्भ से ही रहा है और विज्ञान के आलोक में धर्म का रूप कुछ बदलता भी आया है। बहुत पुराने जमाने में ईसाइयों

का विश्वास था कि दुनिया उन्हीं के समय में खत्म होनेवाली है। मगर दुनिया जब खत्म नहीं हुई, धर्म का वह अन्धविश्वास समाप्त हो गया।

पृथ्वी घूमती है, सत्रहवीं सदी में धर्म इस सिद्धान्त की निन्दा करता था। धर्म विकासवाद के सिद्धान्त को भी अच्छी नजर से नहीं देखता।

धर्म और विज्ञान, दोनों बदलते हैं—विज्ञान ज्यादा, धर्म बहुत कम। गैलीलियो और न्यूटन के सिद्धान्तों को लोग अब दूसरे रूपों में मानते हैं। दस साल पहले के भी वैज्ञानिक विचार अब परिवर्तित रूप में माने जाते हैं।

गैलीलियो ने कहा था, सूर्य स्थिर है, पृथ्वी चलती है। धर्म ने कहा, पृथ्वी स्थिर है, सूर्य चलता है। न्यूटन ने कहा, पृथ्वी और सूर्य, दोनों चलते हैं। आइंस्टाइन के सापेक्ष्यवाद के बाद अब हम यह मानते हैं कि तीनों बातें गलत और तीनों बातें सही हैं।

विज्ञान भौतिक नियमों की खोज करता है। धर्म नीति और सौन्दर्य के मूल्यों का ध्यान धरता है। एक का कानून गुरुत्वाकर्षण है, दूसरे का कानून निदिध्यासन और ध्यान है...ध्यान सौन्दर्य का, ध्यान पवित्रता का। एक के पास जो चीज है, दूसरे के पास वह नहीं है।

71

कवि कविता लिखने के लिए वाणी की वन्दना छोड़ चुका है। काव्य में से मंगलाचरण का रिवाज उठ गया। रोगी भी अब रोग से मुक्ति पाने को प्रार्थना नहीं करता। इसी प्रकार एक दिन ऐसा आएगा, जब आदमी नहीं मानेगा कि नैतिकता के नियम ईश्वर के बनाए हुए हैं।

72

सौन्दर्यशास्त्र की रचना भी जनता ही करती है। नाटकों की सफलता मंच पर परखी जाती है और किताब की कामयाबी इस बात में है कि उसने कितने रसज्ञ पाठकों को मुग्ध किया है।

73

यह संसार ऐसा नहीं है कि आत्मा केवल आत्मा को प्यार करे और सौन्दर्य केवल सौन्दर्य को। आत्मा भी कभी-कभी सौन्दर्य को पाना चाहती है और सौन्दर्य भी कभी आत्मा की ओर उड़ना चाहता है।

74

आधुनिकता से युद्ध, समय की रूह से लड़ना हास्यास्पद काम है। इस मामले में औरतें ठीक हैं। वे प्रचलित फैशन का विरोध नहीं करतीं।

75

वाल्ट ह्विटमैन ने अपने काव्य-संग्रह 'लीव्स ऑव ग्रास' का प्रथम संस्करण अपने ही हाथों से कम्पोज करके छापा था। ह्विटमैन की कविताएँ कविताएँ नहीं, विस्फोट हैं। उनका सौन्दर्य कारीगरी में नहीं, उनकी बेछीली हुई ताकत में है।

76

कविता और दर्शन जीवन से अलग होकर मर रहे हैं। प्राचीन विश्व में (भारत में भी और बाहर भी) विचार और जीवन गलबाँही देकर चलते थे। मूर्तिकार का जीवन मूर्तिमय, कवि का काव्यमय और दार्शनिक का दर्शनमय होता था। इस प्रकार कलाएँ कलाकारों के जीवन में क्रियात्मक रूप से मौजूद रहती थीं। दर्शन और काव्य जीवन की भूमि पर साथ चलते थे, इसलिए एक-दूसरे से अपरिचित नहीं थे। दर्शन काव्य को भोजन देता था, काव्य दर्शन को अभिव्यक्ति। अब सौन्दर्य काम नहीं करता और कार्य को सुन्दर बनने की फुरसत या कामना नहीं और बुद्धि तो दोनों से अलग राह बनाकर चलती है।

77

जब तक आसक्ति है, तब तक आजादी नहीं है। हम जिस परिमाण में किसी व्यक्ति, धन, धर्म, नीति, सिद्धान्त या विश्वास से बँधे हैं, उस परिमाण में हम पराधीन हैं। गृहस्थ की पराधीनता बाल-बच्चों को लेकर चलती है, साधु की ईर्ष्या और मोह के कारण। लेकिन साहित्यिक तब स्वाधीन होता है, जब वह हर नीति, सिद्धान्त और मूल्य को शंका से देखने का साहस कर सके।

78

जो लोग यह समझते हैं कि भारतीय परम्परा यथेष्ट है, वे भ्रम में हैं। हमारी परम्परा की भी नींव हिल गई है। यह भाव भारत में भी जग रहा है कि संस्कृति और इतिहास

का बोझ कराल है। उसके नीचे वर्तमान को साँस लेने में कठिनाई महसूस होती है। समाज और साहित्य के बीच राजीनामे की राह भारत में भी लुप्त हो रही है। 'आउट साइडर' हमारे बीच भी पैदा होने लगे हैं।

साहित्य भारत में भी उस दिशा की ओर चल पड़ा है, जो अज्ञात है, जिसकी मंजिल के बारे में अभी कोई कल्पना नहीं की जा सकती। यह नहीं कहा जा सकता कि यह साहित्य किसी भी समय आदमी की औसत आदतों के पास लौट आएगा तथा धर्म और नीति के साथ अपना मेल बैठाकर जिएगा। यह भी नहीं कहा जा सकता कि इस निरुद्देश्य यात्रा का अन्त किसी ऐसी जगह पहुँचकर होगा, जहाँ उसकी सार्थकता सिद्ध हो जाएगी।

79

क्रोसे के गुरु वाइकों ने कहा है कि कविता अकस्मात् आनन्द के उच्छ्वास से नहीं फूटती, वह नैसर्गिक आवश्यकता से जन्म लेती है। कविता फालतू वासना नहीं है, न वह ऐसी चीज है, जो जीवन से अलग की जा सकती हो। कविता की प्रक्रिया रोक दी जाए, तो विचार की प्रक्रिया को भी रोकना पड़ेगा। सार्वभौम विचारों के निरूपण से पहले मनुष्य बिम्बात्मक विचारों को जन्म देता है। साफ दिमाग से सोचने के पहले वह अस्पष्ट ढंग से सोचता है, दिमाग की खलबली के साथ सोचता है। अपनी बात स्पष्ट रूप से कहने के पूर्व वह गाता है, पद्य में बात करता है। पारिभाषिक शब्दों के प्रयोग के पूर्व वह रूपकों का प्रयोग करता है। और नैसर्गिक शब्दों का प्रयोग कवि के लिए जितना स्वाभाविक है, उतना ही स्वाभाविक रूपकों का भी प्रयोग है।

80

कविता और अध्यात्म के बीच क्या सम्बन्ध है? बहुत-से सिद्ध व्यक्ति कवि थे। भक्तों और सूफियों ने अपनी साधना के लिए कविता का उपयोग किया है। इस युग के महान योगेश्वर श्री अरविन्द ने लिखा तो बहुत है, मगर अपनी सारी साधना का निचोड़ उन्होंने अपने सावित्री काव्य में लिखा है।

तिरुवन्नमलइ के सिद्ध अद्वैतवादी पुरुष महर्षि रमण भी कवि थे। उन्होंने कविताएँ बहुत थोड़ी लिखी हैं, मगर वे थोड़ी कविताएँ अमर हैं, क्योंकि साधकों को उनसे प्रकाश मिलता है। कुछ लोग तमिल के सबसे बड़े कवि मुरुगनारजी को मानते हैं। मुरुगनारजी सन् 1922 के आस-पास महर्षि की शरण गए और तब से वे तिरुवन्नमलइ में ही रहते हैं।

महर्षि ने एक बार कविता के बारे में बोलते हुए कहा था कि कविता भी आखिर क्या चीज है? मानसिक शक्तियों का मन्थन करके कीर्ति प्राप्त करना यही कवि-कर्म

है, किन्तु मेरे मार्ग में तो इन शक्तियों को भी सोना पड़ेगा।

महर्षि की सारी शिक्षा का निचोड़ यह था कि आदमी का सबसे बड़ा काम यह है कि वह इस बात का पता लगाए कि 'मैं कौन हूँ?' जब भी मन में कोई विचार उठे, तभी अपने-आपसे सवाल करो, यह विचार कहाँ से आया है, किसके लिए आया है। यह सवाल करते ही विचार लुप्त हो जाएगा। यदि फिर दूसरा विचार उठे, तो उसे भी इसी प्रश्न की लाठी से मार डालो। अभ्यास करते-करते वह अवस्था आ जाएगी, जब विचार नहीं उठेंगे और मन निस्तरंग हो जाएगा। मन की निस्तरंगता ही आत्मज्ञान है।

कविता मन की निस्तरंगता का पर्याय न बने, तो अवश्य ही कवि-कर्म भी आत्मज्ञान में बाधक समझा जाना चाहिए। मैंने एक दिन मुरुगनारजी से पूछा कि महर्षि कविता भी करते थे और काव्य-रचना को आत्मज्ञान की बाधा भी मानते थे, इसका रहस्य क्या था।

मुरुगनारजी ने कहा : 'साधना के मार्ग पर आने के पहले मैं देशभक्ति की कविताएँ लिखता था, समाज-कल्याण की कविताएँ रचता था। उस समय मेरा कविकर्म आयासयुक्त था। मुझे जान-बूझकर आवेश में आना पड़ता था, मन को किसी मदोन्माद की स्थिति में ले जाना पड़ता था, तब कविता सूझती थी, किन्तु साधना के क्रम में मुझे मनःशान्ति प्राप्ति हो गई, तब से मेरा कवि-कर्म आयासमुक्त हो गया है। अब कविता को लाने के लिए मुझे मदोन्माद की स्थिति में जाने की आवश्यकता नहीं होती, वह आपसे-आप उतर आती है। मेरा खयाल है, महर्षि ऐसी कविता के विरुद्ध नहीं थे। उन्होंने स्वयं जो कविताएँ लिखी थीं, वे लाई नहीं गई थीं, स्वयमेव अवतीर्ण हुई थीं।'

81

प्राचीन जगत की कल्पना तीन आयामों वाले जगत की कल्पना थी। संसार की नई कल्पना चार आयामों वाली यानी चतुर्विम है। जब तक हम चेतन मन के धरातल पर हैं, हम तीन विमाओं से घिरे हुए हैं। चौथी विमा की अनुभूति तब होती है, जब हमारा मन चेतन से नीचे उतरकर अवचेतन अथवा अचेतन सिन्धु में डूबने लगता है। चतुर्विम जगत ही सुररियलिस्ट का असली जगत है। सुररियलिज्म साहित्य पर मनोविज्ञान के गम्भीर प्रभाव का दृष्टान्त है।

82

सही माने में वे लोग बदकिस्मत हैं, जिन्हें कामयाबी हासिल हो गई। भाग्यशाली

वे हैं, जो असफलता के दौर में हैं, क्योंकि सांसारिक दृष्टि से असफल मनुष्य ही अपने भीतर झाँकने की प्रेरणा पाता है।

83

साम्यवादी विचारधारा की शिक्षा है कि लेखक अपने समय की समस्याओं को केवल समझे ही नहीं, उन्हें जीने का प्रयास करे, जिससे उसकी कृतियों में ये समस्याएँ बिम्बित हो सकें। घुमा-फिराकर यह सोद्देश्यता सिखाने का ढंग है।

84

आज के सत्य की जाँच आनेवाला कल करेगा। अतएव वर्तमान को अतीत की ओर से देखना अयोग्य है। उसे भविष्य की ओर से देखा जाना चाहिए।

85

कलाकार का जीवन संघर्ष का उदाहरण हो, गरीबी और असफलता का उदाहरण हो, आसान सफलता से इनकार का उदाहरण हो, निरन्तर असन्तोष की स्थिति का द्योतक हो, उस स्थायी क्रान्ति का उदाहरण हो, जिसे वह अपने और समाज के विरुद्ध अनवरत चलाता रहता है।

86

संगीत की मूर्ति खूबसूरत मौन की मूर्ति है, जिसकी आँखों में अर्थ भरा है। चित्र भी एक प्रकार का जमा हुआ अचल संगीत ही है। मोनालिसा की मुसकान का कोई अर्थ नहीं लगता मगर अर्थ उसमें है।

87

मूल्य व्यक्तियों के बनाए नहीं बनते। उनका निर्माण सारा समाज करता है। सबकी राह प्रत्येक तक जाने की राह है और प्रत्येक की राह सब तक पहुँचने की राह।

88

मनुष्य माल की तरह तैयार किया जा सकता है या नहीं? क्या उसे यह स्वतन्त्रता है कि वह स्थापित समाज से परे जाकर अपना निर्माण करे? कलाकार जब प्रचलित

मूल्यों का अतिक्रमण करता है, तब उससे भी मानवीय चेतना आन्दोलित होती है, कुछ सीमा-विस्तार पाती है। यह स्थिति वांछनीय नहीं है कि कला और जनता का मिलन हमेशा साधारणता के ही स्तर पर हो। समाज और कला के बीच सनातन संघर्ष चलना चाहिए, क्योंकि कला का सबसे उज्ज्वल रूप स्थायी क्रान्ति का रूप है। इस दृष्टि से यह प्रश्न विचारणीय हो जाता है कि कवियों को कवि-सम्मेलनों में कितनी बार जाना चाहिए अथवा जाना चाहिए भी या नहीं।

89

स्थिर समाज के खिलाफ विद्रोह का काम केवल बकने से पूरा हो सकता है क्या? इसके लिए तन और मन से अर्पित लोगों का दल चाहिए, जो जनता के भीतर असन्तोष जगाए, उस असन्तोष का पालन करे, उसे अभिव्यक्ति दे और जनता को नेतृत्व प्रदान करे। ये काम जनता खुद नहीं कर सकती। अपनी पहल पर जनता विद्रोह नहीं करती है।

90

लेखक राजनीति में पड़े या न पड़े, यह प्रश्न विचारणीय है, किन्तु प्रत्येक राजनीतिक दल किसी-न-किसी लेखक को अपना मानता है। लेखक के राजनीति में पड़ने में खतरा क्या दिखाई देता है? यह कि दल के आग्रह में पड़कर वह सम्पूर्ण सत्य बोलने से शायद चूक जाए। साहित्यिक जिस प्रकार सर्वतन्त्र-स्वतन्त्र होकर बोलना चाहता है, वह स्वतन्त्रता किसी भी राजनीतिक दल को हमेशा अनुकूल नहीं बैठती। और राजनीति का सर्वथा त्याग किया जाए तो साहित्य के हाथ से एक कारगर यन्त्र छूट जाता है। रास्ता एक ही है कि साहित्यिक राजनीति में जाने पर भी, दल से मतभेद होने पर, अपनी ही बात कहे। तन सौंपे, मन दे नहीं, सती कहावै सोय।

91

शायद इलियट ने कहीं यह विचार व्यक्त किया है कि साहित्यिकों को राजनीति और आर्थिक व्यवस्था की उपेक्षा नहीं करनी चाहिए, न उनके फेरे में पड़कर साहित्य का त्याग करना चाहिए। राजनीति और अर्थशास्त्र पर सभी कवि अधिकार के साथ चिन्तन नहीं कर सकते, लेकिन कवियों को आँख खोलकर राजनीतिज्ञों और अर्थशास्त्र-विशारदों की हरकतों को देखते रहना चाहिए। जब उनके निर्णयों से संस्कृति को खतरा पहुँचता हो, कवियों को बोलना चाहिए, चेतावनी देनी

चाहिए। यह इसलिए भी आवश्यक है क्योंकि राजनीतिज्ञ अकसर यह नहीं जानते कि उनके निर्णयों के सांस्कृतिक परिणाम क्या होंगे।

92

संकट के समय कवि से यह कहना कि वह जनता को उपदेश दे, यह कहने के समान है कि कवि अपनी असली जवाबदेही को भूल जाए, जो हमेशा अनुभूति की सच्चाई के प्रति होती है।

93

सभ्यता का शाप यह है कि कर्मवाले पढते नहीं, यह नहीं कि ज्ञानवाले लिखने से दूर हैं।

94

अगर हम केवल सौन्दर्य का अध्ययन करते रहें, तो हमारी पीढ़ी के सामने जो विपत्तियाँ खड़ी हैं, उनका अध्ययन कौन करेगा? ये विपत्तियाँ क्या कमकरों के लिए हैं? इंजीनियर को इंजीनियरी का काम, डॉक्टर को रोगी और शिक्षकों को छात्र बराबर मिलेंगे। खतरे तो उन पर हैं, जो बौद्धिक शक्ति को अपना सारा असबाब समझते हैं। विद्वान अतीत में बसता है, लेखक वर्तमान में। खतरे विद्वानों पर नहीं, लेखकों पर आते हैं।

95

इलियट के 'होलो मैन' और 'वेस्ट लैंड' में जो कुछ है, वह भारत में नहीं है। बहुत-सी बातें जो नए कवि बोल रहे हैं, वे भारत में नहीं हैं। हाँ, वे भारत को चेतावनियाँ हो सकती हैं। भारत में अभी भी यह आशा है कि मनुष्य अपनी आत्मा को यन्त्र का ग्रास बनने से बचा सके। इलियट ने भारत का आह्वान यूरोप के सन्तुलन को ठीक करने के लिए किया था।

96

आधुनिक विचारों के अनुसार मोक्ष के लिए सुकर्म करना सच्चा सुकर्म नहीं है। मनुष्य को बिना किसी लोभ के पुण्यात्मा बनना चाहिए। यदि ईश्वर के भय से

हम सदाचारी बनते हैं और मुक्ति के लोभ से हम पुण्य करते हैं, तो इस सदाचार और पुण्य में कहीं-न-कहीं कोई अभाव है। यह अनुभूति मध्यकाल के सन्तों में भी थी। भगती देकर मुक्ति खरीदी, सो तो काम मजूरों का।

97

आधुनिकता का लक्षण यह है कि सत्य की खोज में वह एकमात्र प्रमाण बुद्धि का मानती है और अन्धविश्वास अथवा कच्चे विश्वास के साथ वह कभी भी समझौता नहीं करती। श्रद्धा का प्रभुत्व और उसका हस्तक्षेप, आधुनिकता को दोनों अग्राह्य हैं।

98

मनुष्य की संस्कृति क्या है? वह आत्म-संशोधन की, आत्मोद्धार की, अपने-आपको मुक्त करने की प्रक्रिया है। मुक्ति चाहिए अज्ञान से, असमर्थता से, अयोग्यता से, अन्धविश्वास और अन्धकार से। धर्म मनुष्य के विकास का आदि सोपान था। लगता है, विज्ञान उसके विकास का अन्तिम सोपान है। अतएव धर्म और विज्ञान (अथवा अध्यात्म और विज्ञान जैसा विनोबाजी कहते हैं)—दोनों ही मनुष्य के लिए आवश्यक हैं। विज्ञान मनुष्य की बुद्धि से उत्पन्न हुआ है। धर्म भी मनुष्य की बुद्धि से ही जन्मा था। बुद्धि के बिना धर्म मनुष्य को सूझता कैसे? जानवरों में धर्म क्यों नहीं है? अतएव आधुनिक विचारों को ग्रहण करके भी मनुष्य धार्मिक रहे, यह सम्भव है। यदि कोई कहे कि जो कुछ जानने योग्य है, उसे केवल योग से जानो, तो वह तामसिक उपदेश होगा—तामसिक जिसमें तिमिर का प्राधान्य है।

99

अब प्रेम की कविता निर्द्वन्द्व भोग की कविता नहीं है। कोई आध्यात्मिक वेदना प्रेमियों के बीच बिलगाव डालती है, किन्तु शरीर की कामना दोनों को मिलाए रखती है। यह तनाव नई कविता को बेचैन रखता है। यही तनाव ऐसी अनेक स्थितियों को जन्म दे रहा है, जिनकी अनुभूति पहले किसी को भी नहीं होती थी। इस स्थिति को लाने में मनोविज्ञान और जीवविज्ञान की खोजों का पूरा हाथ है।

100

यूरोप की नई कविता ने यह आक्षेप किया है कि वैज्ञानिकों का बनाया हुआ विश्व

अपूर्ण है, अस्थायी है, असम्बद्ध है, क्रमबद्धता से हीन है। क्षय और अचिरता का जिक्र कवि पहले भी करते थे, मगर आज की तरह तटस्थ होकर नहीं। कवि अब सीधे हाँ या ना कहने से भागता है यानी वह 'नानकामिटल' हो गया है। वह सूत्रधार अधिक, अभिनेता कम है; मंचप्रबन्धक अधिक, समर्थक बहुत कम है।

101

शब्द अपनी जमीन से जब उखड़ जाते हैं, परम्परा से बाँधने वाले तार जब उनके टूट जाते हैं, तब शब्दों से अर्थ विदा ले लेते हैं और कविता उस महल के समान खड़ी रहती है जिसमें खम्भे नहीं हों।

102

कविता के आज दो अतिवाद हैं। पाश्चात्य जगत में कविता ज्ञान से ही नहीं भाग रही है, वह अर्थ का भी त्याग कर रही है। साम्यवादी देशों के कवि ज्ञानदान और प्रचार की अवज्ञा नहीं करते, अर्थ वहाँ पूजनीय गुण है, यद्यपि शैली का शौक वहाँ भी काफी है। साम्यवाद एक आदर्श है, जो सभ्यता को विघटन से बचाना चाहता है, एक नई दुनिया की रचना के शौक में वह कविता का उपयोग प्रचार की दृष्टि से करना चाहता है। पश्चिमी देशों के कवि इस भाव से बोल रहे हैं, मानो दुनिया की उन्हें कोई फिक्र नहीं हो। वे दुनिया की कोई जिम्मेदारी भी लेना नहीं चाहते। वे केवल अभिव्यक्ति के विशेषज्ञ हैं, उनका और कोई ध्येय नहीं है। मुझे लगता है, वह विनाश के कगार पर की कविता है।

103

सत्य के प्रवक्ता के रूप में कवि का सम्मान वही होना चाहिए, जो अन्य प्रवक्ताओं का होता है। 'वह तो बेचारा', ऐसा कहकर कवि को टालने का अर्थ यह है कि चूँकि कवि प्रचारक नहीं है, राजनीतिज्ञ नहीं है, इसलिए वह सत्य तक जाने में असमर्थ है। इस न्याय से कभी यह भी कहा जा सकता है कि उसकी कविता इतनी सुन्दर है कि सत्य वह हो ही नहीं सकती। इससे ध्वनि यह निकलेगी कि

1. कविता सत्य के जितना समीप जाएगी, उतनी ही वह अकलात्मक और कुरूप होगी।
2. अथवा यह कि चूँकि सभी सत्य कुरूप होते हैं, अतएव जो सुन्दर है, वह सत्य नहीं हो सकता।

104

कवि कहाँ तक विश्वसनीय है? क्या वह खुद अपनी बातों में विश्वास करता है? ऐसे कवि हुए हैं, जो अपनी बातों में विश्वास करते थे। उदाहरणार्थ कबीरदास और तुलसीदास, किन्तु साधारणतः विश्वास का प्रश्न नहीं उठता, क्योंकि रचना के समय आस्था को लेकर कवि माथापच्ची नहीं करता है। उसकी सारी चिन्ता अभिव्यक्ति को लेकर चलती है। अपने भावों को ठीक से पहचानना और उन्हें अनुरूप शब्दों में अभिव्यक्त करना, रचना के समय ये दो बातें सबसे प्रमुख होती हैं। लेकिन लिखने के क्रम में कवि को आस्था का वह रूप दिखाई दे सकता है, जिसमें वह विश्वास करता है।

105

गेटे ने कहा था, कविता विचार का विरोधी है। इलियट ने कहा, कविता विचार का भावनात्मक स्वरूप है, किन्तु गेटे और इलियट—दोनों ही काव्य-रचना के समय सोचते थे और सोचना भाव नहीं, विचार की प्रक्रिया है। कवि किसी अन्य विचारक के विचार पर सोचे, इसमें कोई अधर्म नहीं है। सोचता वह इसलिए है कि विचार को वह नाटक में बदलना चाहता है। इलियट ने यह भी कहा है कि विचारक की दिलचस्पी विचार की सत्यता में होती है और कवि की उसकी अभिव्यक्ति में अर्थात् विचारक हमें विचारों में विश्वास करने को आमन्त्रित करता है, किन्तु कवि केवल प्रसन्न होने को, आन्दोलित और उद्वेलित होने को।

106

शेक्सपियर के जीवन-दर्शन पर बहुत-सी किताबें निकली हैं, किन्तु किसी भी दार्शनिक को गह पता नहीं है कि शेक्सपियर मनुष्य को क्या शिक्षा देता है, क्या करने और क्या नहीं करने को कहता है। कविता दर्शन नहीं होती। कविता में दार्शनिक भाव केवल अनुभूति बनकर आते हैं, सिखाना उनका ध्येय नहीं होता। शेक्सपियर ने विचारों का उपयोग नाटकीय उद्देश्य की सिद्धि के लिए किया है। विचारों के नाटकीय स्वरूप को उभारना कविता का स्वभाव है। शेक्सपियर का चिन्तन सम्बुद्धयात्मक है, भावनात्मक है, वह तर्क-सम्मत नहीं है, न किसी अन्य कवि का विचार केवल तर्क पर आधारित हो सकता है।

107

जैसे नाक, कान के विशेष डॉक्टर, वैसे ही भावना के विशेषज्ञ कवि। फर्क यह है कि नाक-कान का डॉक्टर पेट या टाँगों का विशेषज्ञ नहीं होता, किन्तु कवि

के लिए आवश्यक है कि वह अपनी भावना के साथ-साथ सबकी भावना को समझे। केवल भावना ही नहीं, युग के समस्त ज्ञान के साथ सम्पर्क रखे। छिलके और सब्जी मत खाओ, केवल दाना खाओ, ऐसा ही आग्रह शुद्ध कवित्व का है। मगर कुछ थोड़ा भूसा और छिलका पेट में न जाए, तो आदमी की तन्दुरुस्ती बिगड़ सकती है। मेरा खयाल है, शुद्धता के आन्दोलन ने कविता के स्वास्थ्य को भी बिगाड़ दिया है। वह समय कभी नहीं आएगा, जब केवल विटामिन की गोली भोजन का स्थान ले सकेगी। कविता की जगह को शुद्ध कविता कभी भरेगी या नहीं, इसमें भी सन्देह है। एजरा पौंड ने कहा है कि आज के विशेषज्ञ कल की जनता हैं। लेकिन लक्षण ये दिखाई देते हैं कि विशेषज्ञ अलग रहेंगे और जनता भी हमेशा अलग रहेगी।

108

जिस आन्दोलन को हम आधुनिकता कहते हैं, उससे मिलते-जुलते भावों की लहर भारत में तीन बार उठी है। पहले तो बुद्ध के आविर्भाव के साथ, फिर नानक, कबीर और वेमना के युग में और तब भारत में यूरोप के आगमन के बाद। उन्नीसवीं सदी भारत के महाजागरण का काल है। उस समय भारत के मनीषी आधुनिकता की ओर बड़े वेग से बढ़े थे, किन्तु दो बातों के कारण आधुनिकता सन्देह की वस्तु बन गई। एक तो इसलिए कि आधुनिकता के प्रतीक अंग्रेज थे जिनसे जनता घृणा करती थी। दूसरे, जो लोग अंग्रेजी पढ़कर आधुनिक बने, उनमें उदारता और बुद्धिवाद कम था, उच्छृंखलता ज्यादा थी। अतएव नवजागरण के नेताओं का भाव यह बना कि भारत को आधुनिकता का भी वरण करना है और उसे अपनी परम्परा के सर्वोत्तम गुणों की भी रक्षा करनी है।

यानी विचारकों ने यह समझा कि आधुनिकता ऐसी चीज नहीं है, जिसका वरण करने को हम उन सभी मूल्यों को त्याग दें, जो सहस्राब्दियों से हमारे साथ रहे हैं। भारत में जो कुछ भी है, उसे धो-पोंछकर फेंक देना और स्वच्छ स्लेट पर बिलकुल नवीन अक्षर लिखना भारत का मत इसके खिलाफ बना। उन्नीसवीं सदी में जो रास्ता बना, हम उसी पर आज भी चल रहे हैं।

आधुनिकता और आधुनिकीकरण में भेद है। आधुनिकता बुद्धिवादी मनोवृत्ति को कहते हैं। आधुनिकीकरण का अर्थ उद्योग, समृद्धि, सैन्यबल, साक्षरता और अवकाशहीनता है। जितने भी अविकसित देश हैं, जो आधुनिकता नहीं, आधुनिकीकरण की ओर लोभ से देख रहे हैं। यूरोप में आधुनिकता पहले आई थी, आधुनिकीकरण बाद को प्रकट हुआ। पहले बुद्धिवादी दृष्टिकोण की प्रधानता हुई, विज्ञान उसके बाद बढ़ा। यानी यूरोप का मन पहले बदला, शरीर बाद को। भारत और एशिया के देश

चाहते हैं कि शरीर तो उनका यूरोप-जैसा हो, लेकिन मन अपना ही रहे।

यह कहाँ तक सम्भव या उचित होगा, यह प्रश्न विचारणीय है। सम्भव वह इसलिए है कि टेक्नोलॉजी के जरिए अब अन्धविश्वासी भी कल-कारखाने बढ़ा सकता है। और ठीक-ठीक असम्भव तो नहीं, पर असंगत वह इसलिए है कि अन्धविश्वासी मन के साथ विज्ञान का मेल नहीं बैठता।

सोचने की बात यह है कि आधुनिकता के प्रति हममें झिझक कहाँ पर है। मेरा खयाल है, उसे उन मूल्यों के इर्द-गिर्द होना चाहिए, जो धर्म से सम्बद्ध रहे हैं, लेकिन इस गुत्थी का विश्लेषण भी आसान नहीं है। इस देश में ऐसे लोग हैं, जो गो-माता को धर्म का प्रतीक समझते हैं और ग्रहण-स्नान को पुण्य-कृत्य मानते हैं, लेकिन ऐसे अन्धविश्वासी लोगों के बीच भी धर्म के सही मूल्य आदर पाते रहे हैं। बुद्ध नास्तिक थे, मगर उन्हें यही जनता अवतार मानती है। ईश्वरचन्द्र विद्यासागर नास्तिक थे, मगर जनता उन्हें धार्मिक समझती थी। स्वामी विवेकानन्द विधर्मियों के बीच रहे थे, किन्तु वे धर्म के उद्धारक समझे जाते हैं।

धर्म के प्रसंग में आधुनिकता की दो प्रवृत्तियाँ स्पष्ट दिखाई देती हैं। एक यह कि विज्ञान जहाँ तक देख सकता है, वास्तविकता उतनी ही है। अतएव परलोक या अदृश्य वास्तविकता है ही नहीं और ईश्वर की कल्पना फिजूल है। आधुनिकता की इसी प्रवृत्ति ने सभ्यता को राक्षसी बना दिया है, क्योंकि इस विचारधारा का स्वाभाविक निष्कर्ष यह है कि पुलिस से छिपकर जो कुछ भी किया जाए, वह पुण्य है।

धर्म के प्रसंग में आधुनिकता की दूसरी प्रवृत्ति यह है कि शास्त्र के वचन प्रमाण नहीं हैं। धर्म सांस्कृतिक परम्परा के पुछल्ले के रूप में प्राप्त नहीं किया जा सकता। मनुष्य बालिग हो चुका है। वह भावुक किशोर नहीं है। उसे अब श्रद्धा का भी अनुसन्धान चिन्तन और समझदारी से करना चाहिए। चिन्तन और समझदारी से अनुसन्धानित धर्म ही आधुनिक कर्म हैं

जो लोग यह समझकर निश्चिन्त बैठे हुए हैं कि भारत की सांस्कृतिक परम्परा यथेष्ट है, वे भ्रम में हैं। नवयुग के आगमन के साथ भारत में भी परिवर्तन हुए हैं तथा धर्म और आध्यात्मिकता के रूप बदल रहे हैं। हमें भी अपनी आध्यात्मिकता का नया अनुसन्धान विचार और समझदारी से करना है। तभी उस आध्यात्मिकता पर हमारी श्रद्धा ठहर सकेगी और इस दिशा में भी भारत उदासीन नहीं रहा है। भक्ति, ज्ञान, कर्म और योग—ये भारतीय साधना के चार मार्ग हैं और नवयुग के आगमन के साथ इन चारों के रूप परिवर्तित हो गए हैं। भक्ति का नया रूप परमहंस रामकृष्ण में, ज्ञान का महर्षि रमण में, कर्म का महात्मा गांधी में, और योग का महर्षि अरविन्द में प्रकट हुआ है।

('साहित्यमुखी' पुस्तक से)

इल्म की इन्तिहा है बेताबी

मर्दों ने मान लिया है कि शिक्षा का ध्येय नौकरी पाना है, लेकिन खुशी की बात है कि भारत की देवियों की दृष्टि अभी इतनी स्थूल नहीं हुई है। सौभाग्य से विवाह अभी हमारे देश में लोकप्रिय संस्था है और पढ़ी-लिखी औरतें भी पत्नी और माता बनकर जीने में अधिक सन्तोष मानती हैं। हमारी बहनें नौकरी तभी कबूल करती हैं, जब वह सुकर और सुगम हो अथवा जब उसके लिए कोई विवशता उपस्थित हो गई हो। इसे मैं पारिवारिक जीवन के हित में उपयोगी समझता हूँ, गरचे मेरा यह भी विचार है कि जो देवियाँ डॉक्टरी या इंजीनियरी की उपाधि प्राप्त करती हैं, उनके लिए पत्नी का जीवन यथेष्ट नहीं होना चाहिए, क्योंकि उन्होंने जो विद्या अर्जित की है, समाज के लिए उसका सुनिश्चित उपयोग है। अतएव ऐसी नारियों को अपने ज्ञान के उपयोग के लिए परिवार से बाहर भी क्षेत्र बनाना चाहिए और ऐसी नारियों के पतियों का यह धर्म है कि वे अपनी पत्नियों के समाज-सेवा के कार्य में भरपूर सहायता करें।

लेकिन जो नारियाँ डॉक्टरी या इंजीनियरी की ओर न जाकर मानविकी में रह जाती हैं और कोई नौकरी भी नहीं करतीं, उनकी शिक्षा का क्या उपयोग है? क्या हम यह आशा करें कि कॉलेज में पढ़ी हुई लड़कियाँ अपढ़ लड़कियों की अपेक्षा अधिक श्रेष्ठ पत्नी, गृहिणी या माता बन सकती हैं? अथवा सोचा यह जाता है कि पढ़े-लिखे पति की जीवन-संगिनी को सुशिक्षित इसलिए होना चाहिए कि दम्पति बौद्धिक विषयों पर वार्तालाप का मजा ले सकें? मुझे दोनों ही बातों में सन्देह है। बौद्धिक वार्तालाप से जीवन के आनन्द में वृद्धि तो होती है, किन्तु केवल बौद्धिक वार्तालाप से गृहस्थी नहीं चल सकती। गृहस्थी की आधारशिला बुद्धि नहीं, भावना है और इस बात की कोई गारंटी नहीं है कि शिक्षित होने मात्र से भावनाओं का परिष्कार हो जाता है। मेरा खयाल है, मूर्ख और अपढ़ दम्पतियों के बीच उतने झगड़े नहीं होते थे, जितने अब सुशिक्षित दम्पतियों के बीच होने लगे हैं और यह तो है ही कि शिक्षा जब नहीं थी, परिवारों में शान्ति का आज की अपेक्षा अधिक प्राचुर्य था और पति-पत्नी एक-दूसरे को अधिक धीरज के साथ बर्दाश्त करते थे। जब ज्ञान बढ़ता है, तब अशान्ति भी बढ़ती है। जिसने अपने भीतर इल्म की रोशनी जलाई है, उसने अपनी गम की बत्ती को भी तेज कर लिया है।

लेकिन दुनिया में खराबियाँ इसलिए नहीं आईं कि हमने औरतों को शिक्षित बनाया है। जब मर्दों की शिक्षा का विकास हुआ, यह अनिवार्य हो गया कि ऊँची-से-ऊँची शिक्षा औरतों को भी दी जाए और औरतों के शिक्षित होने से पुरुषों के अहंकार में थोड़ी कमी भी हुई है। अपढ़ स्त्रियाँ पुरुषों के अत्याचार को जिस बेबसी से सह लेती थीं, उस बेबसी से पढ़ी-लिखी स्त्रियाँ अत्याचार सहने को तैयार नहीं हैं। इससे पुरुष अपनी सीमा समझने को लाचार हुआ है। शिक्षित होने से नारियों के भीतर क्या-क्या सुधार हुए हैं, वह अलग बात है, किन्तु स्त्री-शिक्षा के प्रसार से पुरुषों में सुधार हुए हैं, यह सत्य है।

शिक्षा की महिमा बहुत बड़ी है। वह इतनी स्वयंसिद्ध और सुस्पष्ट है कि कोई भी व्यक्ति अशिक्षित मनुष्य को शिक्षित मनुष्य की तुलना में श्रेष्ठ बताने का साहस नहीं करेगा। फिर भी, सच यह है कि अशिक्षित ग्रामीणों के बीच भी जब-तब ऐसे व्यक्ति मिल जाते हैं, जो मनुष्यता के मामले में दया, धर्म, धीरज और त्याग के प्रसंग में अत्यन्त श्रेष्ठ दिखाई देते हैं। कभी-कभी तो उनकी श्रेष्ठता इतनी उच्च कोटि की होती है कि बड़े-बड़े पंडित उनकी तुलना में बर्बर और असभ्य ही समझे जाएँगे। इससे निष्कर्ष यह निकलता है कि शिक्षा और साक्षरता का सम्बन्ध नित्य नहीं है। शिक्षा केवल स्कूल और कॉलेज ही नहीं देते, वह परम्परा से भी प्राप्त की जाती है, वह सत्संग से भी हासिल होती है, वह समाज में बहती हुई हवा से भी खींची जा सकती है।

प्राचीन और मध्यकालीन दोनों ही युगों में शिक्षा का मूल ध्येय धर्म समझा जाता था। जब से औद्योगिकी सभ्यता का प्रसार हुआ, शिक्षा का उद्‌देश्य आर्थिक उन्नति हो गई। पहले के गुरुकुल भला आदमी तैयार करना चाहते थे। आज शिक्षा की जो पद्धति चल रही है, उसका सारा जोर चालाक आदमी तैयार करने पर है। चालाकी शायद शिक्षा का अनिवार्य अंग है। शिक्षित व्यक्ति का दिमाग जरा ज्यादा तेज चलने लगता है, अतएव वह अच्छाई या बुराई की ओर जाना चाहे, तो इस दौड़ में अशिक्षितों को वह काफी पीछे छोड़ सकता है। जो हाल विज्ञान का है, बहुत कुछ वही हाल शिक्षा का भी है। विज्ञान ने प्रकृति के रहस्य के भीतर धँसकर ऐसी शक्तियों का आविष्कार कर लिया, जो मार भी सकती हैं और जीवन भी दे सकती हैं लेकिन चारित्रिक विकास के अत्यन्त अपूर्ण होने के कारण मनुष्य इन शक्तियों के मारक गुणों पर ही आसक्त हो रहा है। शिक्षा की शक्तियाँ भी इतनी बढ़ी हैं कि वे अपने शिखर का स्पर्श कर रही हैं लेकिन विश्वविद्यालयों से जो लोग तैयार होकर निकलते हैं, वे ताकतवर अधिक, भले कम होते हैं। सारे संसार का संचालन शिक्षित व्यक्ति ही करते हैं, किन्तु फिर भी दुनिया युद्ध के भय से घबरा रही है। इसका एक बड़ा कारण यह है कि संसार के नेताओं को ताकत की फिक्र ज्यादा, भलाई की चिन्ता कम है।

शिक्षा की सर्वांगीण महिमा को स्वीकार करते हुए भी यह नहीं भूलना चाहिए कि मानवता के कुछ बड़े गुण ऐसे भी हैं, जिन्हें प्राप्त करने के लिए पांडित्य की तनिक भी आवश्यकता नहीं है। उदाहरणार्थ, आत्मज्ञान मानव-जीवन का सबसे ऊँचा लक्ष्य है, जिसे प्राप्त करने के बाद मनुष्य के सामने और सारी उपलब्धियाँ तृणवत् नगण्य बन जाती हैं, किन्तु अध्यात्मवादियों के बीच यह परम्परा रही है कि आत्मज्ञान की अनुभूति के लिए पांडित्य तनिक भी आवश्यक नहीं है। परमहंस रामकृष्ण कहा करते थे कि एक दिन मैंने माँ (यानी काली) से कहा कि माँ, मुझे शास्त्रों का कोई ज्ञान नहीं है। क्यों नहीं तू मुझे सभी शास्त्रों का ज्ञान करा देती है? इतने में माँ ने मुझे कूड़ों का बहुत बड़ा ढेर दिखाकर कहा, 'यही तो शास्त्रीय ज्ञान है। लेकर क्या करेगा?' और इस युग के सबसे बड़े ज्ञानी भगवान रमण महर्षि कहा करते थे कि आत्मज्ञान के लिए पांडित्य की आवश्यकता नहीं है। वह तो अपढ़ मनुष्य के लिए भी शक्य है, यदि वह प्रयासपूर्वक यह समझने की कोशिश करे कि शरीर के भीतर मन कहाँ-से उत्पन्न होता है?

पुराना संसार अंतर्मुखीनता का संसार था। उस संसार के मनुष्य रहस्यवाद में विश्वास करते थे, बुद्धि से अधिक अपनी सहज प्रवृत्ति (इंस्टिंक्ट) में श्रद्धा रखते थे। इसलिए समस्त संसार में उन दिनों शिक्षा का प्रसार अत्यन्त सीमित था, बल्कि आध्यात्मिक गुरुओं की दृष्टि में पांडित्य कुछ दोष ही समझा जाता था। कबीरदासजी ने लिखा है :

कबिरा कोठी काठ की, दस दिसि लागी आगि,
पंडित पंडित जरि मुए, मूरख उबरे भागि।

केवल पुराने रहस्यवादी ही नहीं, कुछ नए रहस्यवादियों की दृष्टि में भी ज्ञान गुनहगार है। ज्ञान के साथ दुनिया में अशान्ति फैलती है। ज्यों-ज्यों समाज में शिक्षा का प्रसाद होता है, मनुष्य के हाथों से सन्तोष छूटता जाता है। इकबाल की एक कविता में दिल इल्म से कहता है :

इल्म की इन्तिहा है बेताबी,
इस मरज की मगर हूँ दवा मैं।

अर्थात् ज्ञान का आतिशय अशान्ति का कारण होता है, लेकिन जब मनुष्य के भीतर हार्दिकता की वृद्धि होती है, उसकी अशान्ति घुटने लगती है।

ज्ञान की अतिशयता से अशान्ति की वृद्धि होती है। कबीर साहब की दृष्टि में पांडित्य मनुष्य की मुक्ति का उपाय नहीं है। ईसा मसीह ने पंडितों का तो नाम नहीं लिया, किन्तु धनियों के बारे में उन्होंने कहा था, सुई के छेद से ऊँट चाहे भले निकल जाए, मगर धनियों के लिए स्वर्ग का द्वार नहीं खुलेगा। कबीर ने धनियों के स्थान पर पंडितों का उदाहरण दिया है। तब भी यह ठीक है कि समाज में सबसे अधिक आदर धन और पांडित्य का ही होता है और अध्यात्म-सेवियों के यहाँ ये दोनों गुण

शंका की दृष्टि से देखे जाते हैं।

पांडित्य मनुष्य को हमेशा रसातल ही नहीं ले जाता। ऐसे पंडित अनेक हुए हैं, जो धर्म के जीते-जागते स्वरूप थे, किन्तु बारीकी से विश्लेषण करने पर पता चलेगा कि इन धर्ममूर्ति पंडितों की उन्नति का कारण शास्त्रीय ज्ञान नहीं, बल्कि उन्नत चरित्र था और चारित्रिक उन्नति के लिए स्कूलों या कॉलेजों में पढ़ना अनिवार्य नहीं है और आजकल तो बिलकुल ही नहीं, क्योंकि चरित्र की ऊँची शिक्षा धार्मिक मूल्यों का सहारा लिए बिना सफल नहीं हो सकती और स्कूलों में धर्म को दाखिल करना अपराध है, क्योंकि उनका संचालन धर्मनिरपेक्ष राज करता है।

चरित्र के द्वारा मनुष्य अपनी मानसिक शक्तियों को अभिव्यक्त नहीं करता, अभिव्यक्ति वह अपनी भावना को देता है। जो मनुष्य दंड संहिता की धारा के भय से चौर्य से विरत रहता है, वह उस मनुष्य से हीन है, जिसे चोरी करने में आत्मग्लानि होती है अथवा जिसका हृदय चोरी के विचार को सहन नहीं कर सकता।

जैसे वर्तमान युग का प्रत्येक ज्ञान बुद्धिवाद के आधार पर टिका है, उसी प्रकार इस युग की शिक्षा-पद्धति का भी सबसे बड़ा ध्येय बुद्धिवाद के गढ़ को मजबूत बनाना है। बुद्धिवाद इस युग का जनेऊ है। जो बात बुद्धि से समर्थित नहीं हो सकती, उसे इस युग के मनीषी स्वीकार नहीं करेंगे। साधारणतः यह समझा जाता है कि यह शिक्षा विज्ञान की है, किन्तु विज्ञान केवल बुद्धि पर ही जोर नहीं देता, वह यह भी मानता है कि मनुष्य का व्यक्तित्व अज्ञात जटिलताओं का पुंज है। उसके भीतर ऐसी-ऐसी इच्छाएँ, भावनाएँ और तृषाएँ हैं, जो बुद्धि के द्वारा समझी नहीं जा सकतीं, न बुद्धि के सहारे हम उनके विस्फोट को रोक सकते हैं। मनुष्य केवल टिस्सू, फ्लूइड और बुद्धि नहीं है। उसकी चेतना उस लोक की भी झाँकी लेती है, जो बुद्धि की पहुँच से दूर है। विज्ञान के उद्भव से पूर्व संसार उनके मार्गदर्शन में चलता था, जो बुद्धिमान भी थे और बुद्धि से आगे भी पहुँच सकते थे। आज भी सभ्यता को उन श्रेष्ठ मानवों के मार्गदर्शन की आवश्यकता है, जो बुद्धि की सीमा के परे झाँकने में समर्थ हैं।

सहज प्रवृत्ति और बुद्धि, ये दो प्रकार की शक्तियाँ हैं, जिनसे जीव-जगत का काम चलता है। मनुष्य को छोड़कर और सभी जीव अपने और अपने परिवेश का जन्मजात सहज (इंस्टिंक्टिव) ज्ञान रखते हैं। सहज प्रवृत्ति उन्हें हमेशा जीवन में फिट होने का सहज ढंग सिखाती रहती है। वे गलती करने को स्वतन्त्र नहीं हैं। गलती मनुष्य करता है, क्योंकि वह बुद्धि से युक्त है और बुद्धि से युक्त होने के कारण ही यह उम्मीद की जाती है कि आदमी कभी पूर्णता पर भी अवश्य पहुँचेगा। चींटियाँ दस हजार साल पहले जैसी थीं, आज भी वैसी ही हैं, लेकिन आदमी बराबर बदलता जा रहा है। हाथी और कुत्ते के समान कुछ पशु ऐसे भी हैं, जिनमें सहज प्रवृत्ति के साथ कुछ बुद्धि का भी मेल है। इसी प्रकार आदमी के भीतर भी सहज प्रवृत्ति की झाँकी कभी-कभी दिख जाती है। पशुओं की सारी चादर सहज प्रवृत्ति की है, केवल

किनारे-किनारे बुद्धि की चमक दिखाई देती है। आदमी की सारी चादर बुद्धि की है, सहज प्रवृत्ति का रंग केवल झालरों में दिखाई देता है, लेकिन वस्तुस्थिति यह है कि सहज प्रवृत्ति के धक्के को बुद्धि सँभाल नहीं सकती। यह प्रवृत्ति जब जोर से उठती है, बड़े-से-बड़े पंडितों की बुद्धि खग्रास में चली जाती है।

सहज प्रवृत्ति वाले जीव गलती नहीं करते। शिशु-पालन में गलती बिल्लियाँ नहीं करतीं, औरतें करती हैं। पक्षी जानते हैं कि नीड़ कब बनाना चाहिए। मधुमक्खी जानती है कि रानी को कैसे रखना चाहिए और कमकरों की सही खुराक क्या है? गीदड़ अँधेरे में भी ठीक राह चला जाता है। हिरण दोस्त और दुश्मन को दूर से ही पहचान लेते हैं। कौए दूर से ही समझ जाते हैं कि जानवर मर गया है या अभी जिन्दा है, लेकिन ये काम मनुष्य नहीं कर सकता। उसे बुद्धि मिली है और वह गलती करने के अधिकार को अपना स्वाभाविक अधिकार समझता है।

बुद्धि मनुष्य की मार्गदर्शिका है, किन्तु वह उतनी विश्वसनीय नहीं हो सकती, जितनी विश्वसनीय सहज प्रवृत्ति होती है। विज्ञान के सामने सबसे बड़ी चुनौती यह है कि वह किसी ऐसे नुस्खे को ईजाद करे, जिससे मनुष्य की बौद्धिक चेतना में अपरिमित वृद्धि होती हो, जिससे बुद्धि उतनी विश्वसनीय बन सकती हो, जितनी विश्वसनीय सहज प्रवृत्ति है।

केवल जानना काफी नहीं है, हमें 'फील' करने अथवा महसूस करने की भी अपनी क्षमता बढ़ानी चाहिए। बच्चों का पालन-पोषण केवल बौद्धिक विकास के लिए करना अधूरा काम है। मनुष्य की आत्मा बुद्धि-सम्मत और बुद्धिनिरपेक्ष, दोनों ही शक्तियों से युक्त है। विज्ञान हमारे लिए जितना जरूरी है, धर्म उससे कम आवश्यक नहीं है। तर्क को हम अपने लिए जितना अपरिहार्य समझते हैं, भावना भी उतनी ही अपरिहार्य है। आर्थिक सिद्धान्तों का इतिहास रटना अथवा गणित के फार्मूलों को सिद्ध करना योग्यता के अच्छे लक्षण हैं, लेकिन ऐसा विद्वान भी अगर दूसरों के दुख से दुखी नहीं होता, दूसरों के कष्ट-निवारण के लिए अपने सुख का एक अंश छोड़ने में आनाकानी करता है अथवा यदि वह फूल, पर्वत, नक्षत्र, हरियाली और समुद्र को देखकर विस्मित नहीं होता, या यह सोचकर चकित नहीं होता कि दुनिया कहाँ-से उछलकर हमारे सामने आ गई है, तो उसका व्यक्तित्व पूर्ण रूप से विकसित नहीं समझा जाएगा। वह एक प्रकार का विशेषज्ञ भर माना जाएगा और विशेषज्ञ चाहे जितने भी उपयोगी हों, वे सभ्यता को उसके वर्तमान संकटों से नहीं निकाल सकते। सभ्यता के उद्धार का कार्य उन लोगों की इंतजारी कर रहा हे, जो केवल डॉक्टर ही नहीं, थोड़ा-सा इंजीनियर भी होंगे, जो केवल कवि ही नहीं, कुछ विज्ञान-प्रेमी भी होंगे और जो केवल अध्यात्म-योगी ही नहीं, कुछ समाज-सेवा भी होंगे।

वर्तमान शिक्षा-पद्धति का दोष यह है कि उसका सारा ध्यान विभिन्न विषयों

के विशेषज्ञ तैयार करने पर केन्द्रित है। अब हम ऐसी दुनिया में रहने लगे हैं, जिसमें वैद्य ज्योतिषी नहीं होते, न इंजीनियरों को औषधि-विज्ञान का ज्ञान होता है। सभ्यता का सही नेतृत्व वे लोग नहीं कर सकते, जो विशेषज्ञ अथच एकांगी विद्वान हैं। शिक्षा-पद्धति में कोई ऐसा आमूल परिवर्तन लाया जाना चाहिए, जिससे विशेषज्ञों के साथ-साथ हम कुछ ऐसे मनुष्य भी तैयार कर सकें, जो विज्ञान और धर्म दोनों के प्रति सहानुभूतिशील हों, जो रहस्यवादियों के निकट उसी प्रसन्नता का अनुभव कर सकें, जिस प्रसन्नता का अनुभव वे वैज्ञानिकों की महफिल में करते हैं। दुनिया की मैनेजरी बुद्धि ने ले ली है, यह बहुत अच्छी बात है, किन्तु मनुष्य की उन्नति का जो चरम सोपान है, वहाँ तक हमें बुद्धि नहीं, केवल भावना ले जाती है।

विज्ञान के आविष्कारों ने औद्योगिक सभ्यता को जन्म दिया तथा डारविन और फ्रायड के अनुसन्धानों ने मनुष्य की नैतिक दृष्टि को उदार बना दिया। जब दृष्टि उदार होती है, नैतिक स्खलनों को हम क्षम्य मानने लगते हैं, क्योंकि हम समझते हैं कि यह अपराध स्वयं प्रकृति ने किया है। मुक्ति, उदारता और स्वतन्त्रता ऐसे शब्द हैं, जो सुनने में हमेशा अच्छे लगते हैं, किन्तु नैतिक बन्धनों से स्वतन्त्र होना प्रकृति के नियमों का अनुसरण नहीं, उनका विरोध है। प्रकृति के नियमों का आधार स्वतन्त्रता नहीं, संयम और परहेज है। यन्त्र यदि वैसे न चलाए जाएँ, जिस तरह चलाने से वे ठीक रहते हैं, तो वे टूट जाएँगे।

नैतिक स्खलनों को बर्दाश्त करने की शिक्षा बुरी नहीं थी, किन्तु वह उदारता अब स्वतन्त्रता बन गई है और प्रचलित मूल्यों के विरोध की आड़ में लड़ाई, असल में, नैतिक स्वतन्त्रता और प्रकृति के नियमों के बीच चल रही है। इसलिए मेरा खयाल है, कृच्छ साधना को हमें फिर से वापस बुलाना चाहिए। अपने और अपनी सन्ततियों को विनाश से बचाने के लिए यह आवश्यक है कि हम अपनी अनेक इच्छाओं, रुचियों और कामनाओं का अवरोध करें। जीवन का श्रेष्ठ नियम इन्द्रिय-तर्पण नहीं, आत्म-दमन और त्याग है। नारी जब माँ बनती है, उसे कष्ट सहना पड़ता है, अपने सुखों का त्याग करना पड़ता है। खिलाड़ी, वैज्ञानिक और कलाकार बनने के लिए आदमी को घनघोर तपस्या करनी पड़ती है। स्वास्थ्य, शक्ति और लम्बी आयु उन्हें मिलती है, जो अनेक क्षुधाओं को तृप्त करने से इनकार कर देते हैं। पशुओं के समान यदि मनुष्य में भी सहज प्रवृत्ति प्रबल होती, तो समय के अभ्यास की जरूरत उसे नहीं होती, किन्तु चूँकि मनुष्य सहज प्रवृत्तिशाली नहीं, केवल बुद्धिमान है, इसलिए संयम का अभ्यास उसे करना ही चाहिए। मनुष्य जब भी स्वतन्त्रता का उपयोग खुलकर करता है, प्रकृति उसे भारी दंड दिए बिना नहीं रहती। प्रकृति पर हुक्म चलाने से पहले हमें उसकी आज्ञा में रहने का अभ्यास करना चाहिए।

देवियो और सज्जनो, सभ्यता के जो दोष हमें दिखाई दे रहे हैं तथा शिक्षा

में जिस तत्त्व के अभाव की हमें अनुभूति हो रही है, उनके विषय में हमें यह सोचकर मौन नहीं रहना चाहिए कि बोलने से हमारी गिनती पिछड़े लोगों में कर दी जाएगी। यदि पुरानी सभ्यता का पूर्वाग्रह रहस्यवाद और अन्धविश्वास था, तो नई सभ्यता का बुद्धिवाद भी उसका पूर्वाग्रह ही है। श्रेष्ठ सभ्यता वह समझी जानी चाहिए, जिसमें अधिक-से-अधिक लोगों के भीतर शान्ति और सन्तोष हो, किन्तु हमारी वर्तमान सभ्यता में शान्ति और सन्तोष उन्हें भी अप्राप्य है, जो सुख और समृद्धि के बीच लोट रहे हैं। कोई-न-कोई भारी कीमती चीज आदमी की गाँठ से खुलकर गिर गई है। विचारकों को यह पता लगाना चाहिए कि वह कौन-सी चीज है तथा उसे हम फिर कैसे प्राप्त कर सकते हैं।[1]

4 फरवरी, 1967

('साहित्यमुखी' पुस्तक से)

---

1. महादेवी कन्या पाठशाला कॉलेज, देहरादून के सप्तम दीक्षान्त-समारोह के लिए प्रस्तुत भाषण।

शिक्षा के पाँच लक्षण

मैं यह नहीं जानता कि जो बातें मैं आपसे आज कहने जा रहा हूँ, वे बातें आज कही जानी चाहिए या उन्हें उस दिन कहा जाना चाहिए था, जिस दिन आपने इस विश्वविद्यालय में प्रवेश किया था। खैरियत की बात यह है कि शिक्षा के क्षेत्र में आदि और अन्त के बीच कोई बड़ा भेद नहीं है। असल में विश्वविद्यालयों में हम कोई चीज हासिल करने को आते हैं और जब उस वस्तु को प्राप्त करके हम यहाँ से बाहर जाते हैं, आशा हमसे यह की जाती है कि हम जीवनपर्यन्त उसकी रक्षा और विकास करेंगे। तो वह कौन-सी चीज है, जिसे हासिल करने को हम विश्वविद्यालयों में आते हैं? आप कहेंगे कि हम यहाँ ऐसी डिगरियों की खोज में आते हैं, जो अच्छी नौकरियाँ पाने में हमारी सहायता कर सकें। दुर्भाग्यवश आपका उत्तर बहुत गलत नहीं होगा, लेकिन वह पूरी तरह सही भी नहीं होगा, क्योंकि नौकरियों की प्राप्ति और जीविका का अर्जन शिक्षा का आनुषंगिक परिणाम है, उसका मूल उद्देश्य नहीं। शिक्षा का मूल उद्देश्य तो शिक्षा प्राप्त करना अथवा शिक्षित होना ही हो सकता है।

लेकिन सुष्ठु रूप से शिक्षित हम किसे कहें? क्या उस व्यक्ति को, जो मोटी तनख्वाहें पा रहा है अथवा जिसने पढ़-लिखकर मोटर, महल, फ्रिजिडेयर और टेलीविजन का इंतजाम कर लिया है? मगर ऐसे बहुत-से लोग हैं, जिन्हें तनख्वाहें नहीं हैं या हैं तो बहुत कम हैं, जिनके पास मोटर, फ्रिजिडेयर और टेलीविजन नहीं हैं, मगर समाज उन्हें पूर्ण रूप से शिक्षित समझकर उनका आदर और सम्मान करता है। दूसरा प्रश्न यह है कि शिक्षितों में भी सबसे अधिक शिक्षित व्यक्ति कौन है? क्या वह, जिसने साहित्यशास्त्र के सभी लक्षण कंठस्थ कर रखे हैं? लक्षणा, व्यंजना, अलंकार और नायिका-भेद के सभी लक्षण जिसे मुखाग्र हैं? अथवा वह, जिसने प्राकृतिक विज्ञानों को इस तरह मथ डाला है कि सभी विज्ञानों के सभी सूत्र उसे कंठस्थ हैं और जो प्रकृति के भीतर चलनेवाले एक-एक व्यापार का रहस्य समझता है और उसे विज्ञान की भाषा में अभिव्यक्त भी कर सकता है? अथवा सबसे शिक्षित व्यक्ति वह है, जिसे भूगोल का असाधारण ज्ञान है, जो इतिहास की हर लड़ाई की तारीख जानता है अथवा जिसका सामान्य ज्ञान इतना विशाल है कि वह जानता है कि किस देश के किस प्लेटफॉर्म की लम्बाई और चौड़ाई कितनी है?

मेरा खयाल है, ये लक्षण विशेषज्ञ के हैं और विशेषज्ञों को भी अपनी सीमाएँ

होती हैं। आज की सभ्यता में विशेषज्ञों की जितनी पूछ है, पुरानी सभ्यता में उतनी पूछ नहीं थी। पहले विशेषज्ञ नहीं, चौकोर व्यक्तित्ववाले लोगों की प्रधानता थी। वैद्य थोड़ा योगी भी होता था और कुछ कवि तथा ज्योतिषी भी। खुद कवि ऐसे चौकोर व्यक्तित्ववाले होते थे कि वे केवल कविता ही नहीं करते थे, समय आने पर युद्ध-क्षेत्र में सेना का भी संचालन करते थे। कालिदास थोड़े दिनों तक कश्मीर के राज्यपाल रहे थे, ऐसी अनुश्रुति सुनी जाती है। खानखाना अब्दुर्रहमान केवल कवि और पंडित ही नहीं थे, वे अकबर के सिपहसालार भी थे। जो सभ्यता चौकोर व्यक्तित्ववाले लोगों को लेकर बनी थी, उसमें और दोष चाहे जो भी रहे हों, आज की सभ्यतावाले दोष नहीं थे। अलेक्सिस केरल ने आज के विशेषज्ञों की सीमा बताते हुए कहा है कि आज का इंजीनियर अपने फन का इतना बड़ा माहिर होता है कि सड़क वह इतनी चिकनी तैयार कर देता है कि उसमें बाल बराबर भी दचका नहीं रहता। नतीजा यह होता है कि उस सड़क पर मोटर चलानेवाले ड्राइवर को नींद आ जाती है और जो लोग उस सड़क पर पैदल चलते हैं, उनकी आँखें खराब हो जाती हैं। अतएव सही इंजीनियर वह नहीं है, जो केवल अपने हुनर का विशेषज्ञ हो, बल्कि वह जो इंजीनियर के साथ थोड़ी डॉक्टरी भी जानता हो।

विशेषज्ञता को यदि हम शिक्षित व्यक्ति का लक्षण मानेंगे, तो हमारे सामने शिक्षा और सभ्यता को प्रभावित करनेवाले ऐसे अनेक महापुरुषों के नाम आ खड़े होंगे, जो किसी भी विषय के विशेषज्ञ नहीं थे। विशेषज्ञ सभ्यता के शाप हैं, इस बात को जानते हुए आज भी सभ्यता विशेषज्ञों का आदर करती है, किन्तु पुरानी सभ्यता में विशेषज्ञों का यह सम्मान नहीं था।

पंडित और मसालची, दोनों सूझे नाहिं,
औरन को परकास दे, आप अँधेरे माहिं।
पढ़ि-पढ़ि के पत्थर भया, लिखि-लिखि भया जु ईंट,
कहै कबीरा प्रेम की लगी न एकौ छींट।
ज्ञानी मूल गँवाइया आपन भये करता,
ताते संसारी भला मन में रहे डरता।

सर्वज्ञता शिक्षित होने की पहचान नहीं है, न विशेषज्ञ सर्वज्ञ होने का दावा कर सकता है और आज की सभ्यता में तो बिलकुल ही नहीं, क्योंकि अब ज्ञान की हर शाखा इतनी दूर तक विकसित हो गई है कि एक शाखा का पंडित यह जानने की कल्पना ही नहीं कर सकता कि दूसरी शाखा में क्या हो रहा है। उदाहरणार्थ नई भौतिकी को देखें, तो आपको पता चलेगा कि नई भौतिकी के अनुसन्धानों के परिणाम अब केवल गणित के सूत्रों में कहे जाते हैं और जो व्यक्ति गणित का विशेषज्ञ नहीं है, उसके लिए नई भौतिकी का समझना आसान नहीं है। कठिनाई की बात यह है कि हर वैज्ञानिक भी गणितज्ञ नहीं होता और गणित के आचार्य ऐसे भी हुए हैं, जो

मामूली गुणा-भाग के काम में गलती कर सकते थे।

विशेषज्ञता शिक्षा का लक्षण नहीं है, क्योंकि प्रत्येक शिक्षित विशेषज्ञ नहीं बन सकता, न विशेषज्ञता सभ्यता के हित में अमिश्रित वरदान हैं आदमी ठीक से शिक्षित हुआ है या नहीं, यह इस बात पर निर्भर नहीं करता कि उसने कितनी किताबें पढ़ी हैं और कितने विचारों से उसका परिचय हुआ है, बल्कि इस बात पर कि जो कुछ उसने सीखा है, उसका वह आचरण करता है या नहीं तथा उसके भीतर की वे शक्तियाँ जगी हैं या नहीं, जिन्हें जगाना शिक्षा का उद्देश्य है।

भारत में भारतीय भाषाएँ जब से शिक्षा का माध्यम नहीं रहीं, तब से भारतीय शिक्षा में कृत्रिमता भर गई है और ऐसे व्यक्तियों की संख्या देश में कम हो गई है, जो अपने-अपने क्षेत्रों के अग्रणी माने जा सकें। यह उन्नीसवीं सदी में उठनेवाले सांस्कृतिक पुनर्जागरण का चमत्कार था कि उसके धक्के से प्रत्येक क्षेत्र में कुछ व्यक्ति पैदा हो गए, जिन्होंने नए भारत की कीर्ति में चार चाँद लगा दिए, किन्तु ज्यों-ज्यों वह सांस्कृतिक आन्दोलन मद्धिम होता गया है, देश में महापुरुषों की संख्या भी छीजती आई है। सौभाग्य से उन्नीसवीं सदी में जन्म लेनेवाले कुछ बड़े लोग आज भी हमारे बीच मौजूद हैं, किन्तु जब उनका समय पूरा हो जाएगा, भारत बौनों का देश बन जाएगा। यह भी ध्यान रखना चाहिए कि उन्नीसवीं सदी का सांस्कृतिक जागरण जितना गहरा और तेज था, हमारे महापुरुषों की संख्या उसके अनुपात में बहुत थोड़ी रही तथा वे भी उस कोटि के नहीं हुए, जिस कोटि के महापुरुषों को जन्म मध्यकालीन सांस्कृतिक जागरण ने दिया था। कबीर, नानक, तुलसीदास, समर्थ रामदास, शिवाजी, राणाप्रताप, गुरु गोविन्दसिंह और चैतन्य महाराज, इनके जोड़ के महापुरुष नए भारत ने उत्पन्न नहीं किए। कारण इसका यह है कि यद्यपि उन्नीसवीं सदी के सांस्कृतिक जागरण में मध्यकालीन सांस्कृतिक जागरण की अपेक्षा शक्ति अधिक थी, किन्तु मातृभाषाओं के शिक्षा का माध्यम नहीं रहने के कारण उस शक्ति का पूरा लाभ देश को नहीं पहुँचा। एक तो नुकसानी यह हुई कि अंग्रेजी के शिक्षा का माध्यम हो जाने के कारण ज्यादा लोग शिक्षित न किए जा सके। दूसरी नुकसानी यह हुई कि जो लोग असाधारण मेधा से युक्त, तेजस्वी व्यक्ति थे, उनके भी विचार जनसाधारण के बीच नहीं फैल सके, क्योंकि विद्वानों की भाषा और तथा जनसाधारण की भाषा और थी। एक तीसरी नुकसानी भी यह हुई कि जिनमें सचमुच मेधा का प्राबल्य था, उनकी भी अधिक शक्ति अंग्रेजी के शीन-काफ को दुरुस्त करने में चली गई और वे विचारों पर उतना अधिक आधिपत्य नहीं पा सके, जितना आधिपत्य वे अपनी भाषा द्वारा ज्ञानार्जन करने पर पा सकते थे। साथ ही उनका मौलिक चिन्तन भी इतना मौलिक नहीं हो सका कि अंग्रेज उनके सामने अपना मस्तक नवाते। अंग्रेजों ने सिर्फ यह कहकर उन्हें शाबाशी दी कि वाह, तुमने हमारी जबान बिलकुल सीख ली। सरोजिनी नायडू को हम भारत-कोकिला कहते थे। आरूदत्त और तोरूदत्त की

अंग्रेजी कविताओं पर हमें नाज है। मगर उनकी कविताओं को अंग्रेज तृणवत नगण्य समझते हैं। आज तक इंग्लैंड से अंग्रेजी कविताओं का ऐसा एक भी प्रतिनिधि-संग्रह नहीं निकला, जिसमें सरोजिनी नायडू, आरूदत्त और तोरूदत्त की एक भी कविता सम्मिलित की गई हो। कामनवेल्थ काव्य-संग्रह का नाम मैं नहीं लेता, क्योंकि यह नाम ही बताता है कि संग्रह राजनीति के भाव से किया गया है।

अपने देश से बाहर की भाषा सीखना पाप का कर्म नहीं है। वह किसी-न-किसी किस्म का पुण्य-कर्म ही समझा जाएगा, किन्तु कविता, कहानी, नाटक और उपन्यास विदेशी भाषा में लिखने की बात मुझे बेतुकी-सी लगती है। साहित्य दो प्रकार का होता है। एक साहित्य रस का होता है, जिसे शक्ति का साहित्य कहने का भी रिवाज है। दूसरा साहित्य ज्ञान का होता है। यदि हमने कोई विदेशी भाषा ठीक से सीख ली है, तो ज्ञान का साहित्य हम उस भाषा में तैयार कर सकते हैं, किन्तु रस के साहित्य की भाषा हमेशा अपनी मातृभाषा होती है और मेरा जो मत रस के साहित्य की भाषा के विषय में है, वही मत शिक्षा और शासन के माध्यम की भाषा के बारे में भी है।

अतएव शिक्षित व्यक्ति की पहली पहचान मैं यह मानता हूँ कि वह अपनी मातृभाषा में सुदक्ष होता है यानी वह अपनी मातृभाषा में शुद्धता के साथ लिख और बोल सकता है। यहाँ मैं ऐसी कोई बात नहीं कर रहा हूँ, जो बिलकुल चौंकानेवाली या नवीन हो। संसार के प्रत्येक स्वतन्त्र देश में शिक्षित व्यक्ति की पहली पहचान यही होती है कि वह अपनी भाषा को ठीक से जानता है। अन्य भाषाएँ वह जरूरत के कारण सीखता है, उसके हृदय और प्राण की भाषा उसकी मातृभाषा ही होती है। इस समस्त भूमंडल पर केवल भारत ही वह अभागा देश है, जहाँ शिक्षित हम उस व्यक्ति को समझते हैं, जो अपनी भाषा भले ही न जानता हो, मगर अंग्रेजी में खूब तेजन्तर्रार होता है। स्पष्ट ही यह अस्वाभाविक स्थिति है। स्पष्ट ही यह मानसिक दासता का प्रमाण है, जो अभी भी हमारे दिमाग में घर किए हुए है। स्पष्ट ही यह इस बात का प्रमाण है कि भारत को अभी अपने आत्मरूप का ज्ञान नहीं हुआ है। भारत असल में उस तोते के समान है, जिसने पिंजड़े में रहकर अपने मालिकों की भाषा का अभ्यास किया था। पिंजड़ा तो टूट गया और तोता अब जहाँ भी चाहे, जा सकता है। मगर भाषा अब भी वह सही बोलना चाहता है, जिसे उसने अपने कैदखाने में सीखा था। जो लोग यह कहकर शिक्षा-माध्यम के परिवर्तन को रोकना चाहते हैं कि देश के शिक्षा-विशारद अभी इसके लिए तैयार नहीं हैं, उनकी सेवा में मैं महात्मा गांधी का यह मत पेश करता हूँ, जिसे उन्होंने सन् 1938 ई. में व्यक्त किया था।

> 'मेरी सम्मति में यह कोई ऐसा प्रश्न नहीं है, जिसका निर्णय शिक्षा-शास्त्रियों के द्वारा हो। वे इस बात का निर्णय नहीं कर सकते कि किस स्थान के लड़कों-लड़कियों की पढ़ाई किस भाषा में हो। क्योंकि इस प्रश्न का निर्णय

तो हर एक स्वतन्त्र देश में पहले ही हो चुका है। उन्हें तो बस यही सुविधा प्राप्त है कि राष्ट्र की इच्छा को यथासम्भव सर्वोत्तम रूप में अमल में लाएँ।'

—हरिजन सेवक, 9.7.1938 ई.

शिक्षित व्यक्ति की पहली और सबसे बड़ी पहचान यह है कि वह अपनी मातृभाषा का प्रयोग धड़ल्ले से करता है और शिक्षितों में भी, अधिक सुष्ठु रूप से शिक्षित, मैं उन्हें मानूँगा जो सरल भाषा लिख और बोल सकते हैं। भारत में एक हवा बह गई है कि 'वृक्ष पर पक्षी बैठा है' यह अच्छी हिन्दी है और 'पेड़ पर चिड़िया बैठी है', यह बुरी हिन्दी है। मेरा निवेदन है कि दोनों वाक्य हिन्दी के ही वाक्य हैं, लेकिन दूसरा वाक्य पहले वाक्य की अपेक्षा श्रेष्ठ है, क्योंकि वह अधिक बोधगम्य है, ज्यादा चालू है और आसान है। शिक्षा और शासन के कामों लगे हुए विद्वान इस आशा में हाथ पर हाथ धरे बैठे हैं कि अनुवादक और शब्द-निर्माता जब हिन्दी तैयार कर देंगे, तब हम उसे काम में लाएँगे। मेरा निवेदन है कि हिन्दी पहले से ही तैयार भाषा है, प्रचलित भाषा है। आप उस भाषा में काम करना शुरू कर देंगे, तो देश की मुश्किल आसान हो जाएगी और आप अगर शब्द-निर्माताओं के पार्सल का इंतजार करते रहेंगे, तो आप हिन्दी में कभी भी काम नहीं कर सकेंगे।

शिक्षित व्यक्ति की दूसरी पहचान यह है कि वह विनम्र होता है। कल्चर के अनुकरण पर संस्कृति नामक एक नया शब्द हमने बना लिया है, वर्ना जिस गुण को अंग्रेजी में कल्चर कहने का चलन है, उसे संस्कृत में विनय कहने का रिवाज था। विनय यानी झुककर जीने का भाव। विद्या ददाति विनयम्। विद्या हमें विनयशील बनाती है। आलू जब पक जाता है, तब वह नर्म हो जाता है। मनुष्य के स्वभाव में जब विद्या का संस्कार समा जाता है, वह विनम्र हो जाता है। संस्कृति प्रकृति से भिन्न गुण है। क्रोध करना प्रकृति है, क्रोध पर लगाम लगाना संस्कृति है। काम का उल्लंग आचरण प्रकृति है, काम को बँधे घाटों में बहाना संस्कृति है और विनय अनुशासन को भी कहते हैं। विनय-पिटक में विनय शब्द अनुशासन का ही पर्याय है। जो विनयी है, उसे अनुशासन सिखाने की आवश्यकता नहीं होती। वह स्वभाव से ही अनुशासनप्रिय होता है और विनयशीलता केवल दैहिक आचरण में ही समाप्त नहीं होती, वह मानसिक गुण का भी नाम है। हम गाली न दें, मारपीट न करें, हिंसा और उपद्रव में न लगें, यह शारीरिक विनय है, किन्तु बहस में आँखें लाल कर लेना भी विनय के त्याग का उदाहरण है, किसी अन्य लेखक या विचारक के मतों का खंडन करते समय गुस्से में आ जाना भी हिंसा है, अविनय का दृष्टान्त है। अहिंसा, विनय और संस्कृति, इन्हें परस्पर समानार्थक समझा जाना चाहिए। शारीरिक हिंसा का वर्जन भारत के सभी धर्मों ने सिखाया था, किन्तु जैन धर्म बौद्धिक अहिंसा की भी शिक्षा देता है। अनेकान्तवास और स्याद्वाद बौद्धिक अहिंसा के ही गुण हैं। कभी भी यह मत समझो कि केवल तुम्हारा ही मत सही है, सम्भव है, विरोधी का मत सही

और तुम्हारा ही सोचना गलत निकल जाए। अतएव यह कभी भी मत कहो कि यह बात ठीक है। विनयी और अहिंसक मनुष्य केवल यही कह सकता है कि शायद यह बात ठीक हो। विनय मनुष्य का भूषण है। वह प्राणी से भी प्रकट होती है तथा आचरण और व्यवहार से भी। यही नहीं, विनय की अभिव्यक्ति पोशाक, रहन-सहन और चाल-ढाल से भी होती है और शिक्षित मनुष्य जानता है कि विनय का आचरण कैसे करना चाहिए। विनयशीलता इस बात का प्रमाण है कि आदमी दूसरे आदमियों का आदर करना सीख गया है। जब तक हम दूसरे व्यक्तियों का आदर करना नहीं सीखते, हम सच्चे अर्थों में विनयशील और सुसंस्कृत नहीं समझे जाएँगे।

शिक्षित व्यक्ति की तीसरी पहचान यह है कि उसमें चिन्तन की शक्ति होती है। किसी प्रश्न को देखते ही उबल पड़ना या जोश में आ जाना शिक्षा नहीं, अशिक्षा का लक्षण है। बिना सोचे-समझे अफवाहों के असर में आ जाना अथवा बिना जाँच- पड़ताल के अपनी राय बना बैठना, ये लक्षण उस आदमी के हैं, जिसने सोचने की शक्ति अर्जित नहीं की है। सोचनेवाला व्यक्ति घटनाओं के धक्कों से अपनी राय नहीं बदलता। वह प्रश्न पर अपनी दृष्टि से विचार करता है और जो राय बना लेता है, उससे आसानी से नहीं हटता। प्रायः हर देश और हर युग में राजा बदनाम माना जाता है और प्रजा सीधी समझी जाती है, किन्तु राजमत जितना त्रासक होता है, लोकमत भी उसी प्रकार त्रासक हो सकता है। राजमत और लोकमत के बीच सन्तुलन बिठाना आसान काम नहीं है, किन्तु शिक्षित व्यक्ति को इस कार्य में भी अधिक कठिनाई नहीं होती, क्योंकि जो मूल्य उसके पास हैं, उन्हें सामने रखकर वह अपना कर्तव्य निश्चित करता है।

सोचने की शक्ति, असल में चीजों पर शंका करने की शक्ति है। शिक्षा का एक बड़ा ध्येय यह है कि वह शिक्षार्थियों के भीतर शंका की प्रवृत्ति को तेज करे। परम्परा और विद्रोह, जीवन के दोनों ही आवश्यक अंग हैं। परम्परा पानी को गहरा बनाती है, विद्रोह उसे चौड़ाई में ले जाता है। कल जो विद्रोह था, वह आज की परम्परा है। आज जो विद्रोह है, कल वह परम्परा का रूप लेगा। विद्रोह का जन्म शंका से होता है, निरन्तर परिपाटी के विरुद्ध सोचने की प्रवृत्ति से होता है। शंका करने की शक्ति बहुत बड़ी शक्ति है। आस्तिक और नास्तिक, शंका दोनों करते हैं और दोनों की शंकाओं से सभ्यता को लाभ पहुँचता है। सही सवाल पूछना लगभग उस सवाल का जवाब पाने के समान है, लेकिन जो मस्तिष्क अशिक्षित है, वह सही सवाल पूछ ही नहीं सकता। आदमी का जितना भी ज्ञान बढ़ा है, शंका की प्रवृत्ति से बढ़ा है। जिन्होंने यह जानना चाहा कि दुनिया क्यों बनी, वे दार्शनिक हो गए। जिन्होंने यह जानना चाहा कि दुनिया कैसे बनी, वे विज्ञान की ओर चले गए। दर्शन और विज्ञान, दोनों का विकास मनुष्य की शंका करने की प्रवृत्ति से हुआ है। आगे भी मनुष्य में शंका की प्रवृत्ति, प्रश्न करने की शक्ति बनी रहनी चाहिए, अन्यथा मनुष्य के ज्ञान

के चारों ओर लक्ष्मण-रेखा खिंच जाएगी। इस सम्बन्ध में मुझे अंग्रेजी की एक सूक्ति याद आती है, जिसे मैंने बचपन में पढ़ा था :

I met six serving honest men.
They taught me all, I knew.
Their names are What and Why and When
And Where and How and Who.

अर्थात्

कब, कैसे, क्या, क्यों, कहाँ, नाम छठें का कौन,
षट गुरुओं से ज्ञान पा हुआ भगन मैं मौन।

सोचने की शक्ति का उपयोग केवल महाविद्यालयों तक सीमित नहीं है। जिन्दगी का सारा मैदान इसी शक्ति के प्रकाश से प्रकाशित होता है। सच्चे अर्थों में शिक्षित व्यक्ति वह है, जो कदम-कदम पर इस शक्ति का उपयोग करता है।

शिक्षित व्यक्ति की चौथी पहचान यह होती है कि उसका मस्तिष्क सतत विकासशील होता है। छात्रों में से वे छात्र सबसे अधिक प्रशंसित होते हैं, जिनका दिमाग बराबर बढ़ता रहता है। यही हाल मनुष्य मात्र का है। मनुष्यों में भी वे मनुष्य सच्चे अर्थों में सुशिक्षित होते हैं, जो यह नहीं मानते कि विश्वविद्यालय छोड़ने के साथ उनकी शिक्षा समाप्त हो गई। जिन शक्तियों को जगाने के लिए छात्र विश्वविद्यालयों में आते हैं, उन शक्तियों की सम्भावनाएँ अपरिमित और निस्सीम हैं। विश्वविद्यालयों में वे जग तो जाती हैं मगर उनका विकास सारे जीवन भर होता रहता है। जो आदमी बी.ए. या एम.ए. हो गया, उसे यह नहीं समझना चाहिए कि जो कुछ उसे सीखना था, उसे वह सीख चुका है। बी.ए. या एम.ए. होना सिर्फ यह बताता है कि आदमी उस रास्ते पर आ गया है, जिस पर चलकर वह अपने मस्तिष्क का चरम विकास कर सकता है। विश्वविद्यालयों से भी बड़ा विद्यालय जीवन का व्यावहारिक क्षेत्र है, जहाँ मरने के दिन तक आदमी कोई-न-कोई नई बात सीखता ही रहता है। अगर खर्च की भाषा में सोचें, तो जिन्दगी के विश्वविद्यालय में घाटा और नुकसान देकर हमें जो शिक्षा मिलती है, वह विश्वविद्यालयों में मिलनेवाली शिक्षा की तुलना में कहीं ज्यादा खर्चीली और व्ययसाध्य है।

मानसिक विकास का रुक जाना जिन्दगी के साथ राजीनामा लिखने के समान प्रतिक्रियागामी कार्य है। फिर भी होता यही है कि कोई पद प्राप्त कर लेने के बाद हमारा मानसिक जीवन स्थिर हो जाता है, ज्ञान की पिपासा खत्म हो जाती है और हमने जो कुछ हासिल कर लिया है, उसकी हिफाजत छोड़कर हम और कुछ भी नहीं करते। ऐसे व्यक्ति को सही अर्थों में सुशिक्षित मानना शिक्षा के ध्येय को संकुचित बनाना है। शिक्षित व्यक्ति वह है, जो अन्त-अन्त तक कुछ-न-कुछ सीखता ही रहता है, जिसके मन के दरवाजे विरोधी विचारों के लिए बन्द नहीं होते, जो अपना शिविर तो बदल सकता

है, किन्तु अभिनव अनुभूतियों और अभिनव चिन्तन से मुँह नहीं मोड़ सकता।

कवियों और कलाकारों के जीवन में अकसर ऐसा होता है कि विचारों के प्रवाह में बहते-बहते, एक उम्र में आकर, वे किसी एक विचार को अपना लेते हैं और फिर जिन्दगी-भर उसी विचार की रोशनी में लिखते रहते हैं। ऐसे लेखकों की रचना में रस की मात्रा न्यून हो जाती है। उनकी कविताएँ व्यक्तित्व नहीं चरित्र की कविताएँ बन जाती हैं। व्यक्तित्व उस आदमी का होता है, जिसके दिमाग के दरवाजे खुले हुए हैं, जो हर रोज थोड़ी नई अनुभूति प्राप्त करता है, हर रोज नए विचारों से परिचय लाभ कराता है, किन्तु चरित्रवान हम उसे कहेंगे, जिसने जीवनभर के लिए कोई एक कुटी पसन्द कर ली है और जो अपनी जगह से अब हिलने को तैयार नहीं है। चरित्रवान अच्छे मनुष्य का विशेषण है, किन्तु यहाँ मैं इस शब्द का प्रयोग किसी खास अर्थ में कर रहा हूँ। चरित्रवान व्यक्ति का दोष यह है कि वह विरोधी दिशा से आनेवाले विचारों के प्रति तनिक भी सहानुभूतिशील नहीं होता। वह हमेशा उन विचारों की रक्षा के लिए लाठी लेकर खड़ा रहता है, जिन्हें उसने जीवन-भर के लिए अपना लिया है, किन्तु सोचने की बात है कि दुनिया में ऐसे विचार हैं भी या नहीं, जिन्हें अपना लेने के बाद हमें अन्य विचारों की आवश्यकता नहीं रह जाती। कबीर की गवाही है कि ऐसे विचार कहीं भी नहीं हैं।

हद्द चलै सो मानवी, बेहद चलै सो साधु
हद बेहद, दोनों तजै, ताको मता अगाधु।

और प्रसादजी का भी खयाल है कि मनुष्य सतत विकासशील प्राणी है। उसके विकास की सीमा कहीं भी नहीं हो सकती।

इस पथ का उद्देश्य नहीं है श्रांति-भवन में टिक रहना,
किन्तु पहुँचना उस सीमा पर, जिसके आगे राह नहीं।

शिक्षित व्यक्ति की आखिरी पहचान यह है कि वह आलसी नहीं होता और अपने हर काम को मुस्तैदी के साथ और ठीक समय पर अंजाम देता है। किताबों से ज्ञान ग्रहण कर लेना काफी नहीं है। चिन्तन, वचन अथवा कर्म के क्षेत्र में आदमी को अपने ज्ञान का उपयोग कर्म के रूप में करना चाहिए। वह समय चला गया, जब कुछ लोग ज्ञानार्जन करके वनों में जा बैठते थे और निष्कर्म चिन्तन के द्वारा अपनी वैयक्तिक मुक्ति की खोज करते थे। आज का युग ऐसे ज्ञानियों का युग नहीं है। संन्यासी को भारत में कर्म-विमुक्त समझने की परिपाटी थी, किन्तु आज का संन्यासी भी कर्म से अलग नहीं रह सकता। संन्यास के लक्ष्य में परिवर्तन हो गया है। आज का संन्यासी वह है, जिसने अपनी गृहस्थी तो नहीं बसाई है, मगर जो सबकी गृहस्थी में सहायता करने को कोई काम कर रहा है। आज का संन्यासी एक रास्ते से तो समाज से निकल जाता है, मगर दूसरे रास्ते से समाज में वापस आ जाता है।

कर्म की वह कसौटी है, जिस पर ज्ञान की परख की जाती है। साम्यवादी

देश जहाँ-तहाँ यह प्रयोग कर रहे हैं कि बुद्धिजीवी वर्ग के लोग भी कभी-कभी वैसे कामों में लगें, जो काम खेतिहर या मजदूर किया करते हैं। गांधीजी ने बुनियादी शिक्षा का प्रयोग किया था, जिसमें शिक्षा कर्म के द्वारा दी जाती है। ज्ञान कर्म से श्रेष्ठ है और सबसे अच्छे लोग वे हैं, जिन्हें हाथों से कोई काम नहीं करना पड़ता, इस विचार ने सभ्यता का उपकार नहीं किया है। वैदिक युग में ज्ञान और कर्म के बीच ऐसा विभेद नहीं था। ऋषि खेती भी करते थे, पशु भी पालते थे, समाधि और ध्यान भी करते थे, शास्त्र भी रचते थे और अवसर आने पर तलवार उठाकर युद्ध में भी दौड़ पड़ते थे। सभ्यता वही अच्छी है, जिसमें शिक्षितों के विचार आसानी से अशिक्षित समुदाय के बीच फैलते रहते हों और जिसमें किसानों और मजदूरों को यह सोचकर निराश न होना पड़ता हो कि हाय, हम जो काम करते हैं, उन कामों से पढ़े-लिखे लोगों को घृणा है।

कर्म में सफलता उन्हें मिलती है, जिनमें दस आदमियों को साथ ले चलने की सामर्थ्य है, जो अपनी वैयक्तिकता को कुछ दूर तक दबाकर या सँभालकर रख सकते हैं तथा जिन्हें यह सोचकर शर्म होती है कि कहीं लोग उन्हें आलसी या निकम्मा न समझ लें। जो शिक्षा आदमी को आलसी या निकम्मा बनाती है, वह शिक्षा नहीं घोर रूप की अशिक्षा है। शिक्षा मानसिक शक्तियों को जगाती है, मनुष्य की अनुभूति को तेज करती है। स्पष्ट ही जिस व्यक्ति की मानसिक शक्तियाँ जगी हुई और भावनाएँ प्रखर और तेज हैं, वह आलसी, निरुद्यमी अथवा निकम्मा होकर जीना पसन्द नहीं करेगा। हम जो कुछ सीखते हैं, वह सबका सब हमारे कर्म में अभिव्यक्त होता है। अतएव कर्म से व्यंजित होनेवाली दक्षता, कार्य-तत्परता और मुस्तैदी से हमारी शिक्षा का जितना आभास मिलता है, उतना आभास किसी और चीज से नहीं मिल सकता। मुस्तैदी और कार्य-तत्परता शिक्षा के सबसे बड़े प्रमाण हैं।

स्नातक-स्नातिकाओ, देवियो और सज्जनो, शिक्षा-शास्त्र से सीखी हुई जो बातें मुझे आपकी सेवा में निवेदन करनी थीं, मैं निवेदन कर चुका। अब मैं एक बात कवि की हैसियत से बोलने की इजाजत चाहता हूँ। देश के भीतर जैसी निराशा, जितना कोलाहल और जितना अन्धकार है, उसमें बुद्धि की भाषा अब मेरी सहायता नहीं कर सकती। मैं छलाँग मारकर सम्बुद्धि के धरातल पर चला गया हूँ और वहाँ से मुझे भारतवर्ष का भविष्य अत्यन्त सुहावना दिखाई देता है। व्यक्ति टूट जाएँ, दल विकीर्ण हो जाएँ, यहाँ तक कि पद्धति भी चाहे तो टूट जाए, किन्तु यह देश अब और नहीं टूटेगा। इक्कीसवीं सदी संसार में भारत की सदी होनेवाली है।

अभी पाँच सौ वर्ष पूर्व तक भारत संसार का ज्ञान गुरु था अर्थात् जो ज्ञान भारत में नहीं था, वह संसार के किसी भी देश में नहीं था और भारत का ज्ञान जिस देश में पहुँच जाता था, वहाँ जागृति की लहर फैल जाती थी। अब संसार के कई देश सुख-सुविधा में भारत से बहुत आगे हैं और हमारा देश गरीबी, अशिक्षा, बेकारी

तथा उनसे उत्पन्न भ्रष्टता और असन्तोष से ग्रसित देश हैं। लेकिन मेरा विश्वास है, भारत तगड़ी छलाँग लेगा और अपनी आर्थिक समस्या का कोई-न-कोई समाधान अवश्य निकालेगा। भारत को सभ्यता के त्राण के लिए अपने ढंग पर कुछ काम करना है, किन्तु वह कार्य भी हम तभी कर सकेंगे, जब हमारी जनता सन्तुष्ट हो तथा जीवन-यापन के जरूरी सामान सबको इस देश में भी आसानी से हासिल होते हों।

आर्थिक समस्या का समाधान तो बहुत ही आवश्यक है, किन्तु आर्थिक समृद्धि और सामरिक क्षमता भारत की विशेषता नहीं होगी। विशेषता उसकी पहले भी अध्यात्म थी और आगे भी अध्यात्म के कारण ही यह देश पूजा जाएगा। सन् 1946 ई. में महर्षि रमण से किसी भक्त ने कहा था कि 'भगवन्, अब स्वराज्य हो जाएगा और तब हमारा देश उन्नति के शिखर पर पहुँच जाएगा?' महर्षि ने इस पर कोई टिप्पणी नहीं की। उन्होंने केवल यह कहा, 'भारत उन्नति के शिखर पर अभी क्यों नहीं है?' महर्षि इस प्रश्न के द्वारा जो बात कहना चाहते थे, वह सम्भवतः यह थी कि जब भारत ने परमहंस रामकृष्ण, अरविन्द, रमण और गांधी को जन्म दिया तब तो वह उन्नति के शिखर पर नहीं है, मगर ज्यादा टेक्नोक्रैटों को जन्म देकर वह उन्नति के शिखर पर पहुँच जाएगा, यह बेतुकी बात है। भारत उन्नति के शिखर पर आज भी आसीन है, क्योंकि जिस देश में ऐस सन्त उत्पन्न होते हों, वह छोटा देश नहीं है।

जब से विज्ञान का उद्‌भव हुआ, संसार के प्रायः सभी देशों में अतीत और वर्तमान के बीच संघर्ष शुरू हो गया और प्रायः प्रत्येक देश में जीत वर्तमान की हुई और अतीत हार गया है। केवल भारत वह देश है, जहाँ अतीत आज भी जोरों से संघर्ष कर रहा है। विज्ञान और टेक्नोलॉजी के विशेषज्ञ अब भारत में भी पैदा हो रहे हैं और उन्हें काफी तादाद में पैदा होना भी चाहिए, किन्तु भारत की जीनियस के वे सच्चे प्रतिनिधि नहीं हैं। हमारी जीनियस के सच्चे प्रतिनिधि हमारे सन्त हैं।

पिछले सौ वर्षों में भारत ने अनेक क्षेत्रों में अनेक महापुरुषों को जन्म दिया है, मगर परमहंस रामकृष्ण, स्वामी दयानन्द, स्वामी विवेकानन्द, महर्षि रमण, महायोगी अरविन्द और महात्मा गांधी की बात ही कुछ और है। भारत को अन्त तक वही राह पकड़नी है, जिसका संकेत इन सन्तों ने दिया है। भारत एक बार फिर सभ्यता का नेतृत्व करेगा, इस कल्पना से हृदय पुलकित हो जाता है। आशा है, आप यह सोचकर अपने आचरण को संयत और विनयशील बनाएँगे कि आप जिस देश के नागरिक हैं, उसे सभ्यता के शिखर पर स्थान ग्रहण करना है। भगवान आपके जीवन-पथ को प्रशस्त करें।[1]

('साहित्यमुखी' पुस्तक से)

---

1. जीवाजी विश्वविद्यालय, ग्वालियर के तृतीय दीक्षान्त-समारोह में दिया गया भाषण।

शिक्षा तब और अब

अनुशासन की दृष्टि से प्राथमिक शालाएँ न पहले समस्या थीं, न आज हैं। अतएव उनकी बात नहीं करूँगा। जहाँ तक माध्यमिक शालाओं का प्रश्न है, सुनता हूँ, अब उन छात्रों की संख्या बढ़ गई है, जो नियमित रूप से सभी वर्गों में हाजिर नहीं रहते थे। अपने छात्र-जीवन में यह कसूर मैं भी करता था। लेकिन कसूर मुझे इच्छा से नहीं, विवशता के कारण करना पड़ता था। मेरा गाँव गंगा के उत्तरी तट पर बसा हुआ है और जिस माध्यमिक स्कूल में मैं पढ़ता था, वह मोकामा घाट स्कूल गंगा के दक्षिणी तट पर अवस्थित है। स्कूल में हाजिर होने के लिए रोज गाँव से चलकर घाट तक आना पड़ता था और पैसेंजर या माल जहाज से गंगा पार करना पड़ता था। मेरे गाँव से जहाज-घाट बरसात के दिनों में दो मील की दूरी पर होता था, लेकिन बाकी मौसम में वह चार से पाँच मील तक दूर हट जाता था। दिक्कत यह भी थी कि जिस जहाज से हमें गाँव लौटना पड़ता था, वह जहाज ढाई बजे दिन में मोकामा घाट से खुल जाता था। लिहाजा जिन लड़कों को गंगा पार जाना होता, वे टिफिन के बाद स्कूल में नहीं रह पाते थे। मैट्रिक के चारों साल मैं हर रोज स्कूल में आधे दिन तक ही पढ़ पाया। यह अनुशासनहीनता की बात थी, लेकिन शिक्षकगण हमारी विवशता से परिचित थे, अतएव हमारी गैरहाजिरी पर ध्यान नहीं देते थे। रेलवे के अधिकारी भी हम लोगों के साथ सख्ती नहीं करते थे। बगल में किताबी बस्ता देखा नहीं कि टिकट माँगना वे छोड़ देते थे।

तब की एक घटना याद आती है, जब मुझे अपने ऊपर कुछ ग्लानि हुई थी। एक दिन हेडमास्टर साहब को घेरकर कई शिक्षक खड़े थे और मैं भी वहीं खड़ा था। सब जानते थे कि हम लोग गंगा पार वाले छात्र हैं, जो टिफिन के बाद स्कूल छोड़ देते हैं। फिर भी एक शिक्षक ने हेडमास्टर से कह ही तो दिया, "इस लड़के को टिफिन से पहले मैं हर रोज देखता हूँ, किन्तु टिफिन के बाद यह कभी भी दिखाई नहीं देता।" हेडमास्टर साहब ने मुझसे कहा, "तुम पर मेरा आइडिया खराब हो गया।" बस, इतनी-सी बात से मुझ पर घड़ों पानी पड़ गया। मगर उपाय क्या था? आठ-दस रुपये महीने जुटा पाता, तभी छात्रावास में रह सकता था। निदान टिफिन के बाद गैरहाजिर रहने का सिलसिला बदस्तूर जारी रहा।

लड़कों के बीच आपस में एक बार मार-पीट होने के सिवा स्कूल में

अनुशासनहीनता की और कोई घटना हुई हो, ऐसा मुझे याद नहीं आता है। स्कूल में कड़ाई नाम को भी नहीं थी। शिक्षक सभी अप्रशिक्षित थे। पढ़ाई का यह हाल था कि जिस साल मैंने मैट्रिक पास किया, उस साल केवल मैं ही पास हुआ, बाकी मेरे सभी साथी फेल हो गए। ढिलाई और बद-इन्तजामी चाहे जितनी भी रही हो, लेकिन हर विषय की पढ़ाई अंग्रेजी में की जाती थी। भारतीय इतिहास के लिए विन्सेंट स्मिथ की किताब हमारे पाठ्यक्रम में थी, जिसकी भाषा समझने में ही मेरा कचूमर निकल जाता था। यदि यह किताब हिन्दी में रही होती, तो मैं उसे दो महीनों में समाप्त कर दिया होता और सारे तथ्य मेरी जिह्वा पर होते। लेकिन अंग्रेजी में होने के कारण मैं उस पुस्तक पर प्रभुत्व नहीं पा सका।

शिक्षा का माध्यम अंग्रेजी होने के कारण हम किसी भी विषय पर आत्मविश्वास के साथ नहीं बोल सकते थे और मन में बराबर यह हीन भावना बनी थी कि हमारी अंग्रेजी कमजोर है। आर्यसमाज और सनातन धर्म के आन्दोलनों की सभाओं में जाते रहने के कारण कुछ छात्रों में भारतीयता की चमक दिखाई पड़ती थी, मगर बाकी सारे छात्र भारतीयता की आभा से हीन थे और यही हाल शिक्षकों का भी था। वैसे तो सभी लड़के धोती ही पहनते थे, किन्तु प्रवृत्ति उनकी साहब बनने की होती थी।

जब शिक्षा का माध्यम अंग्रेजी हो गया, उसका सबसे बुरा परिणाम यह हुआ कि आकर्षण का मूल केन्द्र भारत से बाहर चला गया। शिक्षा का माध्यम बदलकर अब हम उसे देश में वापस लाने की कोशिश कर रहे हैं। किन्तु वह केन्द्र अभी भी भारत में वापस नहीं हुआ है। अंग्रेजी तो हमने सीख ली, लेकिन हमारी आत्मा का दलन हो गया। उस समय की शिक्षा-पद्धति में भारतीयता का बहिष्कार किया जाता था। भारतीयता दुर्गुण समझी जाती थी। उसी शिक्षा-पद्धति के पापों का परिणाम हम आज भी भुगत रहे हैं। उस शिक्षा-पद्धति के कारण जिनकी भारतीयता कमजोर हो गई, ठीक वे ही लोग आज भी भारतीय भाषाओं का विरोध कर रहे हैं।

मैट्रिक में हिन्दी में मैंने विश्वविद्यालय में प्रथम स्थान प्राप्त किया था और मुझे भूदेव हिन्दी मैडल नामक एक पदक भी प्राप्त हुआ था। जब मैंने पटना कॉलेज में आइ.ए. में नाम लिखाया, मैंने चाहा कि एक विषय मैं हिन्दी भी रख लूँ। लेकिन प्रिंसिपल हार्न ने मुझे हिन्दी लेने की इजाजत नहीं दी। आइ.ए. पास करने के बाद जब मैं बी.ए. में पहुँचा, मैंने फिर कोशिश की कि एक पेपर मैं हिन्दी ले लूँ। इस बार प्रिंसिपल की जगह पर मिस्टर लैम्बर्ट थे। विषाक्त स्वर में उन्होंने कहा, "भले ही तुम हिन्दी में सर्वप्रथम हुए हो, मगर अंग्रेजी में तो नहीं। हिन्दी भाषा का साहित्य दरिद्र है, मैं इस भाषा को प्रोत्साहन नहीं दे सकता।"

निदान मैंने सर्चलाइट के सम्पादक मुरली बाबू के जरिए तत्कालीन शिक्षामन्त्री सर फख्रउद्दीन के यहाँ पैरवी करवाई कि हिन्दी मुझे मिल जाए। शिक्षा-निदेशक उस समय मिस्टर फौकस थे। फख्रउद्दीन साहब ने मुरली बाबू से कहा, "क्या करें मुरली,

फौकस मानता ही नहीं है?" इस तरह के थे उस समय के मन्त्री और ऐसी थी शत्रुता की नीति, जो हिन्दी के प्रति बरती जाती थी।

उस समय यह नीति नहीं थी कि छात्र मैट्रिक से पहले ही यह तय कर ले कि आगे उसे किस विषय में विशेषता प्राप्त करनी है। विज्ञान की पढ़ाई बहुत कम जगहों पर होती थी और बायोलॉजी पढ़े बिना भी छात्र मेडिकल कॉलेज में प्रवेश पा सकते थे। अब यह रिवाज चला है कि छात्रों को कहा जाता है कि वे तेरह-चौदह वर्ष की उम्र में ही यह तय कर लें कि उन्हें किस विषय की ओर जाना है। डॉक्टर दौलतसिंह कोठारी ने कहीं लिखा है कि यह कुरीति है और इसकी तुलना बाल-विवाह के साथ मजे में की जा सकती है। तेरह-चौदह साल का लड़का अपने भविष्य का निश्चय खुद कर डाले, यह अप्राकृतिक बात है।

पटना कॉलेज में पढ़ाई का बहुत अच्छा इन्तजाम था और हमारे शिक्षक भी बड़े सुयोग्य थे। इसके सिवा पटना कॉलेज का पुस्तकालय भी बहुत समृद्ध था। हाँ, हिन्दी की किताबों की संख्या अधिक नहीं थी। इस अभाव की पूर्ति मैंने आर्य कुमार पुस्तकालय का सदस्य बनकर पूरी की थी।

हम लोग शिक्षकों का बहुत आदर करते थे। इतिहास-विभाग के प्रोफेसर तारापोरवाला को शाम के समय घूमने की आदत थी। उस समय कभी-कभी हम लोग उनके सामने पड़ जाते थे। मगर हम उनसे आँखें नहीं मिलाते थे, क्योंकि मन कहता था, उनसे आँखें मिलाना भी बे-अदबी होगी। लेकिन एक शिक्षक गाँगुली महाशय थे, जिनके वर्ग में जूते घिसे जाते थे। कारण शायद यह था कि गाँगुली महाशय को पढ़ाना नहीं आता था।

हमारे समय में पटना कॉलेज के प्रिंसिपल अंग्रेज हुआ करते थे। प्रोफेसरों में भी दो-तीन अंग्रेज थे। इन लोगों का कॉलेज में बड़ा दबदबा था। उन दिनों हर 12 दिसम्बर को दरबार-दिवस मनाया जाता था, जब सभी छात्र एक हॉल में एकत्र होते और प्रिंसिपल भाषण देते थे। जिस साल साइमन कमीशन के बहिष्कार का आन्दोलन छिड़ा, दरबार हॉल में खूब जूते घिसे गए। यह शायद पटना कॉलेज में अनुशासनहीनता का पहला दृष्टान्त था, जब प्रिंसिपल समेत सभी प्रोफेसर मंच पर खड़े थे और लड़के जूते घिसकर शोर मचा रहे थे। प्रिंसिपल मिस्टर हॉर्न लाल-पीले होकर मंच पर घूमते रहे, मगर उन्होंने और कोई कार्रवाई नहीं की। इसी प्रकार, जब पं. मोतीलाल नेहरू के देहान्त का दुःसंवाद हमें मिला, हम वर्ग में थे। हम चुपचाप वर्ग से उठकर बाहर चले आए और प्रोफेसर भी अपने कमरे में लौट गए। दूसरे दिन जब हम कॉलेज पहुँचे, हमसे किसी ने पूछा भी नहीं कि कल तुम वर्ग छोड़कर क्यों चले गए थे।

पटना कॉलेज की दरबार-सभा में जूतों का घिसा जाना आनेवाली अनुशासनहीनता का आदि संकेत था। तब भी 1930 ई. के आन्दोलन में कॉलेजों में अनुशासनहीनता

नहीं के बराबर ही रही। जेल जानेवाले छात्रों ने कॉलेज में प्रदर्शन नहीं किया। वे नमक बनाकर या सत्याग्रह में शामिल होकर सीधे जेल गए। अनुशासनहीनता का व्यापक विस्फोट सन् 1942 ई. के आन्दोलन में हुआ और वह फिर दब गया। किन्तु स्वराज्य के बाद जब राजनीतिक दल नाना आन्दोलनों के लिए छात्रों को उकसाने लगे, जब छात्रों के कानों में यह खबर पहुँचने लगी कि अच्छे लोग भी चोर और बेईमान हो गए हैं, जातिवादी और परीक्षाओं के पैरवीकार हो गए हैं तथा न्याय पर अड़े रहनेवाले नेताओं का सार्वजनिक जीवन में टिकना असम्भव हो रहा है, तब छात्रों की धीरता छूट गई। शिक्षा के प्रसार के साथ बेकारी बढ़ी और युवकों ने अनुशासन को ताक पर रख दिया। इसलिए मैं कहता हूँ कि अनुशासनहीनता वह रोग नहीं है जो कल पैदा हुआ और परसों खत्म हो जाएगा। जब तक शासन के कर्णधार नहीं सुधरेंगे, जब तक ईमानदार कर्मचारी धक्के खाते रहेंगे और बेईमानों को तरक्की मिलती रहेगी, जब तक उत्पादन नहीं बढ़ेंगे, जब तक बेकारी पर लगाम नहीं लगेगी, जब तक जातिवाद का जहर नहीं हटेगा, तब तक छात्रों की अनुशासनहीनता भी कायम रहेगी। छात्रों की अनुशासनहीनता केवल छात्रों का रोग नहीं है। वह उस जहर और पाप का बाहरी लक्षण है, जो समाज की पोर-पोर में व्याप गया।

आज की स्थिति को देखते हुए मुझे अपने छात्र-जीवन की बहुत-सी अच्छी बातें याद आती हैं। उस समय जातिवाद का नामोनिशान तक न था, न कॉलेज की परिषदों के चुनाव में कहीं कोई राजनीति थी। विभागाध्यक्षों के प्रिय पात्र उस समय परीक्षाओं में सबसे अधिक अंक नहीं पाते थे, न कोई विभागाध्यक्ष यह देखकर चिन्तित होता था कि जो लड़का फर्स्ट आ रहा है, वह मेरी जात का नहीं है। परीक्षा देकर हम लोग निश्चिन्त होकर घर चले जाते थे और समय समीप आने पर सर्चलाइट की राह देखते रहते थे कि परिणाम कब घोषित होता है। परीक्षा-भवन में पूरी शान्ति रहती थी और नाजायज तरीकों के दृष्टान्त नहीं के बराबर होते थे। अंक पैरवी से भी बढ़वाए जा सकते हैं, यह बात हममें से कोई नहीं जानता था।

जब मैं कॉलेज में शिक्षक नियुक्त हुआ (सन् 1950 ई.) तब तक भी हालत बिगड़ी नहीं थी। परीक्षाएँ शान्ति के साथ ली जाती थीं और छात्र शिक्षकों के सामने अदब से चलते-फिरते थे। जिस दिन मैंने पहले-पहल वर्ग में प्रवेश किया, एक कोने से आवाज आई, "आ गए।"

मैं मंच की ओर न जाकर सीधे उस कोने की ओर चला गया, जिधर से आवाज आई थी और बोला, "हाँ, आ ही गया।" मेरा खयाल है, इतनी-सी बदएखलाकी के बाद छात्रों ने कभी भी मुझे चिढ़ाने की कोशिश नहीं की।

मगर जब सन् 1964 ई. में मैं कुलपति होकर भागलपुर गया, तब तक बातें बहुत खराब हो चुकी थीं। भागलपुर विश्वविद्यालय साधारणः संयत और शान्त गिना जाता

था, किन्तु जब मैं वहाँ पहुँचा, मेरे सुनने में आया कि जो कुलपति मुझसे ठीक पूर्व वहाँ काम करते थे, उन्होंने कई परीक्षकों के खिलाफ कड़ी कार्रवाई कर रखी है। यह भी सुना कि यहाँ परीक्षा के समय आहाते के बाहर लाउडस्पीकरों पर सवालों के जवाब प्रसारित किए जाते हैं। भागलपुर विश्वविद्यालय के बहुत-से कॉलेज देहात में हैं। पता चला कि कई कॉलेजों में विश्वविद्यालय की तरफ से जो निरीक्षक भेजे जाते हैं, उन्हें धमकाकर विफल कर दिया जाता है।

विश्वविद्यालयों की समस्याएँ भयानक हो गई हैं और नए विश्वविद्यालयों की समस्याएँ तो और भी भयानक हैं। ससेक्स में जो विश्वविद्यालय खुला था, उसके कुलपति चार वर्ष पहले नियुक्त हुए थे। जब मकान, प्रयोगशाला, छात्रावास, पुस्तकालय, सभी तैयार हो गए, तब ऐलान हुआ कि छात्र अब नाम लिखा सकते हैं। दिल्ली में जवाहरलाल विश्वविद्यालय इसी तैयारी से बनाया जा रहा है। किन्तु भारत में साधारण रिवाज यह है कि रजिस्ट्रार और कुलपति—इन दो की तख्तियाँ टाँगकर विश्वविद्यालय शुरू कर दिए जाते हैं। इससे छात्रों, शिक्षकों और अधिकारियों, सबको तकलीफ होती है और सबसे ज्यादा तकलीफ कुलपति को होती है, जिसे हर तबके के असन्तोष का सामना करना पड़ता है।

विश्वविद्यालय का सुधार कागज पर जितना आसान दिखाई देता है, व्यवहार में वह उतना आसान नहीं है। सभी शिक्षा-शास्त्रियों की राय यह है कि शिक्षा के स्तर को ऊँचा करना है, तो कॉलेजों में भीड़ मत लगाओ। यह बात बुद्धि में भी आती है, किन्तु जनमत इस सुधार के खिलाफ है। वह चाहता है कि जहाँ दस सौ लड़के मुश्किल से समाते हैं, वहाँ पन्द्रह सौ लड़कों के नाम लिख लिए जाएँ। यही हाल परीक्षाओं का भी है। परीक्षा-भवन में चोरी नहीं, सीनाजोरी चल रही है और पहरा देनेवाले शिक्षक कुछ भी करने में असमर्थ हैं। अब तो पहरा देनेवाले शिक्षकों को छुरे भी मार दिए जाते हैं। भागलपुर में मुझे एक बार कोई परीक्षा रद्द करनी पड़ी थी अथवा परीक्षा का केन्द्र बदलना पड़ा था। लेकिन मेरे इस आदेश का विरोध समाज के अग्रणी लोगों ने किया था। विधायक लोग समाज के अग्रणी ही तो होते हैं।

मेरे कुलपति-पद पर आते ही एक जगह लड़कों और गाँववालों में मार-पीट हो गई। उस मामले को मेरे दो हितैषी शिक्षकों ने सँभाल लिया। बाद में जो कुछ मुझे करना था, वह मैंने भी किया। कुलपति की हैसियत से बस इतनी ही अनुशासनहीनता मैंने भागलपुर में देखी। छात्रों और शिक्षकों के साथ मेरे सम्बन्ध बहुत अच्छे रहे। किन्तु यही बात मैं सिंडीकेट के बारे में नहीं कह सकता, न यही कहना सत्य होगा कि सिंडीकेट के एक या अधिक सदस्य मेरे शत्रु थे। सिंडीकेट के प्रत्येक सदस्य के साथ मेरा वैयक्तिक सम्बन्ध बहुत अच्छा था, किन्तु उस विश्वविद्यालय का आन्तरिक तन्त्र कुछ ऐसा था कि अधिकारियों और सिंडीकेट के बीच पूरा मेल मुश्किल से बैठता था।

विश्वविद्यालयों में शासन की जो प्रणाली अभी चल रही है, उसमें कुलपति की कई कठिनाइयाँ हैं। सिंडीकेट की प्रवृत्ति विधानसभाओं के अनुकरण की ओर है। अगर कुलपति केवल सिंडीकेट का सभापति होता और कार्यकारी कुलपति कोई और होता, तो कुलपति के आगे कठिनाई नहीं होती। सिंडीकेट जो कुछ स्वीकार करती, कार्यकारी कुलपति उसे काम में लाता। किन्तु कुलपति सिंडीकेट का सभापति भी होता है और मुख्य कार्यपाल भी। दफ्तर से जितने भी प्रस्ताव आते हैं, वे कुलपति के ही प्रस्ताव समझे जाते हैं। डॉक्टर जाकिर हुसैन का अनुकरण करते हुए मैंने यह चाहा था कि सिंडीकेट के सारे निर्णय सर्वसम्मत हुआ करें। सर्वसम्मति पर पहुँचने के लिए मैं बहस की भी लम्बी छूट देता था। यहाँ तक कि जब मैं ऊब जाता, तब सदन से बाहर निकलकर टहलने लगता और बहस चलती रहती। लेकिन अनुभव यह हुआ कि सर्वसम्मति का सपना केवल सपना है। निदान मैंने यह मोह छोड़ दिया कि कार्यक्रम का कोई प्रस्ताव मेरा अपना प्रस्ताव है। सिंडीकेट जो निर्णय कर लेती, उसे ही मैं अपना निर्णय मान लेता। जब मैंने भागलपुर छोड़ा, तब तक मुझे यह अनुभव हो चुका था कि कार्यक्रम के सभी प्रस्ताव कुलपति को खुद बनाने चाहिए और यह सोचकर बनाने चाहिए कि उनमें से कई सिंडीकेट में पारित नहीं भी हो सकते हैं।

वाइस-चांसलरी करते समय मैंने यह भी महसूस किया कि शिक्षा का स्तर गिर रहा है और मुख्यतः इस कारण गिर रहा है कि विश्वविद्यालय बिना तैयारी के खोले जाते हैं। सन् 1947 ई. में सारे देश में केवल 18 विश्वविद्यालय थे। अब उनकी संख्या 80 के आसपास है। पहले कॉलेज भी कम थे। अब कॉलेज हर जगह खुल रहे हैं—नियमों के विरुद्ध कुलपतियों की मर्जी के खिलाफ और विश्वविद्यालयों की सँभाल के बाहर। कॉलेज की जो प्रबन्ध-समिति होती है, उसका सचिव प्रायः प्राचार्य को तकलीफ देता रहता है और कुलपति इस अन्याय को रोकने के लिए कुछ नहीं कर सकता।

प्रजातन्त्र के प्रसार के साथ शिक्षा का प्रसार करना ही पड़ेगा और कॉलेज अभी और खुलेंगे, यद्यपि अधिक कॉलेज अधिक समस्या ही पैदा करेंगे। अभी हम कुल राष्ट्रीय आय का 3 प्रतिशत शिक्षा पर खर्च कर रहे हैं। शिक्षा-आयोग की सिफारिश मानी गई, तो सन् 1986 ई. से हम कुल राष्ट्रीय आय का 6 प्रतिशत शिक्षा पर खर्च करने लगेंगे। मान लीजिए कि उस समय विश्वविद्यालय सँभल जाएँगे और कॉलेजों में भी छात्र-कल्याण की अच्छी व्यवस्था हो जाएगी। मगर झुंड-के-झुंड जो ग्रेजुएट निकलेंगे, उनके लिए काम कहाँ से आएगा? फिर वही बात। जिस वस्तु के अभाव में सारा देश दुखी है, वह वस्तु पैदा करो। उत्पादन बढ़ाए बिना नए रोजगारों की व्यवस्था नहीं की जा सकती। उत्पादन की वृद्धि छात्र अनुशासनहीनता का भी इलाज है। मगर अशान्त वातावरण में उपज बढ़ती नहीं, घटती है।

वाइस-चांसलरी के ऑफर के पहले बिहार सरकार ने मुझे लोक सेवा आयोग का सदस्य बनाना चाहा था, लेकिन आयोग की सदस्यता मैंने स्वीकार नहीं की। जब मैंने कुलपति के पद के लिए स्वीकृति दे दी, मुख्यमन्त्री श्री कृष्णवल्लभ सहाय ने मुझसे कहा, ''आपकी सेहत को कमजोर जानकर सरकार ने आपको आयोग में भेजना चाहा था। मगर उसे आपने नहीं माना। अब मेरा शाप है कि आप वाइस-चांसलर हो जाएँ।'' सो कृष्णवल्लभ बाबू का शाप मुझे गोली की तरह आकर लगा।

वाइस-चांसलरी करने मैं बड़े शोक से गया था। भागलपुर विश्वविद्यालय मेरे घर का विश्वविद्यालय है। उसने मुझे डॉक्टरेट दिया था। मैं चाहता था कि छह साल भागलपुर रहकर मैं विश्वविद्यालय को एक रूप दे दूँ। उस विश्वविद्यालय के लिए दर्द मेरे कलेजे में अब भी है। वाइस-चांसलरी के लिए मैंने संसद की सदस्यता छोड़ी, मुर्गी-मुर्गा बेचकर एक मोटरकार खरीदी। विश्वविद्यालय के काम में मैं इस मनोयोग से जुटा कि कविता छूट गई, दोस्तों से खत-किताब बन्द हो गई और प्रायः अध्ययन भी बन्द हो गया। उन दिनों पारिवारिक विपत्ति का खंजर मेरे दिमाग में घूम रहा था। उस पर विश्वविद्यालय के जटिल शासन का बोझ। मुझे बड़े भयानक रूप से ब्लड-प्रेशर हो गया। मुझसे पहले भागलपुर के एक वाइस-चांसलर ब्लड-प्रेशर से मर चुके थे। उनके बाद जो सज्जन आए थे, उन्होंने कुछ सोच-समझकर इस्तीफा दे दिया था। अब विश्वविद्यालय की थाली में तीसरा बैंगन में पड़ा था। निदान, जब मैंने यह देखा कि यहाँ टिकना जान को जोखिम में डालना है, तब मैंने इस्तीफा दे दिया और जब महीनों तक इस्तीफा मंजूर नहीं हुआ, मैं एक दिन बोरिया-बधना बाँधकर पटना चला गया और घर से चांसलर को फोन पर मैंने कहा, ''हुजूर, आप मेरा इस्तीफा मंजूर करें या न करें, मैंने तो अपने-आपको रिलीव कर लिया।'' मेरी इस गुस्ताखी के बाद अब और चारा क्या था? मेरा इस्तीफा मंजूर कर लिया गया।

विश्वविद्यालय मैंने सन् 1965 ई. में छोड़ा था। तब से विश्वविद्यालयों की अवस्था और खराब हुई है। पहले छात्र तरह-तरह के आन्दोलन करते थे। अब वे कुलपतियों का घेराव करते हैं, यदा-कदा उनका शरीर-स्पर्श भी करते हैं और अब तो यह भी कहा जा सकता है कि वे कुलपति की हत्या भी कर डालते हैं।

पढ़ाने का काम सबसे सीधा-सादा और मेमने का काम था। अब वह भी खतरनाक हो गया। शिक्षकों और छात्रों के सम्बन्ध बेतरह बिगड़ गए हैं। कॉलेज अब शिक्षकों और छात्रों की संस्था नहीं रहे, छात्र बनाम शिक्षकों की संख्या बन गए हैं। शिक्षा की नीति अब वे नहीं चलाएँगे, जो विशेषज्ञ हैं। वह उनके चलाए चलेगी, जो पढ़ने आते हैं। 'शिक्षा का स्तर और नीचा करो, और नीचा करो', 'परीक्षाओं को और आसान करो, और आसान करो'—ये नारे हैं, जो नौजवानों के मुख से रोज निकल

रहे हैं। शिक्षा का स्तर अभी भी बहुत नीचा है। अगर वह और नीचे लाया गया, तो बेकारों की फौज बढ़ेगी और उनकी फौज भी, जिन्हें कोई भी काम सौंपा नहीं जा सकेगा।

बेटे बाप से नाराज हैं कि बाप ने देश की हालत खराब कर रखी है। मेरा खयाल है, पोते इस बात का रोना रोएँगे कि दादाजी ने तो मुल्क में बदइंतजामी फैलाई थी, मगर पिताजी ने तो देश का पूरा सर्वनाश ही कर दिया।

('विवाह की मुसीबतें' पुस्तक से)

आधुनिकता का वरण

भारत में आधुनिकता का प्रवेश उन्नीसवीं सदी में हुआ था और उसके व्याख्याता राजा राममोहन राय, केशवचन्द्र, स्वामी विवेकानन्द, स्वामी दयानन्द, लोकामान्य तिलक, रवीन्द्रनाथ ठाकुर आदि भारतीय थे। उस समय आधुनिकता बड़े वेग से आई थी, किन्तु दो कारणों से उसका प्रवाह बहुत मन्द हो गया। एक तो इसलिए कि उसके प्रतीक अंग्रेज अफसर और ईसाई धर्म-प्रचारक थे, जिनसे जनता को चिढ़ थी। दूसरे, कलकत्ते के हिन्दू युवकों ने आधुनिकता के नाम पर चारित्रिक उच्छृंखलता का ऐसा भयानक परिचय देना शुरू किया कि समाज आधुनिकता को घोर सन्देह से देखने लगा।

स्वतन्त्रता के बाद से आधुनिकता की गति फिर से कुछ तेज हो गई है और उसका प्रचार इस बार अंग्रेज नहीं, सरकारी और गैरसरकारी क्षेत्रों के भारतीय लोग ही कर रहे हैं। मगर इस बार भी जनता का एक भाग—शायद बड़ा भाग—कुछ चौंका हुआ है। इन भारतीयों को चिन्ता लगी हुई है कि भारत यदि आधुनिक हो गया, तो भारत की प्राचीन संस्कृति विनष्ट हो जाएगी।

ऐसे भारतीयों से मैं पूछना चाहता हूँ कि आप अपनी संस्कृति के किन तत्त्वों की रक्षा करना चाहते हैं?

भारतीय समाज मुक्त नहीं, बन्द समाज है। यहाँ के लोग विदेशियों और विधर्मियों से घुलना-मिलना नहीं चाहते, न उन्हें अपने साथ घुलने-मिलने का अवसर देना चाहता हैं। अपने इसी भाव की रक्षा के लिए हिन्दुओं ने समुद्र-यात्रा को पाप मान लिया था। क्या हम यह चाहते हैं कि विदेशियों और विधर्मियों से घुलना-मिलना अब भी पाप समझा जाय?

जब भारतीय समाज मुक्त समाज था, यहाँ काय-चिकित्सा के साथ-साथ शल्य-चिकित्सा का भी विकास हुआ था। सुश्रुत-संहिता शल्य-चिकित्सा का ही ग्रन्थ है। उसमें अश्मरी, अर्श, उदर रोग और मूढ़ गर्भ तक के ऑपरेशन की विधियाँ लिखी हुई हैं और शवच्छेद तक की क्रिया का विधान है। शल्य-यन्त्र एक-सौ के लगभग गिनाए गए हैं, किन्तु जब भारतीय समाज का पतन होने लगा, इस देश के वैद्य घाव, रक्त और पीव छूने से घृणा करने लगे, मूत्र और पुरीष की जाँच की विद्या भूल गए और शल्य-चिकित्सा का भारत में पतन हो गया। वस्तिकर्म का आयुर्वेद में बहुत ही

ऊँचा स्थान था, किन्तु शाह आलम को जब एक फिरंगी डॉक्टर ने एनीमा भेजा, तो उसके प्रयोग की विधि दरबार के किसी भी हकीम या वैद्य को मालूम नहीं थी। इसी प्रकार गोआ के एक गवर्नर को जब फिस्चूला हुआ, तब उसका इलाज एक डच डॉक्टर ने किया था। ये बातें भारत में इसलिए हुई कि यहाँ के लोग नकली पवित्रता के मोह में इस कदर गिरफ्तार हो गए कि उन्होंने अपने आयुर्वेद विज्ञान को नष्ट कर दिया।

बन्द समाज का एक लक्षण यह भी है कि वह अपने सदस्यों को भी उन्नति की दीर्घा में ऊँचा उठने की खुली छूट नहीं देता है। बन्द समाज के इस अत्याचार को शूद्रों, हरिजनों और नारियों ने शताब्दियों से झेला है। क्या हम यह चाहते हैं कि इन अत्याचार-पीड़ित लोगों को द्विजों के साथ समता अब भी न दी जाए?

आधुनिकता के साथ वह कौन-सा दोष लगा है, जिससे संस्कृतिवादी लोग भड़कते हैं? साक्षरता का निस्सीम प्रचार आधुनिकता है। प्रति मुंड आय की वृद्धि आधुनिकता है। कल-कारखानों का विकास आधुनिकता का लक्षण है। आधुनिकता बेरोजगारी को बर्दाश्त नहीं करने का नाम है। बाप-दादे की कमाई पर बेटा मौज करे, यह मध्यकालीन रिवाज है। आधुनिक समाज में हर आदमी अपनी रोजी आप कमाता है। यहाँ तक कि औरतें भी घर से बाहर निकलकर काम करती हैं। ज्योतिषी से पूछकर हर काम करना मध्यकालीन संस्कार है। भारत के मध्यकालीन राजे पलटन के साथ ज्योतिषियों और तान्त्रिकों की भी फौज रखते थे। आधुनिक मनुष्य अपनी बुद्धि में विश्वास करता है, अपने बाहुबल का सहारा रखता है।

इनमें से कौन-सी बातें हैं, जो अग्राह्य हैं अथवा जिन्हें स्वीकार करने से भारत की प्राचीन संस्कृति नष्ट हो जाएगी? और धर्म की मिथ्या भावना यानी रूढ़ियाँ और अन्धविश्वास अगर भारत की उन्नति के पथ में रोड़े अटकाते हैं, तो करना क्या चाहिए? हम पुरोहितों, तान्त्रिकों और ज्योतिषियों के पाँव पकड़े अकर्मण्य बैठे रहें अथवा अन्धविश्वास को छोड़कर उन्नति की राह पकड़ें?

मुझे आधुनिकता के किसी भी उपकरण की स्वीकृति में धर्म या संस्कृति की बाधा कहीं भी नहीं दीखती। औद्योगीकरण के क्रम में धर्म और संस्कृति की बाधाएँ जहाँ हों, वहाँ धर्म और संस्कृति को ही नया रूप लेना होगा। जो लोग धर्म की रक्षा के लिए समुद्र के पार नहीं जाते थे, जो लोग छुआछूत के भय से देश के भीतर भी रेल की यात्रा भूखे-प्यासे रहकर करते थे अथवा जो लोग हर जगह अपने साथ ब्राह्मण रसोइए लिए चलते थे, उनकी सभ्यता खत्म हो चुकी। अब नई सभ्यता के भीतर उन्हें जीने का भी अधिकार नहीं है अथवा अगर है, तो जिन लोगों के भगवान भात की हाँड़ी में बसते हैं, वे हाँड़ी लिये अपने घरों में बैठे रहेंगे।

जब उद्योग फैलते हैं, नगरों की प्रधानता में वृद्धि होती है और अनेक देशों, अनेक धर्मों और अनेक संस्कृतियों के लोग परस्पर मिलने लगते हैं या नगरों, मोहल्लों

और आस-पास के फ्लैटों में साथ रहने लगते हैं, तब उसका प्रभाव मनुष्यों के नैतिक रिवाजों और आचारों पर भी पड़ता है। धर्म वह है, जो इस मानव-मिलन से उत्पन्न नवीन स्थितियों को अपने भीतर पचा सके। जो धर्म अब भी घोंघे के समान सिकुड़कर, अपने भीतर समाकर अपनी रक्षा करना चाहता है, वह धर्म बचनेवाला नहीं है, न उसे बचाया जाना उचित है।

आधुनिकता पर भारत को उतनी ही शंका करने का अधिकार है, जितनी शंका उस पर अन्य देशों के आस्तिक लोग करते हैं। वैसे आस्तिक वह है, जो ईश्वर की सत्ता में विश्वास करता है, किन्तु भारत में व्यापक रूप से वे सभी लोग आस्तिक माने जाते हैं, जो ईश्वर की सत्ता में विश्वास करें या न करें, किन्तु जो लोग आत्मा के अस्तित्व और जन्मान्तरवाद में विश्वास अवश्य करते हैं। इस दृष्टि से भारत में नास्तिक केवल चर्वाक-पन्थी लोग थे।

मूल प्रश्न यह है कि सृष्टि-विषयक हमारा दृष्टिबोध क्या है? क्या हम यह मानते हैं कि वास्तविकता उतनी ही दूर तक है, जितनी दूर तक का अनुभव हमें इन्द्रियों से प्राप्त होता है अथवा जितनी दूर तक विज्ञान की छड़ी पहुँच सकती है; अथवा वह विज्ञान से आगे भी पहुँचती है? हमारा जीवन मृत्यु के साथ ही समाप्त हो जाता है या मृत्यु के बाद भी जीवन की कड़ी कायम रहती है? केवल लोक ही सत्य है अथवा लोक और परलोक, दोनों सत्य हैं?

समाज में जो लोग आज यह मानकर आचरण कर रहे हैं कि पुलिस से छिपकर जो कुछ भी किया जाता है, वह पाप नहीं होता, वे सभी लोग परले दरजे के नास्तिक हैं, क्योंकि उनकी दृष्टि में केवल लोक सत्य है, परलोक झूठा है। आदमी जब यह मानकर चलता है कि जिन्दगी मृत्यु के साथ खत्म नहीं होती, वह मृत्यु के बाद भी कायम रहती है, तब उसके आचरण कुछ और प्रकार के होते हैं। सच्चे परलोकवासियों की जिस समाज में अधिकता होगी, उस समाज में पुलिस की जरूरत कम पड़ेगी और चूँकि आदमी, आदमी को हर जायज अधिकार खुद दे दिया करेगा, इसलिए उस समाज में जजों और मजिस्ट्रेटों की तादाद भी थोड़ी ही रहेगी।

अच्छा समाज वह है, जिसमें कानून कम होते हैं और कानून मनवाने वाली फौज भी छोटी होती है।

भारत जिन मूल्यों के लिए लड़ रहा है, वे मूल्य केवल भारत के नहीं, सारे संसार के हैं। हम आधुनिकता की ताकत और प्राचीनता के सन्तोष को मिलाना चाहते हैं। विज्ञान के बल से संसार के उन्नतिशील देश और भी अधिक शक्तिशाली होते जा रहे हैं, किन्तु ज्यों-ज्यों उनकी सम्पदा और शक्ति बढ़ती जाती है, उनके सन्तोष और शान्ति का ह्रास होता जाता है। हमें भारत में वह मार्ग निकालना है, जिससे विज्ञान को अपनाकर भी हम उसके दास न बन जाएँ। हमारी सम्पदा और शक्ति अवश्य बढ़े, लेकिन हम रुपए के पीछे पागल न हो जाएँ।

राममोहन राय से लेकर महात्मा गांधी तक भारत के जो भी महान विचारक हुए हैं, उनकी कल्पना यह थी कि भारत को अपनी संस्कृति के सर्वश्रेष्ठ अंश को भी बचाना है और पाश्चात्य संस्कृति के भी सर्वोत्तम भाग को स्वीकार करना है। भारत की विशेषता अध्यात्म और पाश्चात्य जगत की विशेषता विज्ञान है। हम इन्हीं दो तत्त्वों का समन्वय करना चाहते हैं।

एक हाथ में कमल, एक में धर्मदीप्त विज्ञान
लेकर उठनेवाला है धरती पर हिन्दुस्तान।

('साहित्यमुखी' पुस्तक से)

आधुनिकीकरण

आधुनिकीकरण की पहचान है समाज का सुदृढ़ संगठन, प्रशासन का सुदृढ़ और प्रभावकारी होना, राजनीतिक स्थायित्व, उचित सफाई, स्वच्छ जल, बिजली की लगातार सप्लाई, जनसंख्या पर नियन्त्रण, शिक्षा के स्तर का ऊँचा होना तथा ट्रेनिंग और एक्स्पर्टाइज। जिस जाति ने एलोरा बनाया, अजन्ता बनाई, महावलीपुरम् बनाया और ताजमहल बनाया, उसके समाज में आधुनिकता के ये गुण रहे होंगे।

एशिया महाद्वीप में ये गुण आजकल जापान में सबसे अधिक दिखाई देते हैं। मगर जापानी कितने बुद्धिमान हैं? यूरोप से उन्होंने टेक्नोलॉजी ली, पोशाक भी ली, लेकिन मन और स्वभाव, रिवाज और तहजीब उन्होंने अपनी ही रखी। पिछले साल जब जापान में विमान-दुर्घटना हुई, मन्त्री और सबसे बड़े अधिकारी ने इस्तीफा दे दिया और मृतकों के परिवारों के सामने उन्होंने घुटने टेककर माफी माँगी। और यह काम उन्होंने पार्लियामेंट के दबाव में आकर नहीं किया। अखबारों में चर्चा छिड़ने के पहले ही वे अपने पदों से अलग हो गए। यह है जापानी चरित्र और जापानी सभ्यता।

द्वितीय विश्व-युद्ध के बाद जापान जब अमेरिका के कब्जे में था, जापानियों ने सोचा, पश्चिम के लोग बली और लम्बे शायद इसलिए हैं कि वे प्रोटीन अधिक खाते हैं। फिर जापानियों ने मांस अधिक खाना शुरू किया और कहते हैं, अब उनकी सन्तानें लम्बी होने लगी हैं।

एशिया कृषि-प्रधान महादेश है, जैसा महादेश यूरोप 15वीं-16वीं सदी में था। अमेरिका अब टेक्नोट्रेनिक युग में प्रवेश कर रहा है।

एशिया यूरोप की टेक्नोलॉजी अपनाकर यूरोप बन सकता है या नहीं? बाधक हैं एशिया के मूल्य, एशिया की संस्कृति। उदाहरण के लिए चीन और भारत में मूल्य अवकाश पर आधारित हैं। भारत में जो सफल एक्जीक्यूटिव होता है, वह भी यह ख्वाब देखता है कि कार्यनिवृत्त होने पर यानी अवकाश प्राप्त करने पर वह चिन्तन, ध्यान, धारणा और शान्ति का जीवन बिता सकेगा। जीवन की हलचल, उद्दामता, कोलाहल, बेचैनी और अशान्ति एशिया वालों को पसन्द नहीं है। वे जीवन का शान्त रूप चाहते हैं, जिसमें थोड़ी प्राप्ति होने पर भी सन्तोष रहे। मगर यूरोप की आफियत, सुविधा और सुखभोग को एशिया वाले भी लालच से देखते हैं।

पुराने मूल्य पर नए मूल्य की कलम लगाए बिना एशिया वालों का कल्याण नहीं है।

ऊँचे विज्ञान और ऊँची टेक्नोलॉजी का शीघ्रता से ज्ञान प्राप्त करना, ऊँची कारीगरी सीखना, प्रबन्ध की योग्यता तेजी से बढ़ाना तथा व्यापार के अच्छे-से-अच्छे गुर सीखना, ये काम रिलैक्स्ड कल्चर से मेल नहीं खाते। आलस्य और अवकाश-प्रियता आधुनिकता के विरुद्ध हैं।

यूरोप दो सौ वर्षों से घोर परिश्रम कर रहा है। इसी परिश्रम का फल है कि अब वह अवकाशवाली सभ्यता में प्रवेश करने वाला है। कठिन परिश्रम, मितव्ययिता और साहस—इन्हीं तीन गुणों के कारण यूरोप में समृद्धि आई और अब अवकाश का अवसर आने वाला है। लेकिन अब यूरोप के युवक और यूनियनवादी मजदूर इन्हीं तीनों गुणों के विरुद्ध जा रहे हैं। फिर यूरोप की समृद्धि और विकास टिकेगा क्या? एशिया के नौजवानों को यह नहीं सोचना चाहिए कि कठोर श्रम, मितव्ययिता और साहस नई टेक्नोलॉजी के कारण फालतू हो गए हैं, अतएव उनके बिना ही हम औद्योगिक युग में पहुँच जाएँगे। यूरोप के युवक समृद्धि से उकताकर दायित्व को छोड़ रहे हैं, लेकिन हमारे पास समृद्धि अभी नहीं है।

धनी देश पिछड़े देशों की बड़ी सहायता कर रहे हैं, फिर भी पिछड़े देश पिछड़े ही हुए हैं। दो पीढ़ियों की कुर्बानी के बिना कोई भी देश आगे नहीं बढ़ेगा।

पिछड़े देशों के प्रशिक्षित नवयुवक अपने देशों से भागकर सम्पन्न देशों में चले जाते हैं। इससे उन्हें तो मौज-मजे की जिन्दगी मिल जाती है, लेकिन उनके अपने देश की उन्नति नहीं होती। खास जिम्मेदारी तो प्रशिक्षित नवयुवकों पर ही है। वे यदि अति-सुख के लोभ में पड़ गए, तो जनता का भाग्य कौन सुधारेगा?

आधुनिक बनें या न बनें, यह सवाल नहीं है। सवाल यह है कि द्वन्द्व में पड़ने पर हम पक्षपात किसके साथ करेंगे, आधुनिकता के साथ या परम्परा और संस्कृति के साथ? एक रास्ता यह है कि आधुनिक हम वहीं तक बनें, जहाँ तक वह हमारी संस्कृति के अनुकूल हो। दूसरा रास्ता यह है कि हम आधुनिकता को पूरे मन से अपनाएँ और इस क्रम में परम्परा का जो अंश बच पाए, हम उसे ही पर्याप्त समझें।

अपनी संस्कृति का सार इसलिए बचाना है कि आधुनिक बनते-बनते हम यूरोप और अमेरिका की डुप्लीकेट कापी बनकर न रह जाएँ। दुनिया एक हो, यह नारा बहुत सही है, लेकिन भिन्न-भिन्न देशों की परम्पराएँ अगर जड़ से उखाड़कर फेंक दी गईं, तो दुनिया एक तो हो जाएगी, लेकिन रंग उसका भूरा हो जाएगा, चितकबरा नहीं रहेगा और रस तो उसमें रहेगा ही नहीं। क्या होटलों का जीवन एकरस नहीं है? फिर भी होटल में ही सारी दुनिया एक समान दिखाई देती है। भारतीय होटलों में जीवन का वही रूप है, जो रूप हमें अमेरिका और यूरोप के होटलों में दिखाई पड़ता है।

विज्ञान, टेक्नोलॉजी, कम्प्यूटर, ऑटोमेशन और साइबरनेटिक्स—ये तो बाहर से

हम ले लेंगे; लेकिन संगीत, नृत्य, खान-पान और रस्म-रिवाज हम अपना ही रखेंगे। दुनिया एक हो, इसके लिए यह जरूरी नहीं है कि हम बाहर की उच्छृंखलता को, कामुकता को, नग्न आचरण को, बूढ़ों के अनादर और उपेक्षा को, दो महीनों तक चलनेवाली शादियों को भी अपना लें।

जापान ने औद्योगिक सभ्यता को पूरा-का-पूरा अपना लिया है, लेकिन साथ ही उसने अपनी परम्परा की रीढ़ को टूटने नहीं दिया, अपनी संस्कृति के सार की रक्षा कर ली और अपनी जीवन-दृष्टि को कायम रखा है। अंग्रेजी का सदुपयोग करके जापान ने अपना औद्योगिक उद्धार कर लिया और साथ ही अपनी भाषा की क्षमता का भी विकास कर लिया। अपनी भाषा की उन्नति करना और उन्नत देशों की भाषाएँ सीखना—इन दोनों के बीच कोई विरोध नहीं है।

('आधुनिक बोध' पुस्तक से)

काम-चिन्तन की कणिकाएँ

1

बहुत-सी नारियाँ इस भ्रम में रहती हैं कि वे प्यार कर रही हैं। वास्तव में वे प्रेम किए जाने के कारण आनन्द से भरी होती हैं। चूँकि वे इनकार नहीं कर सकतीं, इसलिए यह समझ लेती हैं कि हम प्रेम कर रही हैं। असल में यह रिझाने का शौक है, हलका व्यभिचार है। प्रेम का पहला चमत्कार व्यभिचार को खत्म करने में है, पार्टनर के भीतर सच्चा प्रेम जगाने में है।

2

ऐसी औरतें हैं, जिन्होंने प्रेम किया ही नहीं है। लेकिन ऐसी औरतें कम हैं, जिन्होंने प्रेम केवल एक ही बार किया हो।

जब प्रेम मरता है, तब बची हुई चीज ग्लानि होती है, पश्चात्ताप होता है।

प्रेम आग है, जलने के लिए उसे हवा चाहिए। आशा और भय के समाप्त होते ही प्रेम समाप्त हो जाता है।

सुखमय विवाहित जीवन सम्भव है। स्वादमय विवाहित जीवन सम्भव नहीं है।

प्रेम का नाम नहीं सुनते, तो बहुत-से लोग हैं, जो प्रेम में नहीं पड़ते। कवियों और उपन्यास-लेखकों ने प्रेम का प्रचार किया है।

3

औरतें अपनी वासना को काबू में ला सकती हैं, मगर अपनी रिझाने की प्रवृत्ति को वे रोक नहीं सकतीं।

प्रेम में पागल हो जाना किसी हद तक ठीक है, बेवकूफ बनना बिलकुल ठीक नहीं है।

4

ऐसी सती नारियाँ कम हैं, जो अपने जीवन को बेस्वाद नहीं मानती हों। ये नारियाँ

उस खजाने के समान हैं, जो सुरक्षित इसलिए हैं क्योंकि वह गड़ा हुआ है यानी इसलिए कि उसका पता किसी को चला ही नहीं है। ज्यों-ज्यों नर-नारी के मिलन के अवसरों में वृद्धि हुई है, त्यों-त्यों सती नारियों की संख्या में ह्रास हुआ है। पुरानी नैतिकता तभी बचाई जा सकती है, जब नर और नारी के मिलन के अवसर कम कर दिए जाएँ। नारी अग्नि है, पुरुष घृत-कुम्भ है। दोनों के अलग रहने में ही पुरानी नैतिकता का कल्याण है।

5

आदि कांड में नारी प्रेमी से प्रेम करती है। उसके बाद वह प्रेमी से नहीं, प्रेम से प्रेम करने लगती है।

प्रेम और सतर्कता, ये साथ नहीं चल सकते। जैसे-जैसे प्रेम में वृद्धि होती है, सतर्कता खत्म होने लगती है।

6

जो समाज अपनी औरतों को परदों में बन्द रखता है और जो समाज उन्हें घूमने-फिरने की आजादी देता है, उन दोनों की कविताएँ अलग-अलग ढंग की होंगी।

सुन्दरता के बारे में तर्क जितना ही अधिक किया जाएगा, उसकी अनुभूति उतनी ही कम होगी।

7

सुखी प्रेम का इतिहास नहीं होता। प्रेम का इतिहास रोमांस का इतिहास है और रोमांस तब जन्म लेता है, जब प्रेम में बाधा पड़ती है, रुकावट आती है, विशेषतः तब, जब प्रेम दुखांत होता है। जिस प्रेम में आतुरता है, तेजी है, छटपटाहट और बेचैनी है, वह विपत्ति लाकर रहेगा।

कहते हैं, यूरोप और अमेरिका में व्यभिचार सबसे बड़ी प्रवृत्ति है। व्यभिचार न हो, तो कविता और उपन्यास में क्या रह जाता है? सारा साहित्य उस प्रेम के इर्द-गिर्द चक्कर काटता है, जो नियमों का पालन करना नहीं जानता। मनुष्य जाति की आधी से अधिक विपत्तियों का नाम व्यभिचार है।

विवर्जित के प्रति आकर्षण है, इसलिए विवाह टूटते हैं। लेकिन विवर्जित के प्रति आकर्षण में दुख है, यह जानते हुए भी आदमी सन्त्रास को स्वेच्छया क्यों अपनाता है?

8

प्रेमी अपराध करके न तो सुधार की कोशिश करते हैं, न पश्चात्ताप। कारण? उनका अन्तर्मन कहता है कि उन्होंने पाप नहीं किया है, पाप और पुण्य की सीमा को लाँघकर वह आनन्द लूटा है, जो आनन्द पाप और पुण्य की सीमा के इधर है ही नहीं। अवैध प्रेम में प्रेम की पात्री नायिका नहीं होती, बल्कि यह अनुभूति होती है कि हम प्रेम कर रहे हैं। नारी नर को और नर नारी को इसलिए नहीं चाहता कि वे नर और नारी हैं, बल्कि इसलिए कि दोनों के मिलते ही एक ज्वाला उठती है, जो केवल नर या केवल नारी में नहीं उठ सकती।

रुकावट के बिना प्रेम में जोर नहीं आता, रोमांस की आग नहीं धधकती। जहाँ असली रुकावट नहीं है, वहाँ उसकी कल्पना कर ली जाती है। प्रेमियों के प्रति दया हमारे भीतर यह सोचकर आनी चाहिए कि अन्त में विपद उनका इन्तजार कर रही है।

वासना शरीर का चाहे जितना भी उपयोग करे, किन्तु शरीर के कानून को तोड़कर वह जीवित नहीं रह सकती। यूनानी और रोमन लोग इसीलिए प्रेम को बीमारी समझते थे।

9

वासना को शब्द और भाषा साहित्य से मिली है। अगर साहित्य ने प्रेम पर इतनी बातें नहीं कही होतीं, तो कम लोग इस जंजाल में फँसते। गेटे के वर्दर के प्रकाशन के बाद यूरोप में आत्महत्या की लहर आ गई थी। रूसो के प्रभाव में आकर लोग दूध ज्यादा पीने लगे थे। रेने के प्रकाश में आने के बाद कई पीढ़ियाँ गमगीन रही थीं। सुना है कि एक बार कलकत्ते में एक फिल्म का इतना भयानक प्रभाव पड़ा कि कई लड़कियों ने झील में कूदकर आत्महत्या कर ली थी। उस फिल्म का नाम 'देवदास' था।

10

मैं तो भाग्य की ठोकरें खाकर अध्यात्म की ओर मुड़ा हूँ, मगर यह देवी शायद सुख से ऊबकर अध्यात्म की ओर जा रही है। लेकिन वह अभी काम और अध्यात्म के बीच झटके खा रही है; कोई ऐसा मार्ग खोज रही है, जो अध्यात्म का मार्ग हो, लेकिन काम का विवर्जन उससे नहीं होता हो। अध्यात्म की सुनी-सुनाई बातें वह जोर से दुहराती रही और खोद-खोदकर यह पूछती रही कि विवाह-बाह्य प्रेम हो जाए, तो

पाप उसे क्यों माना जाना चाहिए। मालूम होता है, उसे जब कोई युवक अच्छा लगता है, तब इतने से ही यह द्वन्द्व उसे सताने लगता है।

वह पूछने लगी, एक नारी दो नरों को प्यार कर सकती है या नहीं? एक नर दो नारियों को प्यार कर सकता है या नहीं? मन तो आप-से-आप खिंच जाता है उसे समेटें तो कैसे? और यह समेटना ही क्या पुण्य है? लड़की का हाथ मैं अपने हाथ में ले सकती हूँ। लड़के का हाथ अपने हाथ में लेने से मन क्यों घबराता है? बीहड़ प्रश्न!

मैंने कहा, यूरोप में चूमना भी दोष नहीं माना जाता। भारत में मात्र हेरने से शंका उत्पन्न हो जाती है। द्वन्द्व व्यक्ति की तरंग और समाज के नैतिक बन्धन का है। अध्यात्म के बारे में मैं ठीक-ठाक नहीं बता सकता, लेकिन धर्म तो खुल्लमखुल्ला समाज के नैतिक विधान के पक्ष में है। मगर अब मनोविज्ञान का राज चलने लगा है। मनोविज्ञान की शिक्षा है कि जान-बूझकर फैलने की कोशिश मत करो, जान-बूझकर सिकुड़ने की भी कोशिश मत करो। लेकिन याद रखो कि बार-बार की परीक्षाओं के बाद भी विवाह की प्रथा सही पाई गई है और विवाह के अपने कानून हैं। जिस बात से पति या पत्नी को शंका हो, चिन्ता हो, शिकायत हो, वह बात चल नहीं सकती।

मुश्किल यह है कि अब मिलने-जुलने के इतने साधन निकल आए हैं कि पुरानी नैतिकता के लिए संकट खड़ा हो गया है। और जो नैतिकता इस नई दुनिया से मेल खाती है, वह नैतिकता है ही नहीं। उपन्यासों में सेक्स की समस्या का चित्रण जिस रूप में किया जा रहा है, उससे तो यही शिक्षा निकलती है कि पति और पत्नी को परस्पर सहनशील होना चाहिए। जिस नाव में औरत बैठी है, उसी नाव में मर्द भी है।

देवी ने पूछा, ''इस विषय में श्री अरविन्द की राय क्या है?''

मैंने कहा, ''उनका निश्चित मत था कि उनका योग नर-नारी समागम के साथ चल नहीं सकता।'' श्री अरविन्द-आश्रम में सेक्स की मनाही है। लेकिन 'इवनिंग टाक' में कहीं उन्होंने अपने शिष्यों से कहा था कि नर-नारी सम्बन्ध का विषय अत्यन्त निगूढ़ है। उसे तुम अभी नहीं, आगे चलकर समझोगे। श्री अरविन्द से किसी ने पर-स्त्री-गमन के विषय में भी पूछा था। उन्होंने कहा, ''यह तो अपनी स्त्री के साथ समागम से भी खराब है।''

इसके विपरीत, महर्षि रमण ने एक भक्त के बार-बार के प्रश्न से आजित होकर कहा था, ''अगर तुम इस विषय में निरन्तर सोचते रहना नहीं छोड़ सकते, तो अच्छा है कि कर ही डालो और इस बार-बार के सोचने से मुक्त हो जाओ।''

मैंने कहा, ''मन का सेक्स बहुत ही खराब चीज है, तन का सेक्स उतना बुरा नहीं माना जा सकता।''

देवी ने इस सूक्ति को नोट कर लिया। मैंने अपने जीवन का एक अनुभव उसे सुनाया और कहा कि उस महिला को मैं हमेशा पवित्र मानता आया हूँ।

मैंने उसके मन पर यह बात बिठाने की कोशिश की कि अध्यात्म का मार्ग ठीक-ठीक वही मार्ग नहीं हो सकता, जिस पर विषयी लोग चलते हैं। दूसरों के स्खलन के प्रति उदार रहो, मगर खुद स्खलन से बचो, यही सन्तों का दृष्टिकोण है।

11

बारहवीं सदी में फ्रांस में प्रेम आदर का विषय था और प्रेमी इज्जत से देखे जाते थे। इसी कारण साहित्य में एक परम्परा बन गई, जिसका वर्तमान रूप यह है कि नैतिकता की दृष्टि से वासना उत्तम वस्तु है। वासना के लिए यह तनिक भी आवश्यक नहीं है कि वह सामाजिक रस्म-रिवाज या आचरण का ध्यान रखे। जो भी व्यक्ति उद्दामता के साथ प्रेम करता है, वह औसत आदमियों के झुंड में से उठकर उन उन्नत लोगों के बीच पहुँच जाता है, जिनकी संख्या थोड़ी है और जो पाप और पुण्य के पचड़े से निकल गए हैं। यही परम्परा अब सिनेमा में घुसकर ध्वंस फैला रही है। वासना, पुण्य और पाप से अलग स्वतन्त्र अनुभूति का विषय बन गई है और सिनेमा से शिक्षा यह निकल रही है कि प्रेम आचारों से मुक्त होता है। लेकिन यह मुक्ति नहीं है। आदमी मुक्त तभी होता है, जब इन्द्रियाँ उसके वश में आ जाती हैं।

सिनेमा और साहित्य का सस्ता सुयश यह बतलाता है कि मानवता प्रेम के मारे बीमार है।

12

रोमांटिक मर्द किस नारी की ओर जाना चाहता है? उस नारी की ओर, जो सभी नारियों में छिपी विचित्रता का सार है; जो आकर भी नहीं आती है, जो आलिंगन में बँधने पर भी स्पर्श से दूर है, जो आकांक्षा जगाकर उसे तृप्त करने से भागती है, जो शैय्या में होकर भी पूर्णरूप से वहाँ नहीं होती, ''जो सपने के सदृश बाँह में उड़ी-उड़ी आती है; और लहर-सी लौट तिमिर में डूब-डूब जाती है।''

''प्रियतम को रख सके निमज्जित जो अतृप्ति के रस में;
पुरुष बड़े सुख से रहता है उस प्रमदा के वश में।''

13

नर और नारी अपने माशूक को अवैध मार्ग पर ले जाना चाहते हैं, जिससे उन्हें

प्रेम के लिए प्रेम का सुख मिल सके। आनन्दातिरेक भी अब एक तरह की सनसनाहट का नाम हो गया है। उसकी कोई मंजिल नहीं है, कोई दिशा नहीं है।

लोग तुलना के भ्रम में पड़े हुए हैं। मेरी बीवी वैसी नहीं हैं, जैसी दूसरों की बीवी। अरे यार, औरत को कमर तक ढँक दो, फिर सभी औरतें बराबर हैं। और भावना चाहो, तो वह कुरूप नारी में भी मिलती है। रूप के न होने पर भी प्रेम व्यर्थ नहीं होता। प्रेम व्यर्थ होवे रूप बिना?

अगर हर कोई अपने पति या अपनी पत्नी से अतृप्त हो, तो समाज का रूप क्या होगा?

वे जानते नहीं कि जो कुछ उनके पास है, उसका आनन्द कैसे लिया जाए। आनन्द के कल्पित रूप की खोज में वे फूल-फूल पर मँडराते फिरते हैं। किन्तु आनन्द पाने की असली कुंजी उनके पास नहीं है।

जो सबसे जरूरी चीज है यानी वफादारी, उसी को वे कहीं खो आए हैं। वफादारी के मानी ये हैं कि हम अपने पार्टनर को उसकी तमाम अच्छाइयों और बुराइयों के साथ स्वीकार करते हैं, प्रेम को बीच में लाए बिना हम उसे मनुष्य के रूप में ग्रहण करते हैं।

रूस के निहिलिस्ट चिन्तक रोमांटिक थे। उन्होंने विवाह की प्रथा को उड़ा दिया था। किन्तु इससे जो बुराइयाँ फैलीं, उनके खिलाफ लेनिन चिल्लाने लगे और महज सामाजिक उपयोगिता की दृष्टि से विवाह की प्रथा फिर से वापस लाई गई।

14

विवाह को आसान मत बनाओ। अमेरिका और यूरोप में प्रेम हुआ नहीं कि लड़का-लड़की विवाह कर लेते हैं। यह काफी नहीं है। विवाह की सम्भावनाओं के कारण विवाह होना चाहिए। विवाह सोलह आने प्रेम नहीं है। उसमें कर्त्तव्य का भी पुट होता है।

समाज के स्थायित्व से अधिक महत्त्व व्यक्ति के सुख को देना ठीक नहीं है। विवाह के व्रत का जो महत्त्व है, मनोवैज्ञानिक विलास अथवा रेचन के सिद्धान्त का उससे अधिक महत्त्व नहीं हो सकता।

15

बुद्धि से विवाह की अनिवार्यता सिद्ध नहीं होती। बुद्धि से ब्रह्मचर्य भी अशक्य व्रत है। उसके लिए अमानुषिक शक्ति चाहिए।

विवाह के प्रस्ताव में यह नहीं कहना चाहिए कि तुम मेरी कल्पना की साकार

प्रतिमा हो, तुम मेरी कामनाओं की मूर्ति हो, तुम मेरी लैला हो, जिसका मैं मजनू बनना चाहता हूँ। यह कहने से क्या होता है? कल को मर्द का मन अगर भर गया, तो पत्नी से उसे कौन सूत्र बाँधकर रखेगा?

विवाह का उचित प्रस्ताव यह होना चाहिए कि तुम जैसी हो, उसी रूप में मैं तुम्हें स्वीकार करता हूँ और वैसे ही स्वीकार करके मैं तुम्हारे साथ रहूँगा। मैं तुम्हें अपनी जीवन-संगिनी बनाता हूँ। मेरे प्रेम का यही एकमात्र प्रमाण है।

आज के नर-नारी की मुद्रा ऐसी हो गई है कि व्रत को वे आनन्द का शत्रु समझते हैं। व्रत को वे प्राकृतिक नियम नहीं मानते। इसलिए उनकी मान्यता है कि व्रतपूर्ण विवाह अमानुषिक प्रयास के बिना नहीं निभ सकता। जिस आनन्द की वे खोज करते हैं और जीवन का वे जो धर्म समझते हैं, व्रत उसका ठीक प्रतिलोम है। और व्रत को यदि उन्हें पालना ही पड़ा, तो वे समझेंगे कि यह नियम जीवन को अधूरा रखकर ही पाला गया है।

16

छली नायकों के बहाने क्या-क्या हैं?

"इससे क्या होता है? यह तो आती-जाती बात है। इससे क्या तुम्हारे प्रति मेरा प्रेम कम होता है?" अथवा यह कि "मैं असमर्थ हूँ। यह मेरी वाइटल जरूरत है। नीतियों की परवाह मैं कैसे करूँ?"

यार, ये ही दलीलें यदि नायिका देने लगें, तो तुम पर क्या गुजरेगी?

17

अगर औरतें मर्द के बराबर हो गईं, तो उनका डीमोशन हो जाएगा। वे मर्दों की खोज का विषय नहीं रह जाएँगी, न पुरुषों की पूजा की पात्री।

मगर यह बात जरूर है कि प्रेम समानों के बीच होता है और वह समानता को प्रेरित करता है।

नारी के प्रति हमारा सच्चा प्रेम-निवेदन यह होना चाहिए कि हम उसे समान मानें, मनुष्य मानें और यह सोचना भूल जाएँ कि नारी चाँदनी है, नारी स्वप्न है, नारी गुलाब और जूही है, वह आधी देवी और आधी कामिनी है। सेक्स और स्वप्न को मिलाकर नारी की रोमांटिक कल्पना रोमांटिक लोगों ने की थी। किन्तु नारी का असली रूप वह है, जिसे या तो मार्क्स ने देखा था या गांधी ने।

गांधी नर और नारी को व्रती बनाना चाहते थे। पुरुष जब व्रती होता है, तब नारी उसकी दृष्टि में काम का साधन या प्रतिबिम्ब नहीं रह जाती, वह व्यक्ति बन

जाती है। यह वह दृष्टि है, जो कामियों को ज्ञात नहीं। नारी को मोहक और आमन्त्रणपूर्ण मानना अपनी ही कामयुक्त कल्पना का प्रक्षेप है।

यदि काम तेजी से जिधर-तिधर को भागता फिरे, तो प्रेम की गति मद्धिम रहेगी। प्रेम जब व्रत लेता है और भागीदार के भीतर व्रत की भावना को जन्म देता है, तभी यह कहा जाएगा कि प्रेम ने अपने को पूर्णरूप से व्यक्त कर दिया।

जो विवाह में विश्वास करता है, वह प्रथम दृष्टि वाले प्रेम में आस्था नहीं रखता और इस बात में तो बिलकुल ही नहीं कि वासना अदम्य होती है। वासना को अदम्य मानने की जो प्रथा चली है, व्यभिचार को बढ़ावा उसी प्रथा से मिल रहा है।

स्वस्थ और शक्तिशाली शरीर वाले लोग प्रथम दृष्टि में प्रेम का शिकार नहीं होते।

विवाह को भावुकता तथा बर्बर प्रेम का श्मशान मानना चाहिए। यदि बर्बर प्रेम ही प्राकृतिक प्रेम समझा जाए, तो उसकी तगड़ी अभिव्यक्ति बलात्कार में होती है और बलात्कार का अर्थ यह है कि नारी को हम व्यक्ति न मानकर केवल सेक्स की पुतली मानते हैं। बहु-पत्नीत्व और बलात्कार—ये दोनों नारी के व्यक्तित्व का दमन करते हैं।

सुसंस्कृत और सच्चा प्रेमी कभी भी कोई ऐसा कृत्य नहीं करेगा, जो हिंसा है, जिससे भागीदार के व्यक्तित्व का ह्रास होता है।

18

मनोविज्ञान में बहुत-सी फालतू बातों पर भी विचार करते हैं। कहते हैं कि मर्द औरत से इसलिए जलता है कि वह अपने पेट से बच्चा पैदा नहीं कर सकता। और औरत मर्द से इसलिए जलती है कि उसके पास लिंग नहीं है, योनि है।

फैमिनिस्ट आन्दोलन वाली औरतें कहती हैं कि औरत-मर्द का भेद प्रकृति ने नहीं किया, वह मर्दों की रची हुई सभ्यता से प्रचलित हुआ है। औरतें इस सभ्यता को ढाह रही हैं। पोशाक अमेरिका में ऐसी चली है, जिसे यूनिसेक्स्वल कहना चाहिए और धंधे भी औरतें ऐसे करने लगी है, जो पुरुषों के हैं। इसका परिणाम यह हुआ कि पुरुष औरतों से विरक्त हो रहे हैं और नारियाँ समझती हैं कि कोई सन्तोष पुरानी सभ्यता में था, जो उन्हें स्वतन्त्रता प्राप्त करने के बाद से नहीं मिल रहा है। मर्दों के बारे में कहा जाता है कि वे समलैंगिक हो रहे हैं, विवाह-बाह्य काम का भोग कर रहे हैं। विवाहिता के साथ वे नपुंसक हो गए हैं। और ये ही दोष औरतों में भी उत्पन्न हुए होंगे।

अगर नर-नारी का भेद सभ्यता का किया हुआ है, तो इस सभ्यता को औरतें बर्दाश्त क्यों करती हैं? असली कारण यह है कि जीव-विज्ञान की दृष्टि से औरतों को प्रकृति ने जिस तरह की बना दिया, वे वैसी ही रहेंगी। वे पुरुष को प्यार करने

को बनी हैं, पुरुष के द्वारा प्यार किए जाने को बनी हैं। यह स्वभाव नहीं बदलेगा। सामाजिक आचार बदल सकते हैं, मगर वायलॉजिकल प्रवृत्ति नहीं बदलेगी। औरतें कहती हैं कि फ्रायड ने औरतों को सहानुभूति से नहीं देखा। इसलिए कि फ्रायड ने कहा था, 'एनाटामी इज डिस्टिनी।' शरीर-रचना में जो भेद है, उसी ने औरत को मर्द के अधीन बना दिया।

अत्याचार तो औरतों पर हुए हैं। नवीं सदी में जर्मनी में एक कानून था। अगर कोई व्यक्ति कम उम्र की लड़की की हत्या कर देता, तो उसे 200 रुपये का जुर्माना होता था। अगर यही हत्या पूर्ण युवा स्त्री की की जाती, तो जुर्माना 600 रुपये होता था। कारण? कारण यह कि युवा स्त्री सद्यः उपयोग की वस्तु थी।

अमेरिका में कहा जाता है कि प्रभुत्व कायम रखने की कोशिश में औरतें पतियों को पागल बना देती हैं, माताएँ बेटी को आत्महत्या करने को विवश करती हैं। एक लेखिका ने लिखा है, "इसके मानी ये हुए कि अमेरिकी औरतें बारी-बारी से पति और पुत्र को खाती है।"

19

डोस्टावास्की के ब्रदर्स कारामाजोव में पिता कहता है कि औरत बदसूरत होती ही नहीं है। जब मैं सबरजिस्ट्रार था, मेरा एक दोस्त कैयूम था। वह डिपुटी मैजिस्ट्रेट था। वह भी कहा करता था, खूबसूरत और बदसूरत का भेद बुढ़ापा करता है। जवानी औरत-औरत में भेद नहीं करती।

सभ्यता जब आदिम अवस्था में थी, मर्द के सबसे प्रथम पालतू जीव का नाम नारी था।

यूरोप में मध्यकाल में आकर नारी के प्रति भाव बदला। दरबारों में और बड़े घरानों में नारियाँ देवी समझी जाने लगीं, प्रेम की देवी, ईश्वर की विभा का प्रतीक। नाइट लोग युद्ध में जाते समय अपनी प्रेमिकाओं का रूमाल साथ ले जाते थे। चुम्बन तो किसी-किसी को ही नसीब होता था। मगर यह व्यवहार नाइट अपनी पत्नी से नहीं करते थे, उस नारी से करते थे, जो उन पर मोहित होती थी या जिस पर वे खुद मोहित होते थे। परन्तु राजपूताने में यह प्रथा नहीं थी। वहाँ प्रेम का चिह्न सामन्त अपनी ही पत्नी से माँगते थे। राणा चूड़ावत ने अपनी महारानी का मुंडमाल ही पहन लिया था।

20

अगर औद्योगिक सभ्यता नहीं आई होती, तो औरतों को घर के कामों से छुटकारा

नहीं मिलता, न वे नारी-स्वाधीनता-आन्दोलन के लिए समय निकाल पातीं। छाती से दूध पिलाने की प्रथा इसलिए खत्म हो रही है कि औद्योगिक सभ्यता ने शिशुओं के लिए अलग से दूध तैयार कर दिया है।

पश्चिम से जो रिपोर्ट आती है, उससे मालूम होता है कि वहाँ विवाह-पूर्व अनुभूतियाँ अधिकांश को होती है और विवाहितों के भीतर भी व्याभिचार बहुत प्रचलित है। बात कहाँ तक ठीक है, कहना मुश्किल है। पहले की सभ्यता में क्या था, यह जानना भी कठिन है। पहले तो समाज में KINSEY होते नहीं थे।

('विवाह की मुसीबतें' पुस्तक से)

पुरानी और नई नैतिकता

पंडितों का अनुमान है कि मानव-समाज में सेक्स-सम्बन्धी आचरणों पर जो प्रतिबन्ध हम देखते हैं, वे दो कारणों से उत्पन्न हुए। एक तो इस कारण कि पुरुष इस बात की गारंटी चाहता था कि जो बच्चा उसका बच्चा कहा जाता है, वह ठीक उसी का बच्चा हो। और दूसरे इस कारण कि धर्मों ने बार-बार इस बात पर जोर दिया कि मनुष्य का वास्तविक उद्देश्य अपने परलोक को सुधारना है और इस कार्य में कामिनी और कंचन बाधक हैं। कामिनी बाधक इसलिए समझी गई कि मुमुक्षु लोग काम से डरते थे तथा काम से भीत होकर उन्होंने कामसुखों की इतनी निन्दा की कि अन्त में काम-कर्म भयानक माना जाने लगा।

जहाँ तक पहले कारण का सम्बन्ध है, वह जन्मजात प्रवृत्ति भी हो सकती है, क्योंकि गाँवों में हम देखते हैं कि दो भैंसे एक गाँव में नहीं रह सकते। वे अपनी-अपनी चौहद्दियाँ बाँध लेते हैं। एक चौहद्दी के भीतर एक ही भैंसा विचरण करता है और दूसरा यदि आ जाए, तो दोनों के बीच लड़ाई हो जाती है। लेकिन भैंसे ऐसा क्या इसलिए करते हैं कि वे अपने बच्चे के सही बाप होने की गारंटी चाहते हैं? इसीलिए अनुमान होता है कि यह ईर्ष्या बच्चे को दृष्टिगत रखकर नहीं, बल्कि अधिकार की भावना से उठती होगी। किन्तु पशु और मनुष्य के बीच तो पूरी समानता नहीं है। अतएव बुद्धिवादी दृष्टि से यह मानना अधिक उपयुक्त है कि अपने बच्चे का सही बाप होने की चिन्ता से ही पुरुष ने यह प्रथा चलाई होगी कि जो नारियाँ ब्याह कर चुकीं, उन्हें पर-पुरुष की ओर देखने का अधिकार नहीं है।

पंडितों का यह भी मत है कि जब तक धर्म का उत्थान नहीं हुआ था, सेक्स-विषयक नैतिकता के मानदंड दो थे। विवाहित नारियों के लिए तो यह आवश्यक था कि वे पर-पुरुषों के पास न जाएँ, किन्तु पुरुष के लिए इतना ही बन्धन यथेष्ट समझा जाता था कि वह दूसरों की पत्नियों से अलग रहे। उनके सिवा जो अन्य नारियाँ थीं, उनके पास पुरुष बेखटके जा सकता था। तदुपरान्त धर्म की शक्ति बढ़ी और शास्त्रों ने यह प्रचार किया कि विवाह के घेरे से बाहर जाकर समागम करना नारी के लिए भी पाप है और नर के लिए भी तथा इस पाप के दंडस्वरूप ऐसे पापियों को अनन्तकाल तक नरकाग्नि में जलना पड़ता है।

आरम्भ में धर्म इतनी ही रोक लगाता था कि विवाहित स्त्री-पुरुष किसी तीसरे

व्यक्ति से सम्बन्ध न करें। अतएव प्रजावृद्धि के उद्देश्य से किया जानेवाला दम्पत्ति का कामाचार दोष नहीं था, न धर्म ही यह सिखलाता था कि विवाह करना अथवा गृहस्थ बनकर रहना कोई पाप है। किन्तु जब धर्म का निवृत्तिवादी रूप प्रकट हुआ, बहुतों की दृष्टि में कामाचार मात्र दुराचार बन गया, चाहे वह विवाह के घेरों में घटित होता हो अथवा उनके बाहर। नारियों की अवज्ञा और गार्हस्थ्य की हीनता इसी निवृत्तिवाद से बढ़ी। बौद्ध, जैन और ईसाई धर्म निवृत्तिमूलक धर्म हैं। इन धर्मों ने गार्हस्थ्य की तुलना में संन्यास को प्रोत्साहन दिया, वैवाहिक बन्धन तोड़कर युवकों को वैराग्य लेने की प्रेरणा दी और जो गृहस्थ रह गए, उनके भीतर भी इस संस्कार को जगा दिया कि संसार में जहाँ-जहाँ सौन्दर्य दीखता है, वहाँ-वहाँ पाप है और जहाँ भी आनन्द मिलता है, वह आध्यात्मिक रोगों का स्थान है। अतएव कामसुख चूँकि सभी सुखों से अधिक स्वादिष्ट था, इसलिए वही सबसे अधिक भयानक माना जाने लगा।

बुद्धदेव नारियों को भिक्षुणी होने का अधिकार देने के पक्षपाती नहीं थे। नारियों को संघ में आने का अधिकार उन्होंने अपने प्रिय शिष्य आनन्द के आग्रह के कारण दिया। और यह अनुज्ञा देकर उन्होंने पीछे पश्चात्ताप भी किया, "आनन्द! मैंने जो धर्म चलाया, वह पाँच सहस्र वर्ष तक चलनेवाला था, किन्तु अब वह केवल पाँच सौ वर्ष चलेगा, क्योंकि नारियों को मैंने भिक्षुणी होने का अधिकार दे दिया है।"

और जैन धर्म ने यद्यपि नारियों को भिक्षुणी होने का अधिकार आरम्भ से ही दे रखा था, किन्तु जब वह मत श्वेताम्बर और दिगम्बर, इन दो सम्प्रदायों में बँट गया, तब दिगम्बर सम्प्रदाय ने शास्त्र में यह संशोधन कर दिया कि मोक्ष नारियों के लिए नहीं है। वे घर में ही रहकर धर्म-साधना करें। जब वे मोक्ष के समीप पहुँचेगीं, उनका जन्म पुरुष-योनि में हो जाएगा। तभी वे संन्यास ले सकेंगी और तभी उन्हें मोक्ष भी मिलेगा। तभी से जैन भिक्षुणियाँ केवल श्वेताम्बर सम्प्रदाय में होती हैं, जो बहुत ही उचित है।

और ईसाइयत के धर्माचार्य, सन्त पॉल ने अनुज्ञा दी, "पुरुष के लिए यह अच्छा है कि वह नारी का स्पर्श न करे। यह उत्तम है कि सब लोग मेरे समान कुँवारे रहें। अविवाहित लोगों और विधवाओं से मेरा कहना है कि यदि वे मेरे समान अविवाहित रह सकें, तो यह बहुत अच्छी बात होगी; किन्तु यदि न रह सकें, तो विवाह कर लें, क्योंकि जलते रहने की अपेक्षा विवाह कर लेना श्रेष्ठ है।"

बरट्रेंड रसल ने सन्त पॉल की इस सूक्ति पर व्यंग्य किया है। "यह तो वैसी ही बात है, जैसे कोई यह कहे कि रोटी में कोई और गुण नहीं है। उसकी सारी सार्थकता इस बात को लेकर है कि जो आदमी रोटी पकाता है, वह रोटी की चोरी नहीं करता।"

और गांधीजी भी जो, जो बुद्ध महावीर और सन्त पॉल की परम्परा के बहुत

समीप हैं, कहते हैं, "जो चीज मुक्ति में सहायक नहीं है, उसे मैं अनावश्यक मानता हूँ। विवाह भी ऐसा ही अनावश्यक कृत्य है। मुक्ति से दूर होने के कारण मनुष्य को जन्म लेना पड़ता है और जब वह मुक्ति से और भी अधिक दूर होता है, तब वह विवाह करता है।" अर्थात् विवाह-धर्म आपद्धर्म है। फिर वही बात। विवाह कर लो, क्योंकि तड़पने की अपेक्षा विवाह कर लेना श्रेष्ठ है। और गांधीजी ने वह बात भी कही, जिसे सन्त पॉल कहना भूल गए थे। "विवाह भी करो, तो सन्तानोत्पत्ति से दूर रहो।" यहाँ यह स्मरण रखना चाहिए कि गांधीजी ने गर्भ-निरोधक यंत्रों अथवा दवाइयों के इस्तेमाल का कहीं भी समर्थन नहीं किया है।

मात्र अपने सही बच्चे का बाप होने की बात होती, तब भी नारियों पर प्रतिबन्ध तो रहता ही, किन्तु निवृत्तिमूलक धर्मों ने पवित्रतावाद और वैराग्य का जो व्यापक प्रचार किया, उससे सेक्स का रूप विकृत हो गया। लोग मानने लगे कि कामाचार भयानक पाप है और नारी इस पाप की साकार प्रतिमा है (मानो, यह पाप केवल एक पक्ष से ही सम्पादित होता हो)। जरा कल्पना कीजिए कि जब हट्टे-कट्टे नौजवान वैराग्य लेकर वन की ओर भागते होंगे, तब उनकी युवा पत्नियों की अन्तःपीड़ा कैसी होती होगी! मुक्ति तो नारियों की दृष्टि में भी अत्युच्च ध्येय थी। अब यदि पतिदेव मुक्ति के लिए संसार छोड़ रहे हों, तो पत्नी बेचारी कैसे कहे कि पति कोई गलत काम कर रहा है? साथ ही, वह यह भी समझने लगी कि सचमुच मैं ही पाप-सद्म हूँ, क्योंकि "गृहिणी ही छोड़ते हैं नर गृह कह के।"

और संन्यास लेने से ही क्या सेक्स से छुटकारा मिलता है? विनयपिटक में तथागत की स्पष्ट अनुज्ञाएँ हैं, "भिक्षुओं, एकान्त पाकर भिक्षुणियों के प्रति ऐसा न करो। भिक्षुणियों! एकान्त पाकर भिक्षुओं के साथ वैसा न करो।" मार और बुद्ध की लड़ाई में बुद्ध जीते थे, किन्तु मार और संघ की लड़ाई में मार जीत गया। साधक कौन श्रेष्ठ है? वह जो घर में रहकर साधना करता है या वह, जो वन में जाकर उन लुभावनी झाँकियों से हैरान होता है, जिन्हें मार प्रत्येक वैरागी के मन में तैराता ही रहता है? जनक ने पहला मार्ग चुना था। किन्तु बौद्ध, जैन एवं ईसाई साधकों ने दूसरा मार्ग पकड़ा। उनके प्रयोगों से जो बात जाहिर हुई, उसे देखकर आगे आनेवाले साधक फिर सँभल गए। इसीलिए कबीर और नानक ने गार्हस्थ्य की छाया में रहकर अपनी साधना पूरी की। और रज्जबजी ने लिख भी दिया :

एक जोग में भोग है, एक भोग में जोग।
एक बुड़हिं वैराग्य में, इक तरहिं सौ गिरही लोग।।

चूँकि सभी देशों में शास्त्रों के रचयिता पुरुष थे, इसलिए व्यभिचार की जिम्मेदारी उन्होंने नारियों पर डाल दी। यह पाप इसलिए होता है चूँकि नारियाँ जादूगरनी हैं, मोहिनी हैं, अहेरिन हैं। यदि शास्त्रों की रचना नारियों ने की होती, तो यह सारी जिम्मेदारी पुरुषों पर डाली गई होती। किन्तु व्याभिचार दो व्यक्तियों द्वारा सम्पन्न

होता है, यह बात इतनी प्रत्यक्ष थी कि वह प्राचीन शास्त्रकारों को भी दिखाई पड़ी। यही कारण है कि प्राचीन शास्त्रों में केवल पुंश्चली नारियों की ही निन्दा नहीं मिलती, प्रत्युत व्याभिचारी पुरुषों को भी भय दिखाया गया है। किन्तु व्यवहार में क्या हुआ? नारियों से वे सभी अवसर छीन लिये गए, जिनसे उनके स्खलन की शंका हो सकती थी। किन्तु पुरुष के व्याभिचरण पर कोई रोक न लगाई जा सकी, क्योंकि पुरुष के लिए व्याभिचरण आसान था। व्याभिचार रोकने के लिए शास्त्रों ने जो महाजाल फैलाया, नारी उसके भीतर बहुत दूर तक बँध गई। कारण, एक तो उसके गर्भवती हो जाने का भय था और दूसरा यह कि वह चारदीवारी के भीतर बन्द कर दी गई। किन्तु पुरुष इस जाल के भीतर बाँधा नहीं जा सका। उसे घूमने-फिरने की पूरी छूट थी और पत्नी अथवा पड़ोसी यदि देख न लें, तो उसके स्खलन को प्रमाणित करने का कोई उपाय न था, न इस स्खलन से उस पर गर्भ का कोई खतरा ही आनेवाला था।

सेक्स-विषयक नैतिकता का भीतर-भीतर चाहे जितना भी उल्लंघन होता हो, किन्तु ऊपर से प्राचीनकाल में ऐसे नैतिक दोष अत्यन्त भयानक माने जाते थे और शास्त्रों के प्रहरी तो उनसे अधिक भयानक पाप की कल्पना ही नहीं कर सकते थे। प्राचीन युग की केवल दो-चार ही ऐसी घटनाएँ हैं जिन पर आश्चर्य होता है। पहली घटना यह है कि भारत में पाँच सन्नारियों का व्याभिचरण का दोष नहीं लगाया गया। वे पाँचों नारियाँ अब तक पंचकन्या के नाम से पूजी जाती हैं। दूसरी यह कि गौतम ऋषि ने जाबाला के पुत्र सत्यकाम को ब्रह्मविद्या का अधिकारी मान लिया, यद्यपि जाबाला नाना पुरुषों के सम्पर्क में रही थी, यहाँ तक कि वह यह भी नहीं जानती थीं कि सत्यकाम उसे किस पुरुष से प्राप्त हुआ था। तीसरी घटना यह है कि लोग जब एक व्यभिचारिणी नारी को पत्थर फेंककर मार रहे थे, तब महात्मा ईसा मसीह को उस पर करुणा आ गई और उन्होंने यह कहकर लोगों के हाथ रोक दिए कि इस बहन पर पत्थर वही फेंक सकता है, जिसने स्वयं ऐसा पाप न किया हो।

चौथी घटना कुछ अधिक मनोरंजक है। जातक कथाओं में एक कथा आती है कि तथागत एक जन्म में एक राजा के गुरु थे। एक दिन राजा उनके पास अत्यन्त व्यग्रता में पहुँचा और रोते-रोते बोला कि, "माहामात्य ने मेरे रनिवास को दूषित कर दिया है। इससे मैं इतना क्षुब्ध हो उठा हूँ कि आज या तो मैं रानी का वध करूँगा अथवा अपनी जान दे दूँगा।" बोधिसत्व ने राजा को आश्वस्त करके पूछा, "राजन्! रनिवास पर तुम्हारा प्रेम जीवित है अथवा वह विनष्ट हो गया?" राजा ने कहा, "प्रेम तो जीवित है महाराज! अन्यथा मैं क्षोभ से इतना जलता ही क्यों?" फिर बोधिसत्व ने कहा, "और रानी का भी तुम पर प्रेम है, ऐसा क्या तुम नहीं मानते?" राजा बोला, "अभी तक तो मानता था, महाराज!" बोधिसत्व ने इसी पर बात खत्म कर दी। "तो प्राण लेने या देने की इसमें कोई

बात नहीं है। एक घाट पर अनेक जीव पानी पीते हैं। किन्तु इससे नदी कलुषित नहीं हो जाती। यदि रनिवास पर तुम्हारा और तुम पर रनिवास का प्रेम है, तो रानी तुम्हारी आज भी पवित्र है।'' चूँकि कहानी मैं स्मृति से लिख रहा हूँ, इसलिए भाषा और शैली मैंने गढ़ दी है। किन्तु कथानक बिलकुल यही है, ऐसा मेरा खयाल है।

इन घटनाओं से जो शिक्षा निकाली जा सकती है, वह स्पष्ट ही प्राचीन नैतिक सिद्धान्तों के विपरीत पड़ती है। पंचकन्या के साथ प्राचीन नैतिकता का विशिष्ट बर्ताव, कदाचित् इस कारण हुआ कि कुन्ती, अहल्या, मन्दोदरी आदि नारियाँ ऐसी थीं, जिनकी तेजस्विता एवं गुणवत्ता अत्यन्त प्रखर थी। अतएव उनके स्खलनों को समाज ने, चन्द्रमा के बीच लघु कलंक मानकर, बर्दाश्त कर लिया। सत्यकाम को ब्राह्मणत्व का अधिकार देने में दो बातें हो सकती हैं। गौतम ने या तो जाबाला की सत्यनिष्ठा के सामने उसके व्यभिचरण को नगण्य मान लिया अथवा सम्भव है कि केवल सत्य की महिमा प्रतिष्ठित करने को यह कहानी गढ़ दी गई हो। यह छूट बहुत कुछ वैसी ही है, जैसे ईसाई धर्माचार्य उन व्यक्तियों के पापों को क्षंतव्य मान लेते हैं, जो अपने पापों को स्वीकार करके पश्चात्तापपूर्वक उनका प्रक्षालन करने को तैयार हैं। ईसा मसीह वाली घटना से यह शिक्षा निकलती है कि सभी लोग एक ही नाव में हैं। संयम सबको रखना चाहिए, पर घट-बढ़कर स्खलन भी सबका हो सकता है। तब क्या यह उचित है कि जिसका पाप खुल जाए, उसे दंड दिया जाए और जिसका स्खलन प्रच्छन्न है, वह आदरणीय बना रहे? तब दंड तो पाप के लिए नहीं, चातुर्य के अभाव के लिए होगा।

सबसे अधिक महत्त्व बोधिसत्व वाली कहानी का ही दीखता है। क्योंकि बोधिसत्व ने यह प्रश्न नहीं किया कि रनिवास के दूषित होने की बात तुमसे रानी ने कही या किसी ओर ने; न उन्होंने यही पूछा कि रानी का व्यक्तित्व कैसा है, आया वह परिवार और समाज के लिए अत्यन्त उपयोगी है अथवा साधारण कोटि का। बोधिसत्व ने जो कुछ पूछा और कहा, उससे इतनी ही बात निकलती है कि अगर पति और पत्नी में परस्पर प्रेम है, तो छिट-पुट स्खलनों से उन्हें इतना कुपित नहीं होना चाहिए, अर्थात् प्रेम इतना पवित्र और महार्घ तत्त्व है कि उस पर दैहिक स्खलनों के दाग नहीं पड़ते।

प्रेम सेक्स से ऊँचा तत्त्व है। सेक्स के अपराध शरीर की तृषा से भी किए जाते हैं और युद्धादि के समय परवशता के कारण भी। स्वर्णधूलि में पं. सुमित्रानन्दन पन्त की एक कविता है 'पतिता' शीर्षक। उसमें कथा है कि लुटेरों ने आकर परिवार की एक वधू को दूषित कर दिया, जिसका विलाप सारा पड़ोस रो-पीटकर कर रहा है। इतने में उस अभागिन बहन का पति केशव आता है और वह यह कहकर अपनी पत्नी को गले से लगा लेता है कि :

मन से होते मनुज कलंकित, रज की देह सदा से कलुषित,
प्रेम पतितपावन है, तुमको रहने दूँगा मैं न कलंकित।

ये चारों कहानियाँ वे रंध्र हैं, जिनमें आँखें डालकर प्राचीन नैतिकता अपनी कमजोरियों को पहचान सकती है अथवा ये वे वातायान हैं, जिनके भीतर से शताब्दियाँ प्राचीन नैतिकता की दुर्बलताओं को निहारती आई हैं। शास्त्रों ने बड़े-बड़े बाँध बाँधे, मानवता के नैतिक प्रहरियों ने रोम-रोम पर पहरा बिठाया; जिनके हाथ में सत्ता थी, उन्होंने भरपूर प्रयत्न किया कि अपना स्खलन छोड़कर बाकी सबके स्खलनों के लिए दंड दिया जाए; जिनके कहने से लोग जातिच्युत किए जा सकते थे, उन्होंने अगणित लोगों को जाति से निकलवा दिया और जिनकी आज्ञा से मनुष्य मारा जा सकता था, उन्होंने अगणित लोगों की जानें भी लीं, किन्तु सेक्स की निरंकुशता अटल रही। गाँवों में कहानियाँ चलती है कि अमुक राजा ने अपनी बेटी को फीलवान के साथ रस्सी से बाँधकर दोनों को एकसाथ जीवित गाड़ दिया। ऐसी कहानियाँ एक-दो नहीं, अनन्त हैं और उनसे भी बड़ी संख्या, कदाचित्, उन जोड़ों की होगी जो गाड़े न जाकर किसी अन्य विधि से अलग या समाप्त किए गए।

सेक्स पर अंकुश डालने का काम हवा को बाँधने के समान दुष्कर सिद्ध हुआ है यह मनुष्य के आचरणों और क्रियाओं का वह अदृश्य उत्स है, जो लाख आवरणों के भीतर से भी बराबर ऊपर को झाँकता ही रहता है। इसे अपदस्थ करने की चाहे जितनी भी चेष्टा की जाए, वह बार-बार सिंहासन के ऊपर आ बैठता है और शास्त्र एवं नैतिकता के प्रहरी उसे बाँधने की जो भी तैयारी करते हैं, उस पर सेक्स का देवता व्यंग्य से मुस्कुराता है, मानो वह यह कह रहा है कि उतने बन्धन तो मैं तोड़ चुका, देखूँ, इस बार तुम कैसी कड़ियाँ तैयार करते हो?

ऐसी है वह पृष्ठभूमि जिस पर नई नैतिकता अपना सिर उठा रही है। नैतिकता की यह नई समस्या है क्या चीज? प्राचीन युग में लोगों से सेक्स की नैतिकता का पालन तो करवाया जाता था; किन्तु उन्हें यह शिक्षा नहीं दी जाती थी कि सेक्स का वास्तविक स्वभाव क्या है और जीवन में उसका क्या स्थान होना चाहिए। भारत में ऋषि वात्स्यायन ने सेक्स की निगूढ़ताओं का अच्छा सन्धान किया था, किन्तु निवृत्तिमार्गी धर्मों ने वात्स्यायन के मर्म को नहीं समझा, न कामसूत्र को कभी धार्मिक प्रतिष्ठा प्राप्त हुई। समाज को जो भी ज्ञान दिया गया, वह यह था कि सेक्स की क्रियाएँ अत्यन्त गर्हित होती हैं और श्रेष्ठ मनुष्य वह है, जो इनसे बेदाग बच जाता है।

इस विषय में मनुष्यों के नेता शास्त्रकार न होकर अगर वात्स्यायन अथवा उनकी परम्परा के लोग हुए होते, तो सम्भव है, मानव-जाति अधिक सन्तुलन की स्थिति में होती। किन्तु यह न होकर हुआ यह कि निरन्तर लोगों के भीतर यह संस्कार भरा जाता रहा कि सेक्स कुत्सित है, उसका ज्ञान घृणित है और जो

अविवाहित अथवा वैरागी है, उनके कान में तो इस विषय का एक शब्द भी नहीं पड़ना चाहिए। शास्त्रों ने लोगों को सेक्स की जानकारी न देकर केवल उनसे पाप के सारे अवसर छीन लिए और संयम के इस विशाल बाँध में तब भी जो अपूरणीय रंध्र थे, उन्हें विफल बनाने को शास्त्र बराबर यह नारा लगाते रहे कि जो व्यक्ति, भूल-चूक से भी ऐसा पाप कर बैठता है, उसे अनन्त काल तक नरकाग्नि में जलना पड़ता है।

प्राचीन नैतिकता की सभी दीवारें इसी नींव पर खड़ी रहीं। तब भी मनुष्य पूर्णरूप से कभी रोका न जा सका। नरकाग्नि का भय और तात्कालिक सुख, इनमें से सुख का पलड़ा बराबर भारी रहा और इसी सुख के लोभ से पुरुष ने वेश्यावृत्ति को प्रचलित होने दिया, क्योंकि इस प्रथा के द्वारा एक ओर जहाँ पुरुषों की वासना तृप्त होती थी, वहाँ समाज की वैवाहिक मर्यादा भी बाहर से अक्षुण्ण रखी जा सकती थी, यद्यपि यह प्रत्यक्ष था कि इस प्रथा से लाभ उठानेवाले लोग वैवाहिक मर्यादा का पालन नहीं कर रहे थे।

सच पूछिए तो वेश्याप्रथा का प्रचलन पुरानी नैतिकता की असफलता का सबसे बड़ा प्रमाण है और उससे इस बात का भी पता चलता है कि पुरुष ने नारी को दबा रखने के लिए कितना बड़ा षड्यन्त्र किया है। पुरुष ने अपने आनन्द के लिए नारियों का वेश्यालय खड़ा किया, किन्तु नारियों के मनोरंजन के लिए पुरुषों का वेश्यावर्ग न बन सका। इससे भी यही पता चलता है कि प्राचीन नैतिकता के हाथ में न्याय की एक नहीं, दो तराजुएँ मौजूद रही हैं, एक वह जिससे वह पुरुषों के दोष तोलती है और दूसरी वह, जिस पर नारियों के पाप तोले जाते हैं। फिर भी पुरुषों की अपेक्षा नारियों के दोष कम रहे, क्योंकि वह दोष के अधिक अवसरों से वंचित थी, क्योंकि नरकाग्नि का भय भी सबसे अधिक उसी के लिए था और सबसे बड़ी यह बात कि गर्भ रह जाने का भय नारियों के लिए है, नरों के लिए नहीं।

और तब विश्व में नवयुग का प्रवेश हुआ। विज्ञान के साथ-साथ संसार में बुद्धिवाद की बढ़ती होने लगी और धर्मशास्त्रों का मान घटने लगा। स्वर्ग और नरक की कल्पनाएँ क्षीण होने लगीं एवं मनुष्य यह समझने लगा कि जो बातें बुद्धि से समझ में नहीं आती है, उनका न माना जाना ही ठीक है। ज्ञान की जागृति के साथ यूरोप में धन की भी वृद्धि हुई थी। अतएव, लोग उस धर्मशास्त्र के विरोधी हो गए, जिसका जन्म भय और निर्धनता के बीच हुआ था, क्योंकि अब वे अभावों से मुक्त थे और उनकी बुद्धि भय के सभी प्राचीरों को तोड़कर बाहर आ गई थी। परिणाम यह हुआ कि भोगवादी दर्शन की ओर वे बड़े ही उत्साह से दौड़ पड़े, जिसकी शिक्षा यह थी कि जीवन आनन्द भोगने को प्राप्त हुआ है तथा विश्व के सभी आनन्द निर्दोष हैं, जब तक यह प्रमाणित न हो जाए कि उनमें दोष या पाप भी होता है। प्राणिविज्ञान और मनोविज्ञान के प्रचार से मनुष्य के मन में उदारता आ गई, उसकी असहिष्णुता

और ईर्ष्या कुछ कम होने लगी। परिणाम यह हुआ कि यौनाचार के पाप बहुत दूर तक क्षंतव्य माने जाने लगे। बुद्धि के निर्बंध होने से समाज उच्छल हो उठा और उस पर नारियों की मोहकता का ऐसा जादू चढ़ा कि उसके आगे धर्मशास्त्रीय निषेधों के पाँव उखड़ गए। ये बातें पहले यूरोप में हुईं, किन्तु अब वे भारत में भी आ रही हैं।

बुद्धि के स्वतन्त्र होने और धर्मशास्त्रों का रौब घटने से आनन्द नर और नारी, दोनों को मिला। किन्तु इसी के साथ-साथ संसार में नारी-मुक्ति आन्दोलन का सूत्रपात हो गया और शीघ्र ही गर्भ-निरोधक यन्त्रों के अनुसन्धान से प्राचीन नैतिकता कठिनाई में जा फँसी एवं मर्द यह सोचकर घबराने लगा कि अब कदाचित् नैतिकता के दो मानदंड नहीं चल सकेंगे।

प्राचीन नैतिकता के द्विविध रूप का निर्वाह इसलिए सम्भव था कि लोग नरक की ज्वाला से डरते थे; साथ ही नारियों का गर्भ रह जाने का भय था। धर्मशास्त्रों पर से श्रद्धा उठ जाने से नरक का भय जाता रहा और गर्भ-निरोधक यन्त्रों की सुलभता से दूसरा भय भी विनष्ट हो गया। नारी-मुक्ति आन्दोलन का आरम्भिक ध्येय राजनीतिक और आर्थिक था। किन्तु आगे चलकर नारियाँ नैतिक मामलों में भी नरों से समानता की माँग करने लगीं। किन्तु यहाँ भी पहले उन्होंने यही चाहा था कि जैसे नारियों में स्खलिताओं की संख्या न्यून हैं, वैसे ही नर भी अपनी लंपटता में कमी करे। किन्तु अब वे यह माँग करने लगी है कि नैतिक मामलों में जितनी स्वाधीनता नरों को प्राप्त है, उतनी ही स्वाधीनता नारियों को भी मिलनी चाहिए, अर्थात् पहले वे नैतिक गुलामी में नरों की समानता करना चाहती थीं, आज वे नैतिक स्वतन्त्रता में उनकी बराबरी करना चाह रही हैं।

एक बात और है कि पुरानी नैतिकता का आधार युवकों और युवतियों का सेक्स-विषयक अज्ञान था। किन्तु आज मनोविज्ञान ने सेक्स के अनेक परदों का अनावरण कर दिया है और बहुत-से ज्ञानी लोग यह मानने लगे हैं कि सेक्स का ज्ञान युवकों और युवतियों को विवाह से पूर्व ही अर्जित कर लेना चाहिए। समाज में ऐसे लोग भी हैं, जिनका मत मनोवैज्ञानिकों के मतों से नहीं मिलता, किन्तु इतने-से विरोध के कारण सेक्स-विषयक ज्ञान को युवकों की पहुँच से परे नहीं रखा जा सकता। यह ज्ञान तो दुकानों से पुकार रहा है, व्हीलर के स्टालों पर इन्तजार कर रहा है, फिल्म के परदों पर चमक रहा है और उपन्यासों तथा अन्य साहित्य के जरिए घर-घर में प्रवेश कर रहा है। यह बाढ़ इतनी-सी बात से तो रुकती नहीं दीखती कि समाज का एक प्रतिष्ठित वर्ग उससे अप्रसन्न है। पुरानी नैतिकता गहरे संकट में है। और संकट में पड़ते समय उसका जो रूप था, उसे अक्षुण्ण रखकर वह संकट से निकल नहीं सकती। परिवर्तन अवश्यम्भावी है। अतएव बुद्धिमानी रूठने में नहीं, इस अप्रिय स्थिति का सामना करने में है।

सबसे पहले मनोविज्ञान के प्रभावों को लीजिए। समाज पर इस विज्ञान का व्यापक प्रभाव यह पड़ा है कि सेक्स के पूर्ण उपभोग के बिना जीवन पूर्ण नहीं हो सकता और जो लोग सेक्स के संवेगों का दमन करते हैं, वे अपने व्यक्तित्व को गलत रास्ते पर ले जा रहे हैं। वैरागियों ने उपदेश दिया था कि सेक्स का सम्पूर्ण दलन ही मनुष्य को उत्तम बनाता है। मनोविज्ञान से लोगों ने यह शिक्षा निकाली है कि सेक्स की निर्बन्ध अभिव्यक्ति के बिना मनुष्य का चौकोर विकास असम्भव है। पुरुष को देखकर नारी के मन में और नारी को देखकर पुरुष के मन में रंगीन तरंगें उठती हैं। वैरागी कहता था, इन तरंगों को रोक दो। मनोवैज्ञानिक कहते हैं, रोकने से ये तुम्हारे व्यक्तित्व में कुंठा उत्पन्न करेंगी, इसलिए इन्हें रोको नहीं, अभिव्यक्त होने दो। अब वैरागी पर मनोवैज्ञानिक की विजय होने लगी है और बहुत-से लोग मानने लगे हैं कि मुक्त सेक्स-जीवन ही सहज और श्रेष्ठ है।

किन्तु मुक्त सेक्स-जीवन का अर्थ क्या है? निरे शारीरिक अर्थ में सेक्स को जो महत्त्व दिया गया है, वह अत्यन्त अतिरंजित है। लोग यदि यह मानने लगें कि सेक्स का शारीरिक उपभोग जितना ही अधिक किया जाए, मनुष्य उतना ही अधिक पूर्ण हो जाता है, तो मेरे खयाल में इससे अधिक गलत बात और कोई नहीं हो सकती। बहुत-से उपन्यासकार सेक्स और प्रेम को पर्याय बनाकर दिखलाते हैं। किन्तु वे क्या सचमुच ही पर्याय हैं? सेक्स की अनुभूति शारीरिक अनुभूति होती है। किन्तु प्रेम की अनुभूति में शारीरिक, मानसिक और आध्यात्मिक—तीनों अनुभूतियाँ समन्वित रहती हैं। मनोविज्ञान ने जो यह कहा है कि प्रेम की अनुभूति जीवन की सबसे बड़ी अनुभूति है, उसका अर्थ यह नहीं है कि सेक्स का सुख ही जीवन का सबसे बड़ा सुख है। यदि बात यही होती तो, बड़े काव्य वे लिखते, जो दिन-रात विलास-पर्यंक पर लेटे रहते हैं और बड़ी लड़ाइयाँ वे जीतते, जो सब कुछ छोड़कर लड़कियों के पीछे भागते फिरते हैं। किन्तु बात ऐसी नहीं है। कालिदास ने कुमारसम्भव तब लिखा होगा, जब वे विलास से बहुत दूर रहे होंगे और मेघदूत की रचना के समय तो स्पष्ट ही सहधर्मिणी उनके साथ नहीं थी। मनुष्य के पास ही इंजिन है, जिसका नाम सेक्स अथवा सेक्स की शक्ति है। अब इस इंजिन से चाहे वह खेत जोत ले अथवा विमान में चढ़कर ऊपर उड़ जाए। सेक्स की अनुभूति में मात्रा नहीं, गुण का महत्त्व है; प्रसार नहीं, घनत्व की महिमा है। व्यक्तित्व के विकास में प्रेम सहायक होता है, सेक्स नहीं। सस्ते ढंग से हर जगह शारीरिक धरातल पर सेक्स की निरन्तर अभिव्यक्ति करते फिरने की अपेक्षा तो युवकों और युवतियों के लिए यह कहीं श्रेष्ठ है कि वे सेक्स को अभिव्यक्ति दें ही नहीं। इससे उनके व्यक्तित्व का तनिक भी ह्रास नहीं होगा। ह्रास उनका तभी हो सकता है, जब वे मन और आत्मा के जाग्रत हुए बिना शारीरिक मिलन में प्रवृत्त होते हों।

काम तन में तो रहता ही है, कभी-कभी उसका निवास मन में भी हो जाता है। तन का काम, स्वाभाविक प्रवृत्ति; किन्तु मन का काम रोग है। यह भी कि तन के काम की आवश्यकता सीमित होती है; किन्तु मन का काम निःस्सीम होता है। तन का काम अपनी आवश्यकताओं से आगे नहीं बढ़ता; किन्तु मन का काम उसका केवल अतिक्रमण ही नहीं करता, वह नकली आवश्यकताओं को भी जन्म देता है। तन का काम वश में लाया जा सकता है, किन्तु मन का काम काल्पनिक होने के कारण पकड़ में नहीं आता। मसल मशहूर है कि भय की अपेक्षा भय की कल्पना अधिक भयानक होती है। सेक्स भी शरीर के धरातल पर साध्य, किन्तु दिमाग में घुस जाने पर असाध्य हो जाता है। और समाज को देखिए कि शारीरिक प्रवृत्ति पर सर्वत्र रोक लगाकर वह दिमागी सेक्स को कितनी उत्तेजना दे रहा है।

किन्तु प्राचीन नैतिकता के सामने इतनी ही कठिनाइयाँ नहीं है। लोग सेक्स और प्रेम के बीच के बारीक भेद को समझें या न समझें; किन्तु वे इतना तो समझ ही गए हैं कि सेक्स पाप नहीं है। और उन्हें यह भी ज्ञात हो गया है कि सेक्स का कविता, कला, सुप्रसन्न वैवाहिक जीवन एवं जीवन की अन्य कई ऊँची उपलब्धियों से प्रगाढ़ सम्बन्ध है। विशेषतः साहित्य और कला की प्रेरणा उस मनोदशा से आती है, जिस मनोदशा की अनुभूति मनुष्य पूर्वराग के समय करता है। जिस समाज में पवित्रतावाद और वैराग्य का प्राधान्य होता है, उसमें और चाहे जो भी प्रतापी लोग उत्पन्न हो जाएँ, बड़े कवि और बड़े कलाकार उत्पन्न नहीं होते। यह समझना तो निरी भ्रान्ति है कि जीवन में जितनी भी अच्छी बातें हैं, वे सेक्स से उत्पन्न होती हैं, किन्तु यह ठीक है कि जीवन को रंगीन और समृद्ध बनानेवाले कितने ही कार्य हैं, जो उस समाज में अच्छी तरह नहीं किए जाते, जहाँ सेक्स की स्वाभाविकता का प्रचलन नहीं है, जहाँ नर-नारी के मिलन पर पहरा देने की परिपाटी है।

मैं जिस प्रेरणा की ओर संकेत कर रहा हूँ, वह शारीरिक मिलन की प्रेरणा नहीं, प्रत्युत वह अदृश्य लहर है, जो नारी से उठकर नर को छूती है और नर से उठकर नारी को। यह वह आनन्द है, जो फूलों के पास बैठने में मिलता है; यह वह आह्लाद है, जो फूलों को अपनी प्रशंसा सुनने से प्राप्त होता है। कला को प्रेरणा वही समाज दे सकता है, जहाँ नारियाँ नरों की पहुँच से बिलकुल तो नहीं, फिर भी कुछ दूर होती हैं। प्राप्ति कठिन, पर उद्योग कठिन नहीं, जहाँ यह वातावरण होता है, कला वहीं स्फुरणाओं से भरी रहती है। वैज्ञानिक के लिए यह लाभदायक है कि उसका सेक्स तृप्त रहे, किन्तु कलाकार को यदि तृप्ति मिल गई, तो उसकी शक्तियाँ अवरुद्ध हो जाएँगी। किन्तु भारत में दुर्भाग्यवश यह स्थिति नहीं रही। अन्य देशों की तरह यहाँ भी नरों में बहुपत्नीत्व की भावना अत्यधिक तीव्र रही है। इस देश में भी एक पत्नी तक सीमित अकसर वही रह पाता है, जो अपेक्षाकृत गरीब है, जिसके भीतर धार्मिक भाव हैं, जिसे मेहनत से ज्यादा अवकाश नहीं मिलता और जिसकी पत्नी कुछ थोड़ा

पहरा भी रख सकती है। जहाँ यह स्थिति नहीं होती, वहाँ पुरुष का मन प्रायः नई हरियाली की ओर आँख उठाने को मजबूर हो जाता है। पुरुषों में रोमांस के लिए जो तृष्णा उठती है, उसका आंशिक समाधान इस देश में वेश्याएँ करती रही हैं। फिर भी प्राचीन नैतिकता के पोषक लोग यह मानने को तैयार नहीं हैं कि वेश्या-प्रथा का जन्म, पालन और विकास प्राचीन नैतिकता के कारण सम्भव हुआ है।

आज की स्थिति यह है कि सेक्स का ज्ञान बहुत ही सुलभ हो गया है और अधिकांशतः युवक सेक्स के सुख को गर्हित नहीं मानते। मेरे जानते इस पर रोना-पछताना व्यर्थ है। यदि इसके अधम पक्ष को ही लें, तब भी यह अधिक उत्तम है कि लोग ज्ञान के प्रकाश में विनष्ट हो जाएँ, बनिस्बत इसके कि वे अज्ञान के अँधेरे में विनसें। शास्त्रों की अवज्ञा हो जाने के कारण सेक्स का जो पाप-भाग था, वह भागने लगा है। और सबसे बड़ा भय जो गर्भ को लेकर था, उसे गर्भ-निरोधक यंत्रों ने जीत लिया है। अब तो यह पूर्ण रूप से सम्भव दीखता है कि नारियाँ, चाहें तो पुत्र केवल अपने पतियों से ही उत्पन्न करवा सकती हैं। फिर भी, सती की तुलना में असती नारी आज भी हीन है और वह सदैव हीन रहेंगी। किन्तु इतना हुआ है कि अब वह घृण्य नहीं रही, न सतीत्व की प्रामाणिकता अब उतनी आसान है, जितनी पहले थी।

प्राचीन नैतिकता के अन्दर चाहा यह जाता था कि विवाह के पूर्व तक युवक और युवती, दोनों को सेक्स के अनुभव से मुक्त रहना चाहिए। किन्तु आर्थिक कारणों और जीवन के ढंग बदल जाने से अब विवाह विलम्ब से किए जाते हैं। यहाँ भी आज तक कौमार्य की शर्त नारियों के लिए जितनी कड़ाई से बरती गई है, उतनी कठोरता से नरों के लिए नहीं। किन्तु गर्भ-निरोधक यंत्रों के प्रचलन से इस मामले में भी नारियों की कठिनाई दूर हो गई है। अब नारियाँ यदि यह कहें कि जब वर अक्षतता का धर्म पालन नहीं करता, तो वधू पर ही यह कठिनाई क्यों लादी जाए, तो इसका कोई न्यायसंगत उत्तर नहीं दिया जा सकता।

भारत में बाँध अभी तक नहीं टूटा है। यहाँ की नई पीढ़ी में भी थोड़े-से शिक्षित नागरिक ही अभी नई नैतिकता से प्रभावित हो सके हैं और उनके अन्तर्मन में भी अभी तक पुरानी नैतिकता का भय वर्तमान है। किन्तु बाढ़ इंच-इंच ऊपर उठती जा रही है और यह देश भी उस नैतिक संघर्ष में पड़नेवाला है, जिसमें पड़कर कई अन्य देशों में प्राचीन नैतिकता हार चुकी है; रूस और स्वीडन में सेक्स की आजादी इतनी दूर तक जा पहुँची है कि वहाँ गर्भपात कोई अपराध नहीं है, न वहाँ के समाज में अविवाहित माताओं की कोई अवज्ञा होती है, न अज्ञातनामा पिताओं की सन्तानों को कानून कोई हानि पहुँचाता है। स्वाधीनता की लहर में कुछ चिन्तक यहाँ तक मानने लगे हैं कि मनुष्य को पूरी स्वतन्त्रता का आनन्द तब प्राप्त होगा, जब सेक्स शरबत या चाय के समान आसानी से सुलभ हो जाए। उस पर तुर्रा यह है कि

साम्यवाद जहाँ भी पहुँचता है, वह वेश्या-प्रथा को पहले ही दिन समाप्त कर देता है। वेश्या-प्रथा की समाप्ति वास्तव में प्राचीन नैतिकता की ही समाप्ति है, क्योंकि इस प्रथा के समाप्त हो जाने पर प्राचीन नैतिकता आप-से-आप टूट जाती है।

बरट्रेंड रसल का कहना है कि मर्द अपने बच्चे का सही बाप है या नहीं, जब इस विषय का खतरा जाता रहा, तब मर्दों को औरतों के आनन्द में बाधा पहुँचाने की बात क्यों सोचनी चाहिए? क्यों नहीं वे अपनी पत्नियों के मित्रों को उसी भाव से घर के भीतर आने दें, जैसे पहले के बादशाह हिजड़े मर्दों को जनानखानों में निश्चिन्त जाने देते थे?

किन्तु तब भी एक शंका तो बच ही जाती है। क्या गर्भ-निरोधक यंत्रों के भरोसे पुरुष निश्चिन्त हो सकता है और उसे अपनी पत्नी की सत्यता पर पूरा विश्वास होगा? नैतिकता नई हो या पुरानी, उसे चलाने में कठिनाइयाँ समान हैं।

इस विषय में जितने भी समाधान प्रस्तावित हुए हैं, उनमें रसल साहब का समाधान मुझे सबसे कम दुखदायी लगता है। रसल नास्तिक और बुद्धिवादी चिन्तक है, किन्तु व्यभिचार पर लगाम देने के भी उतने ही पक्षपाती हैं, जितने प्राचीन नैतिकता के समर्थक लोग। दोनों के बीच भेद केवल यह है कि प्राचीनतावादी लोग अज्ञान और दासता का सहारा लेते हैं, किन्तु रसल वैयक्तिक स्वातन्त्र्य को अक्षुण्ण रखना चाहते हैं। उदाहरणार्थ, प्राचीनतावादी लोग चाहेंगे कि सेक्स का ज्ञान देनेवाली सारी पुस्तकें जला दी जाएँ अथवा वे ऐसी अलमारियों में बन्द कर दी जाएँ, जहाँ युवक नहीं जा सकते। इसी प्रकार उनका दूसरा समाधान यह होगा कि नारियाँ फिर से नरों की संगति से हटाकर घरों में बन्द कर दी जाएँ। किन्तु ये काम अब क्या हो सकते हैं? और यदि वे सम्भव भी हों, तो भी क्या यह सुकर्म होगा? अतएव रसल का कहना है कि वैयक्तिक स्वातन्त्र्य का अपहरण न किया जाए, न युवकों से सेक्स की जानकारी ही चुराकर रखी जाए। इससे अच्छा तो यह होगा कि सेक्स-विषयक ज्ञान युवकों को सुचिन्तित ढंग से दिया जाए, जिससे वे दूध से पानी को अलग कर सकें अर्थात् यह समझ सकें कि सेक्स का सदुपयोग और दुरुपयोग कैसे किया जाता है।

नर-नारी मिलन में सबसे अधिक महत्त्व प्रेम का है। अतएव नर-नारियों के बीच वह गम्भीर प्रेम अधिक-से-अधिक विकसित होना चाहिए, जिससे आलिंगन-समुद्र में दोनों के सम्पूर्ण व्यक्तित्व पूर्णरूप से निमग्न हो जाएँ और उस मिलन से दोनों के व्यक्तित्व अधिक पूर्ण, अधिक समृद्ध और अधिक सुखद बनते चले जाएँ।

महत्त्व की दूसरी बात यह है कि बच्चों को कोई भी शारीरिक या मनोवैज्ञानिक कष्ट न हो। यदि यह नहीं हुआ, तो नई नैतिकता राक्षसों की नैतिकता कही जाएगी।

किन्तु प्रेम में सबसे बड़ी कठिनाई ईर्ष्या को लेकर उठती है और दुर्भाग्यवश प्राचीन नैतिकता ईर्ष्या को अपनी सहेली मानती है। अच्छे-भले दम्पत्ति में भी ईर्ष्या का कोई पतला भाव बराबर मँडराता रहता है और ईर्ष्या के द्वारा ही वे एक-दूसरे

को मानो जेल में बिठाए रहते हैं। पति-पत्नी यदि एक-दूसरे के प्रति इतने आसक्त हैं कि उनमें से कोई भी घेरे के बाहर वाले मुख पर लोभ की दृष्टि नहीं डालता, तो यह बहुत अच्छी बात है। श्रेष्ठ तो वे ही गिने जाएँगे, जो एक-से तृप्त हैं, जो सेक्स को शरीर तक ही सीमित रखकर उसे दिमाग पर चढ़ने नहीं देते अथवा जो सेक्स की धारा को पचाकर ऊर्ध्वरेता होकर ऊपर उठ रहे हैं। किन्तु उनमें से कोई यदि फिसल जाए, तो इस फिसलन पर भयानक कांड उपस्थित कर देना बुद्धिसंगत नहीं दीखता। इसे भी आपद्धर्म मानकर परस्पर ही बर्दाश्त कर लेना चाहिए। और यह भी उचित नहीं है कि ईर्ष्या और शंका से प्रेरित पति पत्नी को और पत्नी पति का अन्य नर-नारियों से मिलने न दें। ईर्ष्या, शंका, भय, मनाही और एक-दूसरे की स्वतन्त्रता में हस्तक्षेप, इन दुर्वृत्तियों के आधार पर अच्छे दाम्पत्य का महल खड़ा नहीं किया जा सकता।

ईर्ष्या ही वह चट्टान है, जिस पर प्राचीन नैतिकता टूट रही है। ईर्ष्या यदि न जीती गई, तो इसी चट्टान पर नई नैतिकता भी टूट जाएगी। अतएव मुख्य प्रश्न आत्मदमन का है, ईर्ष्या पर विजय स्थापित करने का है। आत्मदमन तो नई नैतिकता के लिए भी उतना ही आवश्यक होगा, जितना पुरानी के लिए था। किन्तु आत्मदमन अब हमें इसलिए चाहिए कि हमें दूसरों की आजादी में दखल नहीं देना है, इसलिए नहीं कि हमें अपनी आजादी को कम करना है।

('विवाह की मुसीबतें' पुस्तक से)

प्रेम एक है या दो?

प्लेटो के 'सिम्पोजियम' को पढ़ने से ऐसा लगता है कि प्रेम एक नहीं, दो हैं। हीन कोटि का प्रेम वह है, जो नर और नारी के बीच होता है। प्लेटो के अनुसार, इस प्रेम का एकमात्र लक्ष्य सन्तानोत्पत्ति है। किन्तु इससे अधिक श्रेष्ठ प्रेम वह है, जो नर को नर से होता है। रचना, सर्जन अथवा उत्पादन तो इस प्रेम का भी ध्येय है, किन्तु जब दो पुरुष आपस में प्रेम करते हैं, तब उस प्रेम से बच्चे नहीं जनमते, बल्कि कला, ज्ञान और दर्शन उत्पन्न होते हैं।

प्लेटो का विचार है कि मनुष्य में अपने-आपको अमर बनाने की इच्छा अत्यन्त बलवती है। प्रेम इसी इच्छा का क्रियाशील रूप है। किन्तु अमरता तो अलभ्य आदर्श है, इसलिए प्रेम से प्रेरित मनुष्य सन्तान उत्पन्न करता है और सन्तानोत्पादन का कार्य अपने को भविष्य तक खींच ले जाने का ही प्रयास है।

किन्तु यह प्रेम का शारीरिक धरातल है और इस धरातल पर वे ही लोग कार्य करते हैं, जिनकी सारी प्रेरणा शारीरिक है। इसके विपरीत, जो लोग शरीर से ऊपर उठना चाहते हैं, वे अपने को अमर बनाने के लिए दीर्घायु सुयश की खोज करते हैं अथवा कला और ज्ञान की साधना करते-करते उस महासौन्दर्य की ओर बढ़ते हैं, जिसका सामीप्य छोड़कर मनुष्य मर्त्यलोक में आता है। जन्म के पूर्व मनुष्य जहाँ रहता है, वह महासौन्दर्य का लोक है। आत्मा धरती पर उसी सौन्दर्य की खोज में है। उस सौन्दर्य की झाँकी नारियों में भी मिलती है और नरों में भी। इसीलिए मनुष्य इन दोनों सुन्दरताओं से आकृष्ट होता है। किन्तु नर के सौन्दर्य की ओर बढ़ना अधिक श्रेयस्कर है, क्योंकि वह निरापद है। प्लेटो का 'सिम्पोजियम' नारियों पर विश्वास नहीं करता। 'रिपब्लिक' में प्लेटो ने नर और नारी को परस्पर समान माना है, किन्तु प्रेम के विषय में उनका विचार यह दिखता है कि प्रेम में जो आध्यात्मिक प्रेरणा है, उसकी सिद्धि नारी-प्रेम से नहीं हो सकती, क्योंकि नारियों की रचनात्मक शक्ति शरीर के धरातल से ऊपर नहीं जाती है।

'सिम्पोजियम' में कुछ व्याख्यान ऐसे भी हैं, जिनसे काम के अप्राकृतिक रूप का समर्थन होता है, किन्तु प्लेटो का अपना विचार यह है कि प्रत्येक प्रकार के सम्बन्ध में वासना निंद्य है। श्रेष्ठ प्रेम दो स्वरूपवान और मेधावी नरों के बीच उत्पन्न होनेवाला वह मधुर सम्बन्ध है, जिससे दोनों को आध्यात्मिक प्रेरणा प्राप्त होती है और दोनों

कला, ज्ञान एवं आध्यात्मिक साधना के क्षेत्र में उत्तरोत्तर ऊपर उठते जाते हैं। सुकरात को प्लेटो ने ऐसे प्रेम की साकार प्रतिमा माना है।

किन्तु आज हमारे सोचने की पद्धति कुछ और हो गई है। प्लेटो के श्रेष्ठ प्रेम का आधार आज की दुनिया में अप्राकृतिक अपराध माना जाएगा और यदि यह कहें कि सुकरात आदि का युवकों से जो प्रेम था, उसमें वासना नहीं थी, तो भी यह विचारने की बात हो जाती है कि वैसे सम्बन्ध को प्रेम और मैत्री में से किस कोटी में रखा जाए। और आज के चिन्तक प्लेटो की इस धारणा से भी असहमत होंगे कि नारी की प्रेरणा केवल शरीर के धरातल तक सीमित होती है तथा वह कला, ज्ञान और अध्यात्म तक नहीं जा सकती।

जहाँ तक सन्तानोत्पत्ति अथवा प्रजा-वृद्धि का प्रश्न है, इस विषय में भारतीय परम्परा की भी वही मान्यता है, जो प्लेटो की रही होगी। किन्तु अब तो इस मान्यता के भी पाँव उखड़ रहे हैं, क्योंकि ट्यूब-क्रिया से सन्तान प्रेमानुभूति के बिना भी उत्पन्न की जा सकती है और जो नर-नारी सन्तान नहीं चाहते, प्रेम का दोल उनके हृदयों में भी चलता है। गर्भ-निरोधक यन्त्र प्रेम में बाधा नहीं डालते हैं।

बात घूम-फिरकर नैतिकता पर आ जाती है। समाज में उल्लंध्य कामाचार न बढ़े, इसलिए शास्त्रों ने प्रेम पर अंकुश लगाया और यह निर्णय दिया कि नर-नारी का दैहिक मिलन पाप है, यदि वह प्रजोत्पत्ति के लिए न किया गया हो। और, अजब नहीं कि नैतिकता की ही किसी व्याप्ति से भीत होकर प्लेटो को भी प्रेम की दो श्रेणियाँ बनानी पड़ी हों। प्रेम के भीतर अच्छी और बुरी, अनेक प्रकार की प्रवृत्तियाँ काम करती हैं, इसलिए इस लता को किसी-न-किसी बाड़े में घेर रखना ही ठीक है। किन्तु यहीं कथा की इत्ति नहीं हो जाती। समझने की बात यह है कि प्रेम है क्या और वह कैसे अपना काम करता है।

प्लेटो ने ज्ञान, सत्य और अध्यात्म को भी प्रेम का ही विषय माना है, किन्तु मेरे जानते ये प्रेम के विषय नहीं है। हाँ, वे प्रेम के परिणाम हो सकते हैं। काम की सनातन व्याख्या यह है कि प्रकृति उसके द्वारा जीव-सृष्टि को कायम रखती है। किन्तु काम की सारी व्याप्तियाँ इतनी ही नहीं हैं। काम केवल शरीर का धर्म नहीं है, उसके अनेक कार्यों में प्रेमियों की आत्मा भी साथ होती है। नारी का शरीर निरी वासना का क्षेत्र नहीं है। नारी जब अपने सौन्दर्य से पुरुष को आकृष्ट करती है, तब वह उसके हृदय में किसी कवि को भी जाग्रत कर देती है। प्रेम शारीरिक कृत्य भी है, किन्तु शरीर की क्रियाएँ प्रेम को उतना उत्तेजित नहीं करतीं, जितनी उत्तेजना काम के मानसिक उपसर्गों से आती है; शब्द, चिन्तन ध्यान और समाधि से आती है। प्रेम का आरम्भ भौतिकता में और परिपाक अध्यात्म में है। प्रेम पहले 'फिजिक्स' और तब 'मेटाफिजिक्स' होता है। प्लेटो ने प्रेम की जो श्रेणियाँ बनाईं, वे वस्तुतः परस्पर भिन्न नहीं हैं। एक ही प्रेम दोनों श्रेणियों में विहार करता है।

यदि केवल प्रजनन की आवश्यकता को ही सत्य मानें, तो मनुष्य और पशु में कोई भेद न रह जाएगा और तब मनुष्य का प्रेम भी वैसा ही अनगढ़ और कुरूप होगा, जैसा वह पशु-जगत में पाया जाता है। किन्तु मनुष्य और पशु के कृत्य एक समान नहीं होते। पशु केवल पेट भरने को भोजन करते हैं, मनुष्य भोजन में स्वाद भी चाहता है। पशु अपनी नग्नता से सन्तुष्ट रहते हैं, मनुष्य भाँति-भाँति की पोशाकों से अपने सौन्दर्य में वृद्धि करता है। प्रेम के आवेग से विचलित पशु उछलते-नाचते और कूदते हैं। किन्तु इस आवेग से आक्रान्त मनुष्य मुख से कोई मनोरम शब्द निकालता या कविता करता है और शब्द विचारों की अभिव्यक्ति होते हैं। मनुष्य की काम-भावना केवल शरीर को ही नहीं, मन और आत्मा को भी आन्दोलित करती है। काम जब मन और आत्मा के धरातल पर पहुँचता है, तब उसके भीतर रहस्यपूर्ण अर्थों का समावेश होने लगता है। प्रेम प्रजनन भी है और मानसोल्लास भी। प्रेम सामाजिक कृत्य भी है और रहस्यवाद भी।

हौवा का जन्म कैसे हुआ? कहते हैं, एक दिन जब आदम सोए हुए थे अर्थात् रहस्य-चिन्तन अथवा ईश्वर की समाधि में लीन थे, तभी देवताओं ने उनके हृदय के पास की एक हड्डी निकाल ली और उसी अस्थि-तन्तु पर हौवा के व्यक्तित्व की नींव पड़ी, अर्थात् नारी नर की अस्थि से बनी है, यानी वह शारीरिक सम्बन्ध के लिए है। यह भी कि नारी नर की प्रार्थनामयी समाधि से निकली है; अर्थात् वह आध्यात्मिक प्रेरणाओं का स्रोत है।

जिन देशों में विवाह वर और वधू की इच्छा के अनुसार किया जाता है, वहाँ नर विवाह में केवल इसलिए प्रवृत्त नहीं होता कि उसे सन्तान की आवश्यकता होती है अथवा वह नारी को फलवती बनाना चाहता है, प्रत्युत ऐसे सभी विवाहों का एकमात्र ध्येय प्रेम होता है और प्रेम के सामने कोई उपयोगी लक्ष्य है या नहीं, यह नहीं जाना जा सकता। शायद प्रेम उपयोगिता के वृत्त से बाहर की चीज है। कला के विषय में रवीन्द्रनाथ ने कहा है कि जब तक मनुष्य उपयोगिता के वृत्त में है, वह कला की सृष्टि नहीं कर सकता, क्योंकि कला का उपयोग से कोई सम्बन्ध नहीं है। कला का आनन्द एक ऐसा आनन्द है, जिसका कोई लक्ष्य या उद्देश्य नहीं होता। मेरे जानते, प्रेम का भी प्रेम के सिवा कोई और उद्देश्य नहीं है। प्रकृति भी कदाचित् यही मानती है। मानवीय प्रेम के विषय में प्रकृति की दृष्टि व्यष्टि पर रहती है, समष्टि पर नहीं। उसका भाव शायद यह है कि व्यष्टि की आवश्यकता की पूर्ति से समष्टि की आवश्यकता आप-से-आप पूर्ण हो जाती है। किन्तु इसके बाद प्रेम का जो एक विशाल साम्राज्य बच जाता है, उसमें व्यक्ति ही विहार करते हैं।

केवल शारीरिक मिलन को प्रेम कहना चाहिए या नहीं, यह विषय संदिग्ध माना जाना चाहिए। शायद वह प्रेम नहीं है। प्रेम की सार्थकता दम्पत्ति के तन, मन और आत्मा के एकाकार होने में है। और प्रेमियों में भी श्रेष्ठ वे हैं, जो केवल काम पर

वश न मानकर सबसे अधिक रस उन झंकारों का लेते हैं, जिन्हें प्रेम प्रेमियों की आत्मा में उत्पन्न करता है। प्रेम वासना है, किन्तु यह वासना आत्मा में विलक्षण उमंग, अप्रतिम प्रसार और अद्‌भुत उत्तेजना जाग्रत करती है। प्लेटो की यह उक्ति ठीक है कि प्रेम एक प्रकार के आनन्दोन्माद का माध्यम होता है, प्रेम उस लोक की ओर उड़ने की प्रेरणा देता है, जो अतीन्द्रिय सुषमाओं का लोक है। प्लेटो ने जिस आनन्दोन्माद की ओर संकेत किया है, उसकी अनुभूति सबको होती है, उन्हें भी जो सुसंस्कृत और सुरुचिसम्पन्न हैं, और उन्हें भी जो भौंडे और गँवार हैं। किन्तु भौंडे और गँवार लोग इस स्फुरण को ठीक से नहीं पहचान पाते, यद्यपि अनुभव उन्हें भी होता है कि आनन्द की यह किरण अपरलोक से आ रही है।

ऐसा दीखता है कि प्रेम और कला में निकट का सम्बन्ध होगा। इसके कई प्रमाण दिए जा सकते हैं। सबसे बड़ी बात तो यह है कि प्रेम का आनन्द बहुत कुछ कला के आनन्द के समान होता है और आदमी चाहे कितना भी अकलात्मक क्यों न हो, उसे जीवन में एक बार इस आनन्द की अनुभूति अवश्य होती है। प्रेम से कई प्रकार की चिनगारियाँ छिटकती हैं। इनमें से सबसे अधिक तेज वाली वे होती हैं, जिनसे कला को प्रेरणा मिलती है। इसीलिए कलाकार नारी रूप की ओर सहज ही खिंच जाता है। पंडित, मूर्ख, धनी और निर्धन—प्रेम, प्रायः सभी प्रकार के लोग करते हैं, किन्तु प्रणय-भावना की जैसी अनुकूलता योद्धाओं और कलाकारों से है, वैसी और लोगों से नहीं। यह शायद इसलिए कि योद्धा में बलिदान के आवेग अधिक होते हैं और कलाकार उन आध्यात्मिक किरणों को कुछ अधिक समझ सकता है, जो नारियों के सौन्दर्य से निःसृत होती हैं।

प्रेम की सहज भूमि उस हृदय को मानना चाहिए, जिसमें अतृप्त प्रवृत्तियों की भरमार है और जो यह अनुभव करता है कि वह उपेक्षित, रीता और असन्तुष्ट है। कलाकारों में इच्छाएँ और प्रवृत्तियाँ असंख्य होती हैं और वे सदैव एक प्रकार की तृषा से चंचल, एक प्रकार की रिक्तता से आक्रान्त रहते हैं। इसीलिए सौन्दर्य को देखते ही कलाकार के हृदय में हलचल-सी मचने लगती है, जो प्रेम और कला, दोनों की पहली पहचान है।

जिसके भीतर प्रवृत्तियाँ कम हैं और जो हैं भी, वे संतृप्त हैं, वह व्यक्ति प्रेम, शायद ही कर सके। जो सुखी है, जो सन्तुष्ट है, प्रेम का सारा तेज उसमें प्रकट नहीं होता। इसी प्रकार, जिसके अन्तर में वेदना नहीं, पीड़ा और अतृप्ति नहीं, वह व्यक्ति भी प्रेम की क्षमता से विहीन होगा। कलाकार चूँकि जीवनभर अपनी रिक्तता और तृषा से बेचैन रहता है, इसीलिए प्रेम वह उस उम्र में भी कर सकता है, जब इतर जन सौन्दर्य से आँखें चुराने लगते हैं। नारी जिस प्रेम को सदा जगाए रखना चाहती है, नरों में वह प्रेम केवल कलाकारों में अधिक-से-अधिक काल तक जीवित रहता है। प्रेम से एक प्रकार के अमृत की वृष्टि होती है, जिसे पीकर प्रेमी मन से जवान रहते

हैं। जिस व्यक्ति को सांसारिक सफलता मिलने लगी, वह इस अमृत से दूर होने लगता है। किन्तु चिरन्तन तृषा से पीड़ित रहनेवाला कलाकार इस अमृत की खोज आजीवन करता रहता है। कला की सर्वाधिक प्रेरक शक्ति सौन्दर्य और प्रेम है।

और वासना से भी सर्वाधिक मुक्त केवल कलाकार का प्रेम होता है। कला प्रेम को जीव-विज्ञान, समाज और ऐन्द्रियता के धरातल से उठाकर ऊपर ले जाती है। कला का ध्येय प्रेम का, स्वप्न की भाषा में, अनुवाद है। कविताओं में हम जिस नारी का बखान सुनते हैं, वह किसी की भी बेटी, बहन या भार्या नहीं होती। वह तो अनामिका, अशरीरी कल्पना की प्रतिमा है, जिसके अंग पर उम्र के दाग नहीं लगते, जो स्पर्श से परे खड़ी हमारे सपनों पर राज करती है। चूँकि वह कोई एक नारी नहीं है, इसीलिए वह सभी नारियों का प्रतिनिधित्व करती है।

नर-नारी के शारीरिक मिलन का सन्धान शास्त्रकार वात्स्यायन ने किया। किन्तु शरीर के धरातल से ऊपर नर-नारी के मिलन की महिमा कालिदास और लारेंस का अनुसन्धान है। प्रेम से आनन्द की एक प्रकार की अशरीरी लहर उठती है, जो बहुत-कुछ रहस्यवादी कल्पना की लहर के समान है। कविता इस लहर के लिए राह बनाती है। कला इस लहर का अनुकरण करती है। प्रेम से प्लेटो ने एक प्रकार की अतीन्द्रिय अनुभूति की माँग की थी। कला इस माँग की सबसे समीपवर्ती पूर्ति है।

सूफी परम्परा में एक कहावत चलती है कि इश्कमिजाजी इश्कहकीकी का सोपान है अर्थात् शारीरिक सोपान पर प्रेम करते-करते मनुष्य अध्यात्मिक सोपान की ओर बढ़ने लगता है। प्रेम के भीतर आध्यात्मिक प्रसार की शक्ति है, यह निश्चित बात है। किन्तु क्या प्रत्येक व्यक्ति शारीरिक सोपान से, स्वभावतया, अध्यात्म की ओर बढ़ सकता है ? काश! यह बात होती। किन्तु वह है नहीं। शरीर प्रेम की जन्मभूमि है और जैसे सब लोग जन्मभूमि से प्यार करते हैं, वैसे ही प्रेम को भी अपनी जन्मभूमि अन्य सभी भूमियों से अधिक पसन्द है :

प्रेम की मादकता का भेद
छिपा रहता भीतर मन में,
काम तब भी अपना मधु वेद
सदा अंकित करता तन में।

(नए सुभाषित)

शरीर से ऊपर उठने के लिए सब्लिमेशन अथवा उदात्तीकरण की प्रक्रिया पर अधिकार होना चाहिए, किन्तु यह अधिकार अधिक लोगों को प्राप्त नहीं होता। प्रत्येक युग में कुछ थोड़े-से ही लोग उदात्तीकरण की क्षमता से सम्पन्न होते हैं, और उनसे भी कम संख्या उनकी होती है, जो प्रयासपूर्वक अपने को उदात्तीकरण के अनुरूप बनाने में सफलता प्राप्त करते हैं। सबसे बड़ी बाधा यहाँ प्रेम से ही आती है, क्योंकि प्रेम शरीर को छोड़ना नहीं चाहता, वह उड्डयन के क्रम में आधी राह

से भी बार-बार नीचे लौट आता है। प्रेम की बाधाओं से घबराकर लोग अकसर यती-मार्ग पर जा पड़ते हैं, किन्तु यह 'सब्लिमेशन' नहीं है। केवल शरीरव्रती हो, इससे क्या होता है? व्रत की पवित्रता तो मन के भीतर रहनी चाहिए। सच्चा सब्लिमेशन वह है, जिसमें मन तो शरीर के रस से आप्यायित रहता है और शरीर मन के व्रतों का साथ देता है। उदात्तीकरण में सिद्धि उसे मिलती है, जो 'विरागलोक का रसिक' और 'मधुवन का संन्यासी' है।

सब्लिमेशन की प्रक्रिया काम के सर्वथा त्याग की प्रक्रिया नहीं उसकी शारीरिक अभिव्यक्ति के त्याग की प्रक्रिया है। और यह त्याग देह-दंडन के भाव से नहीं मधुरता के साथ किया जाना चाहिए। सब्लिमेटेड अथवा उदात्त पुरुष काम से सर्वथा मुक्त नहीं होता, केवल उसकी स्थूलताओं से परे होता है। वीणा को गोद में रखकर उसे बजाने का काम वह प्रेम है, जिसे प्लेटो ने हीन कोटि में रखा है। किन्तु वीणा से निकलने वाली झंकारों का सेवन वह प्रेम है, जो उच्चकोटि में आता है। प्रेम का जन्म काम में होता है, किन्तु उसकी परिणति काम के अतिक्रमण में होनी चाहिए। यही नहीं, प्रत्युत प्रेमिका के सौन्दर्य पर चकित रहनेवाले चिन्तनशील प्रेमी के मन में भी यह भावना उठा करती है कि वह सौन्दर्य कहाँ है, जो इससे भी अधिक महान होगा। प्रेम में पवित्रता धर्म के भय से नहीं लाई जाती, पवित्रता प्रेम का अपना गुण है।

किन्तु यह साधना अत्यन्त कठोर है। प्रेम के भीतर भ्रान्तियाँ और मरीचिकाएँ एक-दो नहीं, अनन्त हैं। प्रेम और काम एक नहीं हैं; किन्तु उन्हें दो करके देखना अत्यन्त दुष्कर कार्य है। प्रेम भ्रामक होता है, प्रेम चंचल होता है, प्रेम अकसर विकृत हो जाता है, वह पंडितों के उपदेशों से चिढ़ता और सामाजिक बन्धनों की अवज्ञा करता है। वह उड़कर आकाश की सैर करता है और मौका मिलते ही पंक में धंस जाना चाहता है। उसकी प्रेरणाएँ दिव्य भी हैं और राक्षसी भी। प्रेम अपने-आपको न्योछावर भी करता है और दूसरों के वह प्राण भी लेता है। इसलिए व्यक्ति और समाज, दोनों उसके प्रति सावधान रहें, इसी में कल्याण है। क्योंकि वन के हिंस्र जन्तुओं से लड़कर मनुष्य जीत भी जाए, किन्तु प्रेम के आवेगों से लड़कर जीतना दुःसाध्य है। कबीर साहब ने सत्य कहा है :

चढ़ै सो चाखे प्रेम-रस, गिरै सो चकनाचूर।

किन्तु यह प्रेम-रस है क्या चीज? प्रेम और काम को दो करके देखना कठिन है, किन्तु उनकी भिन्नता सदैव अदृश्य नहीं रहती। प्रेम भावनाओं की तृप्ति, आनन्द की लहर, शारीरिक कृत्य, सामाजिक यज्ञ और मनोवैज्ञानिक समाधान—सब कुछ है और इन सारे कृत्यों में काम उसके साथ रहता है। किन्तु एक कार्य है जिसमें प्रेम वासना से अलग खड़ा होता है। प्रेम बलिदान है। प्रेम त्याग है। प्रेम अपने-आपको दान में दे देना है और बिना यह सोचे दे देना है कि इसका कोई प्रतिदान भी है या नहीं। और यह दान उस वस्तु का नहीं है, जो हमारे पास है,

बल्कि उस सम्पूर्ण अस्तित्व का, जो हम स्वयं हैं। प्रेम का सबसे बड़ा कार्य पाने में नहीं, देने में है। और यहीं वासना प्रेम से भिन्न हो जाती है। वासना वह प्रेम है, जिसने आत्मदान से अपने को पूर्ण नहीं किया है। सिद्ध प्रेम उस व्यक्ति का है, जिसने अपना सर्वस्व चढ़ा दिया है :

यह तो घर है प्रेम का, खाला का घर नाहिं।
सीस काटि भुइयाँ धरे, तब पैठे घर माहिं।।

—कबीर साहब

समाज में, अनन्त काल से, प्रेम के प्रति सन्तों, चिन्तकों और शास्त्रकारों का व्यवहार पुलिस का-सा रहा है। और उन्हीं के भय से मनुष्य ने अपने चेहरे पर पवित्रता का नकाब लगाना मन्जूर कर लिया, यद्यपि इस नकाब का उसे अभ्यास नहीं था। अथवा यों कहें कि यह नकाब जितने अच्छे सूत का है, उतने बारीक और महीन सूत आदमी की भीतरी जिन्दगी में नहीं काते जाते।

लोग बड़ी आसानी से कह देते हैं (और मैंने भी ऊपर कहीं कहा है) कि मनुष्य को पशु से भिन्न होना चाहिए, क्योंकि पशुओं से वह कहीं श्रेष्ठ है। मनुष्य पशुओं से श्रेष्ठ तो हैं, किन्तु इसी श्रेष्ठता से उसकी बहुत-सी दुर्बलताएँ भी उत्पन्न होती हैं। विशेषतः, काम के विषय में मनुष्य को उतनी भी स्वाधीनता नहीं है जितनी पशु-जगत में दिखाई देती है। पशुओं का मस्तिष्क अविकसित है, यह उनके लिए इस प्रसंग में फायदे की बात है। इसके प्रतिकूल, मनुष्य का मन अत्यन्त विकसित और सतत क्रियाशील है। उसके भीतर भावना की अनेक तरंगें उठती-गिरती रहती हैं और इनमें से प्रत्येक तरंग के साथ मानव की काम-भावना सम्बद्ध है। यह भावना जब मनुष्य के अवचेतन में प्रवेश करती है, उसका सारा व्यक्तित्व उत्तेजना से भर जाता है और उसमें से नई-नई शाखाएँ फूटने लगती हैं। जो मनुष्य सुस्वादु भोजन का प्रेमी होता है, वह धीरे-धीरे खुरदुरे वस्त्रों को छोड़ देता है और उसकी रुचि रेशम और मलमल की ओर जाने लगती है। नारी को जब दर्शकों की आँखों से झरने वाले प्रशंसा के रस का स्वाद मिलता है, वह प्रसाधन का महत्त्व समझने लगती है और तब उसकी बातचीत, हाव-भाव और सामाजिक आचारों में भी एक नया सम्मोहन भरने लगता है। और नारी-सौन्दर्य पर रीझनेवाली कलाकार की आँखें केवल नारी-सौन्दर्य तक ही सीमित नहीं रहतीं, वे वनों की हरियाली और पर्वतों के अवाक् सौन्दर्य पर भी देर तक बिरमना चाहती हैं। इसी प्रकार, रमणी-रूप की चोट खाकर जगनेवाला हृदय अदृश्य सौन्दर्य के सन्धान में भी तत्पर हो जाता है :

विस्मृति के जिस सुधा-सिन्धु में तुम्हें कविता और दर्शन पहुँचाते हैं, वहाँ मैं नारी-प्रेम की नाव पर चढ़कर गया हुआ हूँ। रूप साकार कवित्व है। और सौन्दर्य की लहर दर्शन की लहर से मिलती-जुलती है।

(उजली आग)

इससे ज्ञात होता है कि प्रेम के जागरण से चेतना के प्रत्येक कूप में लहरें उठती हैं, कामना की कोई मन्द वायु समस्त इन्द्रियों की गहराई में बहने लगती है तथा मन और आत्मा का प्रत्येक शिखर किसी लालिमा से उद्भासित हो उठता है। किन्तु ये सारे कम्पन काम के कम्पन नहीं होते, यद्यपि यह सत्य है कि इनका आरम्भ काम के सचेत होने पर ही होता है।

मनुष्य के भीतर शायद ही कोई प्रवृत्ति हो, जो काम की प्रवृत्ति से प्रभावित न होती हो। इसीलिए जितनी सावधानी अन्य प्रवृत्तियों को राह पर रखने के लिए बरती जाती है, उससे बहुत अधिक सावधानी प्रेम के विषय में बरती जानी चाहिए। किन्तु यह सावधानी क्या है? नीत्से ने कहा है कि धर्म ने काम को मारने के लिए उसे जहर पिलाने की कोशिश की, किन्तु काम मरा नहीं, वह जहरीला होकर रह गया। और योगियों ने उसे दमित करने की शिक्षा दी, किन्तु काम दमन में भी न लाया जा सका। अब मनोविज्ञान आया है कि काम को वह फुसलाकर वश में लाएगा। किन्तु कहा नहीं जा सकता कि मनोविज्ञान को कितनी सफलता मिलेगी। हाँ, यह आशा अवश्य होती है कि मनोविज्ञान का प्रयोग पहले के प्रयोगों से अधिक सफल होगा।

जब मनुष्य आदिम अवस्था में था, जब सामाजिक आचार प्रचलित नहीं थे, तब प्रेम का स्वरूप क्या रहा होगा, इसकी कल्पना की जा सकती है। काम के विषय में पशुओं को जो स्वाधीनता है, वही स्वाधीनता उस समय मनुष्य को भी रही होगी अर्थात् नारी किसी एक नर की और नर किसी एक नारी का न रहता होगा। साथ ही, काम जीवन में प्रधान भी न रहा होगा, जैसे वह आज भी पशु-जगत में प्रधान नहीं है। किन्तु ज्यों-ज्यों मनुष्य के मन का विकास होने लगा, त्यों-त्यों काम भी मनुष्य के मानसिक आवेग के रूप में बढ़ने लगा। धर्म की उत्पत्ति के समय काम मनुष्य की बहुत बड़ी समस्या बन गया था, यह तो इसी बात से प्रत्यक्ष है कि संसार के सभी धर्मों ने सबसे अधिक दंड काम को ही दिया है। और जब रोमांटिक जागरण का काल आया, लोग यह तो मानने लगे कि नारी पाप की प्रतिमा नहीं, शोभा का समुद्र है, किन्तु धर्म के काम के प्रति जिस भय को जगा दिया था, वह भय रोमांटिक चिन्तकों में भी मौजूद मिलता है। उस भय का रूप यह है कि नारी भोग नहीं, पूजा की पात्री है; वह छूने नहीं, देखने की चीज है।

इस दृष्टि से विचार करने पर प्रेम की बीसवीं सदी की धारणा मुझे अधिक श्रेष्ठ दिखाई देती है, क्योंकि वह सत्य पर आधारित है, क्योंकि वह स्वाभाविक और निसर्गसिद्ध है। किन्तु धारणा के श्रेष्ठ होने पर भी इस सदी का कामाचार सर्वथा निर्दोष नहीं कहा जा सकता। हमारा सबसे बड़ा अपराध कदाचित् यह है कि धर्म ने जिस वस्तु को अत्यन्त दुर्लभ बना रखा था, उसे हमने जरूरत से ज्यादा सस्ता कर दिया है। और यह प्रक्रिया गर्भ-निरोधक यंत्रों के प्रचार से दिनोंदिन अधिक

आसान होती जा रही है। वृक्ष का पता फलों से चलता है। तो जब फल ही नहीं हैं, तब वृक्ष के होने का प्रमाण क्या है? इसलिए प्रेम भय से मुक्त हो गया और प्रेमियों की घबराहट बिलकुल जाती रही। इससे अच्छे और बुरे, दोनों ही परिणाम निकले हैं। भय से मुक्ति मिली, यह अच्छी बात है। किन्तु सस्ता होना तो स्पष्ट ही बुरी बात है। नोट जब बहुत छापे जाते हैं, तब रुपयों का मूल्य घट जाता है। कामाचार चूँकि बहुत निरापद हो गया, इसलिए प्रेम की ज्योति मन्द हो गई है।

बड़ी झील तभी तैयार होती है, जब उसके बाँध बड़े और मजबूत हों। प्रेम में भी महत्ता तभी आती है, जब काम के ज्वारों से उसके पाँव नहीं उखड़ते। उपवास केवल धार्मिक कृत्य नहीं है। उससे भूख में भी तीव्रता आती है और चबाने के समय रोटी का स्वाद भी बढ़ जाता है। ऐसा लगता है कि प्रेम को सस्ता बनाने की जो पद्धति आरम्भ हुई है, वह टिकाऊ नहीं होगी, क्योंकि जो चीज बहुत सस्ती है, वह हमारे आदर का विषय नहीं हो सकती।

(1958)

('विवाह की मुसीबतें' पुस्तक से)

विवाह की मुसीबतें

एक लड़की से प्रेम किर्केगार्ड ने भी किया था, किन्तु उससे विवाह करना उन्होंने यह कहकर टाल दिया था कि लड़की से उम्र में मैं बहुत बड़ा हूँ, गर्चे बात ऐसी नहीं थी। फिर शादी उन्होंने कभी की भी नहीं। और जब उस लड़की का ब्याह हुआ, किर्केगार्ड ने अपनी डायरी में ये शब्द लिखे, "और अब वह—मुरदा नहीं—सुख-सम्पन्नतापूर्वक विवाहिता है।"

क्या यह सच है कि सुख-सम्पन्नतापूर्वक विवाहिता नारी भी जीवित नहीं रहती, वह साँस लेनेवाला शव बन जाती है?

हम लोग अपनी पत्नियों के सिवा उन अनेक विवाहिताओं को जानते हैं, जिनसे हमारी भेंट-मुलाकात होती है अथवा जिनके चढ़ते-उतरते मिजाज की कहानियाँ हमारे कानों में पड़ा करती हैं। इस सारी जानकारी से यह मजे में कहा जा सकता है कि समाज की आधी से अधिक पत्नियाँ दुखी हैं, खीजी हुई, विवश और लाचार हैं। और जिन्हें हम अपेक्षया सुखी और शान्त समझते हैं, उनमें से कुछ देवियाँ तो वे हैं, जिन्होंने जीवन के जहर को गुमसुम ही पीकर बाहर से अपने होंठ पोंछ लिए हैं; और कुछ वे हैं, जो वेदना को वेदना नहीं समझतीं, शायद इसलिए कि परम्परा ने उन्हें यही सिखाया है, शायद इसलिए कि उनकी अनुभूतियों के वातायन अभी बन्द हैं अथवा दर्द की टीस महसूस करनेवाली शिराएँ अभी जागी नहीं हैं। कुछ ऐसी भी हो सकती हैं, जिनका दाम्पत्य जीवन इसलिए सुशान्त है कि वे दोनों प्राणी समझदार हैं और उदारतापूर्वक उन्होंने एक-दूसरे को उतनी छूट दे रखी है, जितनी छूट से एक ओर जहाँ रथ के भीतरी-बाहरी वायु की कुछ थोड़ी फुरेरी आती रहती हैं, वहाँ दूसरी ओर चक्कों की गति में अनुपात का भेद नहीं पड़ता, न रथ के आगे बढ़ने में कोई व्याघात उत्पन्न होता है।

खलील जिब्रान ने विवाह पर दो-एक सूक्तियाँ कही हैं, जो अत्यन्त अर्थपूर्ण हैं। "एक शराब पियो, मगर एक ही प्याले से मत पियो।"...."दोनों पासपास रहो, मगर, इतनी दूरी तब भी रहने दो कि तुम दोनों के बीच स्वर्ग की वायु आसानी से आ-जा सके।"

जिब्रान ने बात तो बहुत सोच-समझकर कही होगी, लेकिन परम्परा इन सूक्तियों से बिदकती है। और पति इन सूक्तियों से प्रसन्न इसलिए होते हैं कि ये उनकी अपनी

आजादी की दलीलें हैं, उनके पार्टनर की स्वाधीनता का समर्थन नहीं। और पत्नियाँ भी चाहती हैं कि उन सूक्तियों का सहारा हम लें तो लें, हमारे पतियों को नहीं लेना चाहिए।

किन्तु यह चल नहीं सकता, क्योंकि पुरुष और स्त्री प्रकृति की जिस प्रेरणा के अधीन हैं, वह नर-नारी का भेद नहीं मानती। समाज बार-बार प्रकृति को बाँधकर मनचाहे नैतिक मूल्यों की स्थापना करता है, किन्तु प्रकृति हर बार बन्धन को तोड़कर समाज के ऊपर छा जाती है। फिर भी यह सच है कि संस्कृति और नैतिकता का विकास प्रकृति के साथ चलनेवाले इन्हीं संघर्षों से होता है।

किन्तु यह भी क्या सच है कि विवाह से जितनी मुसीबतें पैदा होती हैं, उन सबका एकमात्र कारण काम है? काम-विज्ञान पर खोज करनेवाले पंडितों ने बताया है कि जहाँ पति-पत्नी काम के धरातल पर सन्तुष्ट हैं, वहाँ कलह होने पर भी बातें विवाह-विच्छेद तक कम पहुँचती हैं; किन्तु प्रमाण इस बात के भी हैं कि काम के धरातल पर सन्तुष्ट रहनेवाली पत्नियों के जीवन में भी अशान्ति का अभाव नहीं होता; खीज, परेशानी और घुलन की कमी नहीं होती।

यदि वैवाहिक अशान्ति का कारण काम-लिप्सा अथवा काम-जनित कोई अन्य मनोविकार हो, तो समझना चाहिए कि यह अशान्ति वहाँ कम होगी, जहाँ लोग अशिक्षित, अजाग्रत और दरिद्र हैं। जिनके हाथों में कोई ठोस काम है, उसके मन को निरुद्देश्य भटकने की फुरसत नहीं होती; जिसका मन अजाग्रत है, वह भी दुखों को अतिरंजित करके नहीं देखता, न सुखों में काल्पनिक रंग भरकर बेचैन होता है।

वैवाहिक कठिनाइयों की भीषणता, असल में वहाँ सबसे अधिक है, जहाँ शिक्षा, संस्कृति, चिन्तन और एक हद तक धन का प्राचुर्य है। जिन देवियों को भाग्य ने इस ऊँचे धरातल पर आसीन किया है, वैवाहिक व्यथा का दुखदायी दंश सबसे अधिक वे ही जानतीं हैं।

सभ्यता जब सीमित थी, विवाह आज की अपेक्षा कहीं अधिक सुखमय और सन्तोषपूर्ण थे। सभ्यता ज्यों-ज्यों प्रगति करती गई, पत्नियाँ अपनी कठिनाइयों से अधिकाधिक अवगत होती गई हैं और शिक्षा का आलोक एवं चिन्तन की शक्ति, ज्यों-ज्यों विस्तृत होती है, विवाह की असफलताओं की कहानियाँ उतनी ही बढ़ती जाती हैं।

गान्धर्व विवाह स्पष्ट ही प्रेम की प्रेरणा से किए जाते हैं। अन्य प्रकार के विवाहों से भी यह आशा तो की ही जाती है कि पति और पत्नी में परस्पर प्रेम होगा, किन्तु मनुष्यता का अनुभव यह है कि प्रेम और विवाह, इनमें नित्य सम्बन्ध नहीं है। प्रेम स्वतः स्फूर्त भावना है और विवाह एक निश्चय, एक कठोर कर्त्तव्य। इसीलिए प्रेमी भी पति बन जाने के बाद प्रेमी का-सा बर्ताव नहीं करता, न प्रेमिका पत्नी बन जाने पर प्रेमिका रह जाती है। अमेरिका में अब इस प्रश्न पर विपुल साहित्य तैयार किया

जाने लगा है कि प्रेम और विवाह की एकता कैसे कायम रखी जाए। उन्नत देशों में कुछ लोगों ने पति-पत्नी को परामर्श देते रहने का धन्धा ही निकाल लिया है। पत्नियों को कामानन्द की प्राप्ति कैसे कराई जाए, डॉक्टर अब पतियों को इसके भी तरीके सिखाने लगे हैं।

यह सभ्यता स्थूल को अधिक, सूक्ष्म को कुछ कम महत्त्व देती है। इसकी शल्य-चिकित्सा का विकास खूब हो गया, किन्तु काय-चिकित्सा की तरक्की कम हुई है, क्योंकि उसका सम्बन्ध सूक्ष्म से पड़ता है। विवाह के मामले में भी विशेषज्ञ स्थूल की सँभाल में लग गए हैं। वस्तुतः समस्या इतनी स्थूल, इतनी सुस्पष्ट नहीं है। विवाह की उलझनें केवल काम-कला के विकास से नहीं, समाज में आमूल परिवर्तन लाने से सुलझेंगी; या सम्भव है, विवाह की गुत्थियाँ कभी सुलझें ही नहीं।

समाज-रचना का दोष यह है कि उसमें निर्माण के सारे काम पुरुषों के हाथ में हैं, नारियों को हमने बर्तन धोने, झाड़ू लगाने, रसोई बनाने और घर को सँवारकर रखने के काम पर छोड़ दिया है। वैसे, एक काम बड़ा और दूसरा बहुत छोटा नहीं होता, फिर भी काम-काम में भेद हैं। पुरुष के कार्य प्रायः ऐसे होते हैं, जिनमें विविधता होती है, जो कर्मी के पूरे ध्यान को अपने में खींच सकते हैं और जिनके सम्पादन में रचना का भी कुछ आनन्द होता है। यही कारण है कि कर्मक्षेत्र में खड़े पुरुष का मन इधर-उधर नहीं भटकता, न वह एकरसता की मार सहता है। किन्तु इसके विपरीत नारियाँ जो काम करती हैं, उनमें रचना का आनन्द नहीं होता, न वे नारियों के मन को खींचकर अपने में लीन कर सकते हैं। बरतन धोना, रसोई पकाना, बच्चों को स्कूल भेजना और घर की सफाई करना—ये सारे-के-सारे काम ऐसे हैं, जिनमें नवीनता नहीं होती, जिनका सम्बन्ध विश्व के गतिशील जीवन से नहीं पड़ता, जो भविष्य से असम्बद्ध होते हैं। पुरुष का अन्तर्मन, कहीं-न-कहीं इस भाव से सन्तोष पाता है कि वह संसार को पहले से अधिक श्रेष्ठ बनाने में लगा हुआ है, वह जो काम कर रहा है, उसका विश्व-जीवन से महत्त्वपूर्ण सम्बन्ध है। किन्तु घर में बैठकर नारियाँ जो काम करती हैं, वे जरूरी होने पर भी नगण्य होते हैं, और उनके महत्त्व की समाज में चर्चा ही नहीं होती।

विश्व को श्रेष्ठतर बनानेवाले कार्यों से वंचित होने के कारण नारी अपने को अधम और पुरुष को श्रेष्ठ समझती है। रोज-रोज एक ही काम में लगे रहने के कारण उसकी प्रेरणा समाप्त हो जाती है और धीरे-धीरे, उनके भीतर कुंठाएँ उत्पन्न होने लगती हैं। किन्तु मानसिक दृष्टि से इससे भी बुरा हाल उन नारियों का होता है जो बर्तन भी नहीं धोतीं, न घर की सफाई और रसोईघर का काम करती हैं। ऐसी पत्नियों की सबसे बड़ी विपत्ति यह है कि जब उनके पति दफ्तर और बच्चे स्कूल चले जाते हैं, तब समय उन्हें काटने को दौड़ता है। कहते हैं, उन्नत देशों में अब ये विज्ञापन भी निकलने लगे हैं कि समय काटने के लिए हमें साथी की आवश्यकता है। दो घंटों

का साथी, एक घंटे का साथी, आधे दिन का साथी।

और घर पर पास-पास बैठकर भी दम्पत्ति क्या प्यार की बातें करते हैं? पहले जो दीप्ति एक को दूसरे में दिखाई पड़ती है, विवाह के बाद धीरे-धीरे उसका लोप हो जाता है और रस इतना अधिक सूख जाता है कि दम्पत्ति यह भी नहीं जानते कि वे बातें करें भी तो किस सन्दर्भ की। कोई-कोई पति तब भी ढूँढ़-ढाँढ़कर कुछ-न-कुछ जरूर बोलते हैं, किन्तु उन बातों की नीरसता और अस्वाभाविकता पत्नी से छिपी नहीं रहती।

ऐसा क्यों होता है? बात असल में यह है कि प्रेम के तूफान में पड़कर पुरुष कुछ दिनों के लिए चाहे जितनी भी भावुकता दिखा ले, किन्तु भावुकता का स्थान उसके जीवन में अपेक्षाकृत कम है। उसके चारों ओर कर्म का आह्वान गूँजता है और इस आह्वान को अनसुना करके कोई भी पुरुष सुखी नहीं हो सकता। बड़े-बड़े प्रेमियों का कहना है कि प्रेम से बढ़कर आनन्द और किसी वस्तु में नहीं है। किन्तु इस आनन्द का मूल्य अपरिमित समय नष्ट करके चुकाना पड़ता है, जो पुरुष की दृष्टि में बहुत बड़ा बलिदान है। पुरुष के लिए समय का अर्थ है कीर्त्ति, संपत्ति, आनन्द, वैभव और बीसियों प्रकार की अन्य सफलताएँ, किन्तु नारी का समय काटे नहीं कटता। वह प्रसन्नता तब मानती है, जब समय काटने का कोई जरिया उसके हाथ आ जाये।

पुरुष नहीं चाहता कि कामानन्द के लिए भी जरूरत से अधिक समय नष्ट किया जाये। किन्तु नारी पुरुष के इस कायकार्पण्य को उसके स्वभाव की अनुदारता समझती है। प्रेम से उद्वेलित नारी उस नदी के समान होती है, जिसकी धारा उमड़कर किनारों से ऊपर बहना चाहती हो। किन्तु पुरुष उस बाढ़ को पसन्द नहीं करता। उसे लगता है कि इस बाढ़ को कबूल करने की अपेक्षा यह कहीं श्रेष्ठ है कि नदी के किनारे से ही भाग चला जाये। प्रेमाकुल पत्नियाँ पतियों का अत्यधिक समय तो चाहती ही हैं, वे इस बात को भी आसानी से बर्दाश्त नहीं करती कि वे तो जगी रहें और पति को नींद आ जाये। प्रेम का स्वाद पुरुष को भी उतना ही सुख देता है, जितना नारी को। भेद केवल यह है कि प्रेम को जगाकर पुरुष उसके तूफानों का सामना नहीं कर सकता, क्योंकि उसके जीवन में और भी काम हैं, जिनके रुकने से गार्हस्थ्य का शकट अवरुद्ध होता है, विश्व की कर्मधारा मन्द पड़ जाती है। इसीलिए नारी पुरुष के जीवन के अनेक उपकरणों में से मात्र एक उपकरण का स्थान लेती है, उसकी अनन्त प्रेरणाओं में से केवल एक प्रेरणा का प्रतिरूप होती है। किन्तु पुरुष नारी-जीवन का सबसे प्रमुख केन्द्र कदाचित् उसका एकमात्र आधार है।

नारी का लालन-पालन माता-पिता इस भाव से करते हैं, मानो अपना बोझ उसे आप नहीं उठाना है; मानो उसकी सारी सार्थकता लता बनकर वृक्ष को छा लेने में हैं। किन्तु विवाह के बाद जब वृक्ष ऊंघने लगता है, तब लता को विफलता-बोध की

पीड़ा महसूस होती है और उसका मन खिन्न होने लगता है।

बड़ी-से-बड़ी नारी भी बुद्धि से कम, भावना से अधिक परिचालित होती है। वह सोचती है कम, सपने अधिक देखना चाहती हैं। और सपने उससे कहते हैं, "नारी, तेरी सारी सार्थकता पुरुष को लेकर है। तेरी सारी जिन्दगी इन्तजारी में कटेगी और हर बात के लिए तुझे पुरुष का मुंह जोहना पड़ेगा। और मुँह जोहना केवल रोटी और कपड़े के लिए ही नहीं है, बल्कि यह जानने के लिए भी कि तू सुन्दर है या नहीं, कि तेरा बनाव-सिंगार पसन्द किया जाता है या नहीं, कि तेरे प्रेम का अर्ध्य व्यर्थ है अथवा उसे कोई स्वीकार भी करता है।"

नारी सचमुच ही प्रतीक्षा की साकार प्रतिमा होती है।

कर्मसंकुल संसार में पुरुष दिन-रात बाहर काम करता है, नारी घर में बैठकर उसकी राह देखती है।

प्रेम के संसार में जिस साहस और बलिदान का परिचय प्रेमिका देती है, वह साहस और बलिदान पुरुष बहुत कम दिखा पाता है। फिर भी मिलना कब होगा, इसका निर्णय प्रेमिका नहीं, प्रेमी की सुविधा से होता है। पुरुष तब आयेगा, जब कामों से उसे तनिक छुट्टी मिलेगी। प्रतीक्षा यहाँ भी नारी का पीछा नहीं छोड़ती। और प्रतीक्षा में रत होने के कारण स्वप्न कुछ और अधिक चंचल हो जाते हैं, भावुकता चिन्तन पर कुछ और अधिक छा जाती है।

और सबसे बड़ी लाचारी तो यह है कि काम-कक्ष में भी इच्छा पुरुष की ही प्रधान होती है। नारी केवल उसकी राह देख सकती है और नर की इच्छा यदि आन्दोलित रह गई, तो नारी उस सुख को भी प्राप्त नहीं कर सकती, जिसका प्रतीक होने के कारण वह कामिनी कहलाती है।

इन सारी परिस्थितियों का स्वाभाविक परिणाम यह होता है कि नारी के भीतर एक प्रकार का आक्रोश उत्पन्न हो जाता है। वह अपनी हार को जीत में बदलने का उपाय सोचने लगती है और प्रत्येक क्षण ऐसे अवसरों की खोज में रहने लगती है, जब वह पुरुष से प्रतिशोध ले सके, उसे नीचा दिखाकर अपने अस्तित्व की महिमा बता सके। पुरुष समझता है कि शाम को वह थका-माँदा बाहर से घर लौटता है, किन्तु दिनभर की प्रतिक्षा से थकी एवं नाना दिवास्वप्नों से पीड़ित पत्नी उसे सुख देने के बदले अनख और तानों से बेधने लगती है। नारी समझती है कि पुरुष उसके पूरे वश में तब होता है, जब वह भोजन कर रहा हो अथवा रात में वह प्रेम की मनोदशा में हो। और इन्हीं अवसरों का लाभ उठाकर पत्नी अप्रिय कथाएँ सुनाने लगती है, पुरुष को यह महसूस कराने लगती है कि उसके मित्र झूठे हैं, उसकी मान्यताएँ गलत हैं और जिन मूल्यों में वह विश्वास करता है, वे फिजूल है। और इन कटूक्तियों को भी पुरुष यदि सह गया, तो पत्नी उससे अकारण मुँह फुला लेती है। मुँह फुलाकर पत्नी चाहती है कि पति उसकी खुशामद करे, लेकिन अगर पति की

सहनशक्ति समाप्त हो गई और पत्नी की उसने उपेक्षा कर दी, तब पत्नी कराल नागिनी बन जाती है और वह पति पर ऐसे लांछन लगाने लगती है, जो निराधार हैं और पति जिनका जवाब नहीं दे सकता।

कम ही पत्नियाँ ऐसी होंगी, जो विवाह की आरम्भिक वर्षों के बाद पति के प्रति कुछ परुष न हो जाती हों। अकारण रूठना, अकारण रो पड़ना, अकारण गुस्से से ठुमककर इधर-से-उधर चल पड़ना, पति को मानसिक पीड़ा देने के लिए बच्चों को पीटना अथवा नौकरों पर बरस पड़ना और बात-बात में यह दिखाने की कोशिश करना कि खान-पान, वसन-प्रसाधन और जीवन के विभिन्न आनन्दों में मेरी कोई दिलचस्पी नहीं है, ये ऐसे कर्म हैं, जिनके सम्पादन में अनेक पत्नियों को रस आता है। पति को नीचा दिखाने के कितने ही उपाय और भी हैं, जिन्हें सीखना नहीं पड़ता, जो पत्नी-धर्म के स्वाभाविक अंगों के समान आप-से-आप उत्पन्न होते हैं। पति जब सिनेमा चलने को तैयार हो, तब पत्नी काफी विलम्ब किए बिना घर से बाहर नहीं निकलती। पति अपने कक्ष में बैठा पत्नी का इन्तजार कर रहा हो, तब पत्नी को अधिक-से-अधिक विलम्ब करने में अधिक-से-अधिक आनन्द आता है। और पति जब इस स्थिति में गिरफ्तार हो कि पत्नी की राय लिये बिना वह अगला कदम नहीं उठा सकता, तब पत्नी अकसर राय देने से मुकर जाती है। यह इसलिए नहीं कि देवी के मन में कहने योग्य कोई बात नहीं है, बल्कि इसलिए कि जैसे पुरुष बात-बात में नारी को इन्तजारी में रखता है, वैसे ही अब पत्नी भी उसे इन्तजारी का मजा चखाना चाहती है। पत्नी जब भी विलम्ब से आती है, तब यह संयोग की बात नहीं होती, बल्कि जान-बूझकर किया गया प्रतिशोध का कार्य होता है।

और इन छोटे-मोटे अत्याचारों से पुरुष यदि विचलित नहीं हुआ, तो पत्नी नपुंसक विद्रोह को आँसुओं में व्यक्त करती है, रो-चीखकर पुरुष का धैर्य नष्ट करना चाहती है और बीसियों ऐसे अन्य काम कर डालती है, जिनसे पति का मन खिन्न, पीड़ित अथवा क्षुब्ध हो उठे। काम-वैज्ञानिकों का यह भी कहना है कि बहुत-सी पत्नियाँ विवाहबाह्य गुप्त सम्बन्धों की ओर इसलिए नहीं झुकतीं कि घर में वे असन्तुष्ट रही हैं अथवा वैविध्य का लोभ उन्हें नीचे खींचता है, बल्कि इसलिए कि वे अपने पतियों से प्रतिशोध लेना चाहती हैं, चोरी-चोरी उनकी इच्छा की अवहेलना करके वे अपने अहंकार को दुलराना चाहती हैं। इस प्रकार की कुंठाओं की स्वाभाविक परिणति आत्मघात में हो सकती है। किन्तु सफल आत्मघात करनेवालों में पुरुषों की संख्या अधिक, नारियों की हमेशा कुछ कम रही है। आत्मघात से मिलनेवाली वस्तु नारियों को आत्मघात के अभिनय से ही प्राप्त हो जाती है। मरने का नाटक वे अनेक प्रकार से करती हैं, लेकिन हर बार उनका मनोभाव यही रहता है कि जीवन का संग कहीं छूट न जाए। जिस पुरुष के विरुद्ध वे मरने का स्वाँग रचती हैं, असल में उनका

ध्येय उसे मुठ्ठी में समेटकर जीना होता है। चाहे पत्नी हो या प्रेमिका, प्रायः हर औरत की ख्वाहिश यही होती है कि पति या प्रेमी को आँचल की खूँट में बाँधकर वह उसे अपनी पीठ पर फेंक दे, जैसे वह चाबियों के गुच्छे को पीठ पर फेंक देती है।

पुरुषों की अपेक्षा नारियाँ कुछ अधिक वायवीय भी होती हैं और उसी परिणाम में, कुछ अधिक स्वार्थी और मिट्टी के कुछ अधिक समीप भी। छोटी-छोटी ऐसी कितनी ही बातें जीवन में घटती रहती हैं, पुरुष जिनकी ओर कभी ध्यान नहीं देता, किन्तु नारियाँ इन्हीं बातों को लेकर काफी आन्दोलित हो उठती हैं। वैसे त्याग के मामले में भी नारी नर से श्रेष्ठ है; किन्तु कितनी ही अत्यन्त नगण्य वस्तुओं का त्याग करना उससे पार नहीं लगता। पुरुष और नारी की स्वभावगत एक भिन्नता यह भी है कि पुरुष जिस व्यक्ति से घृणा करेगा, उससे वह दूर भागना चाहेगा; किन्तु नारी जिस व्यक्ति से घृणा करती है, उसे वह पास रखकर और अधिक सताना चाहती है। विवाह-विच्छेद का अधिकार अब भारत में भी कानून से उपलब्ध है। जब इस अधिकार का प्रयोग होने लगेगा, लोग देखेंगे कि अनेक पति विवाह तोड़कर भागना चाहेंगे, मगर पत्नियाँ उन्हें भागने नहीं देंगी, क्योंकि भारत में तलाक की कुँजी नारी के हाथ में है और नारी अपने शिकार को पिंजड़े से निकालना नहीं चाहती। जवाहरलाल जी की नारी-भक्ति ने भारत में पुरुषों का सर्वनाश कर दिया है।

और तब भी यह सच है कि ये बुराइयाँ नारी-स्वभाव का कोई मौलिक अंग नहीं हैं। वे विशेष प्रकार की ग्रन्थि अथवा 'हारमोन' से नहीं, समाज की उस पद्धति से उत्पन्न होती हैं, जो हजारों साल से एक समान चलती आ रही है। वे लालन-पालन की उस प्रक्रिया का परिणाम हैं, जिसका उद्देश्य बेटी को मानत्व नहीं, नारीत्व से पूर्ण बनाना है। और जिसे हम नारीत्व कहते हैं, वह ब्रह्मा की रचना नहीं, सभ्यता का आविष्कार है। जिस मनुष्य को आरम्भ से ही इस भाव से तैयार किया गया हो कि अपना बोझ उसे आप नहीं उठाना है, संकटों के व्यूह में घुसकर अपनी राह उसे आप नहीं निकालनी है और जीवन में प्रयोग उसे बुद्धि और कर्मठता का नहीं, रूप, आकर्षण, आँसू और विलाप का करना है, उससे बुद्धि और विवेक की आशा ही दुराशा मात्र है।

नारी के आन्तरिक व्यक्तित्व की नींव नपुंसक विद्रोह पर होती है। इसीलिए जब मनोवांछित परिणाम उसे प्राप्त नहीं होते, वह रोने लगती है, अपने शरीर और मन को पीड़ा पहुँचाने लगती है और अपने-आपको नष्ट करने के प्रयास से पति के जीवन को नरक बना देती है। बहुत-सी औरतें पति को चिढ़ाने के लिए एक गन्दी साड़ी बड़ी सतर्कता से सँभालकर रखती हैं। जब पति को चिढ़ाना हुआ, वे तुरन्त स्वच्छ साड़ी को बदलकर गन्दी साड़ी पहन लेती हैं। पति की अवज्ञा का एक उपाय यह भी है कि पति अगर कोई वस्तु लाकर दे, तो पत्नी उसे अनादरपूर्वक अस्वीकार कर दे। संसार के संघर्षों में भाग लेने का नारी को अवसर नहीं मिलता, अतएव क्षुब्ध

होने पर वह जीवन के प्रति पराजय की भावना को स्वीकार कर लेती है। आँसू पत्नियों के सबसे बड़े अस्त्र हैं और शहादत का अभिनय उनका सबसे बड़ा सन्तोष। और सिसकियाँ सुनकर पति को जब क्रोध आता हो, तब पत्नियों को रोने का मानो एक प्रबल कारण और मिल जाता है।

पुरुष के सम्बन्ध में नारी के मनोभाव बहुत सुस्पष्ट नहीं होते। बचपन से ही वह देखती है कि लड़कों को जितनी स्वाधीनता दी जाती है, उतनी स्वाधीनता उसे नहीं दी जाती। खेलकूद और शारीरिक विकास के जो क्षेत्र लड़कों को उपलब्ध हैं, उन क्षेत्रों में लड़कियों का प्रवेश निषिद्ध समझा जाता है। शारीरिक विकास के स्त्री-चिह्न भी उसे लज्जित करते हैं और ऋतुधर्म का परिणाम यह होता है कि अपने को पुरुष से वह हीन समझने लगती है। समाज का अभी जो ढाँचा है, उसमें पिता के व्यक्तित्व का प्रभाव बहुत प्रमुख है। पिता के सादृश्य से लड़की पुरुष मात्र में त्राता और संरक्षक की झलक देखती है। फिर प्रेम के प्रसंग में आकर वह अपने प्रेमी को देवता समझने लगती है। किन्तु, शीघ्र ही उसे यह विदित हो जाता है कि यह देवता, देवता नहीं, कोई जघन्य जीव है, जिसके अनेक कृत्य लज्जा और ग्लानि उत्पन्न करते हैं। नारी नर को अपने से श्रेष्ठ समझती है और वह उससे अन्तर्मन में कहीं कुछ द्वेष भी पाला करती है। नर पर नारी की श्रद्धा का कारण यह है कि सारा संसार पुरुष के शासन में चलता है और दुनिया में जो भी बड़ी घटनाएँ घटित होती हैं, उनका विधायक पुरुष होता है। और उसके द्वेष का कारण यह है कि वह पुरुष की समता नहीं कर सकती। नारी नर की समानता अनेक क्षेत्रों में कर सकती है, किन्तु शैय्या में पहुँचकर वह क्या करे? गर्भधारण की तपश्चर्या से वह त्राण कैसे खोजे? फ्रायड ने जो सत्य कह दिया, उसका खंडन कैसे किया जाए? एनाटोमी इज डेस्टिनी, इसे नारी झूठला कैसे सकती है?

एक खास उम्र तक लड़की और लड़के को समान स्वतन्त्रता प्राप्त रहती है। किन्तु उसके बाद माँ-बाप और सारा समाज लड़की के मन पर यह भाव बिठाने लगता है कि तू पुरुष नहीं, नारी है। लड़के के लिए तो सभी रास्ते खुले होते हैं, जिन पर चलकर वह पुरुष और मनुष्य साथ-साथ बनता है, किन्तु लड़की के सामने केवल नारीत्व-साधना का मार्ग रह जाता है और उस राह पर चलकर वह अन्ततः मनुष्य कम, मादा अधिक बन जाती है। विवाह की बड़ाई लोग यह कहकर करते हैं कि वह दो सम-मानवों के मिलन का नाम है। किन्तु अनुभव यह बतलाता है कि विवाह दो मनुष्यों का मिलन नहीं, एक नर और एक मादा का मेल है। विवाह के घेरे का जो महत्त्व मादा समझती है, वही महत्त्व नर नहीं समझ पाता।

पुरुष विवाह अब इसलिए करता है कि अस्थिरता से भरे हुए संसार में उसे स्थिरता का कहीं कोई आधार चाहिए, किन्तु खुद इस आधार से वह बँधना नहीं चाहता। चूल्हे-चौके और शयन-कक्ष का निश्चित प्रबन्ध उसे आश्वस्त बनाता है,

किन्तु इस प्रबन्ध से वह मनचाही छूट भी चाहता है। एक जगह बस जाने पर भी भ्रमण की प्रवृत्ति उसे भीतर से आन्दोलित रखती है। घर का महत्त्व मर्द भी खूब समझता है, किन्तु घर उसकी आखिरी मंजिल नहीं है। पुरुष में नवीनता की प्यास होती है, खतरों और विरोधों से टकराने की इच्छा होती है और इन तृषाओं के शमन के उपाय घर में उपलब्ध नहीं होते। एकान्त उसके मन में ऊब उपजाता है और एक ही प्रकार का बँधा जीवन उसे 'बोर' कर देता है। किन्तु नारी ऐसे संसार में रहना चाहती है, जो अविचल हो और सातत्य से पूर्ण हो। यह संसार छोटे पैमाने पर उसे अपने ही घर में बसाना पड़ता है। किन्तु मर्द और बच्चे जब इस दुनिया के अनुशासन को नहीं मानते, तब नारी के भीतर कुंठा उत्पन्न होती है, कठोरता और दुर्व्यवहार की प्रवृत्ति बढ़ने लगती है।

विभिन्न कामों में निरत रहने के कारण, अनेक महत्त्वपूर्ण योजनाओं में खोए रहने के कारण, ठोस बातों और ठोस चीजों का अभ्यासी होने के कारण पुरुष यह समझ ही नहीं पाता कि पत्नी के आँसू, उसकी कुढ़न और बदमिजाजी का इलाज क्या है। और चूँकि मर्द इन बातों को ठीक से समझ नहीं पाता, इसलिए औरत और रोती है, और कुढ़ती है, और अधिक विषैली और बदमिजाज हो जाती है। और यह लीला दो-चार या दस-बीस वर्षों में समाप्त नहीं होती, यह सारे जीवनपर्यन्त चलती रहती है। विवाह सुनने में बड़ा ही प्यारा नाम है, मगर उसकी तल्खियाँ जब उभरकर ऊपर आती हैं, विवाह से अधिक कुत्सित कोई और कर्म नहीं दीखता। फिर भी पुरुष का स्थान कुछ अधिक सुरक्षित है। विवाह उसके व्यक्तित्व को केवल हानि पहुँचाता है, किन्तु उससे नारी का तो सारा जीवन ही उलझकर व्यथाओं का जाल बन जाता है। पत्नी चीखती है, "हाय, तुम्हारी वेदी पर मैंने सारा सर्वस्व चढ़ा दिया और तुम इस बलिदान को समझ भी नहीं पाए!" और पुरुष मन-ही-मन पछताता है, इस नारी ने तो मुझे चारों ओर से लूट लिया। और इसी चीख-पुकार के साथ दम्पत्ति जीवन-समुद्र में ऊबते-डूबते रहते हैं।

सोचने की बात है कि ये तल्खियाँ आती कहाँ से हैं? नर और नारी में से कौन है, जो उनके लिए अधिक जिम्मेदार है? यह प्रश्न शायद बहुत उपयोगी नहीं है। यहाँ एक को दोषी बताना तो आसान है, दूसरे को क्षमा करना उतना आसान नहीं। आमने-सामने खड़े ये दुश्मन विचित्र प्रकार से लड़ाई लड़ते हैं। वे परस्पर निर्मम प्रहार ही नहीं करते, एक-दूसरे को सुख भी पहुँचाते हैं। और सुखों के आदान-प्रदान के भीतर भी प्रतिशोध और शत्रुता का क्रम अवरुद्ध नहीं होता। पति से प्रतिशोध लेने का तरीका यह भी है कि पत्नी पति की शैय्या पर जाकर जड़ता का नाट्य करने लगे।

विवाह का सतही इलाज कोई नहीं है। वैवाहिक कटुताओं का मूल इस बात में है कि नर उपजीव्य और नारी परोपजीवी है। पत्नी के बिना पति का काम चल जाता है, किन्तु पति के बिना पत्नी निस्सहाय हो जाती है। नारी की आवश्यकता

पुरुष इसलिए अनुभव करता है कि वह गृहस्थी, वंशवृद्धि और आमोद चाहता है। किन्तु नारी नर की कामना इसलिए करती है कि उसके बिना नारी की मानवीय प्रतिष्ठा सिद्ध नहीं होती, समाज में उसे स्थायित्व और गौरव प्राप्त नहीं होता। नर के लिए नारी आनन्द है, सुषमा है, शोभा और शृंगार है। किन्तु नारी के लिए नर इससे कहीं अधिक ठोस वास्तविकता का प्रतीक है। वह उससे भोजन, वस्त्र और आवास पाती है, जीवन के विविध आनन्द, सन्तति और सम्मान प्राप्त करती है। और ये सारी वस्तुएँ उसे इसलिए मिलती हैं कि उसका कामिनी-रूप नर को पसन्द है।

नारी का यह कामिनी-रूप साथ-साथ शाप भी है और वरदान भी। वरदान वह इसलिए है कि नारी का यही रूप पुरुष को नारी के चरणों पर झुकाता है। और शाप वह इस कारण है कि जब तक नारी अपने कामिनी-रूप को आगे करके रोटी और सम्मान पाती है, तब तक उसे वह आत्मगौरव नहीं मिलेगा, जिसकी वह भूखी है, तब तक उसे वह स्वाधीनता भी नहीं मिलेगी, जिसके लिए नारियाँ बड़े-बड़े आन्दोलन चला रही हैं। किन्तु नारी-स्वाधीनता के आन्दोलन से नारियों को प्राप्त क्या हुआ? पत्नियाँ जब मर्दानी औरतें बनकर स्वाधीनता की ओर बढ़ीं, उनके पति उनके सामने से भाग गए। वे या तो समलैंगिक बन गए या उन औरतों के पास जाने लगे जिनके साथ उनकी मर्दानगी कायम रहती थी। अब स्वाधीन नारियाँ घबराकर सोचने लगी हैं कि उनकी तथाकथित पराधीनता में ही कोई स्वाद था, जिसे स्वतन्त्र होकर उन्होंने गँवा दिया है।

स्वाधीनता का वास्तविक अर्थ आर्थिक स्वाधीनता ही होती है। जब तक कामिनी-रूप को तटस्थ रखकर नारियाँ अपनी जीविका कमाने के योग्य नहीं हो जातीं, वे पराधीन ही रहेंगी और स्वतन्त्र होकर वे उस अद्भुत स्वाद को अवश्य खो देंगी, जो उन्हें पराधीनता में सुलभ है।

किन्तु रोजी कमाने के क्रम में नारियाँ क्या अपने कामिनी-रूप को तटस्थ रख सकती है? सम्भव है, आगे चलकर यह गुण भी उनमें विकसित हो जाए। किन्तु अब तक जो कुछ देखने में आया है, उससे आशा को बल नहीं मिलता। दफ्तरों में काम करनेवाली देवियाँ अकसर तरक्की पाने या अपने अधिकार बढ़ाने की लालसा में यथेष्ट बौद्धिक क्षमता के होते हुए भी शारीरिक आकर्षण का प्रयोग करने से नहीं चूकतीं। और कला की जो पुजारिनें मंच पर आती हैं, उन्हें भी कला से उपलब्ध कीर्ति से सन्तोष नहीं होता। वे किसी अन्य सिद्धि के लोभ में अपना विज्ञापन करने लगती हैं।

प्रेम की छोटी-बड़ी, किसी प्रकार की भी लीला के लिए केवल नारी को दोषी मानना बिलकुल हास्यास्पद बात है। किन्तु नारी के सामने सवाल उसकी आजादी का है और यह आजादी अभी उसे पुरुष के विरुद्ध ही हासिल करनी है। किन्तु जिसके विरुद्ध यह संग्राम है, नारी उसी पर आसक्त हो जाती है, क्योंकि प्रकृति

की यही इच्छा है, नियति का यही विधान है। जीवन-शकट को आगे ले चलने का कार्य नर और नारी—दोनों को करना है। किन्तु प्रकृति ने उनकी रचना केवल संघर्ष के लिए ही नहीं, एक-दूसरे को प्यार करने के लिए भी की है। रक्त और मांस की पुकार नारी में नर से अधिक तीव्र नहीं होती, किन्तु कर्मठता के कोलाहल से दूर रहने के कारण नारी इस प्रकार की मद्धिम-से-मद्धिम आवाज को भी अनायास सुन लेती है। समाज ने उसका विकास मानव-रूप में कम, जीव के रूप में अधिक किया है। अतएव जैव प्रेरणाओं की अवज्ञा वह आसानी से नहीं कर सकती।

तब भी यह उचित है कि नारियों की आर्थिक स्वतन्त्रता, जैसे भी हो, सम्भव बनाई जाए। अभी जो स्थिति है, वह काफी भयानक और कष्टपूर्ण है। कहने को हर पति अपनी पत्नी को रानी कहता है; किन्तु आर्थिक पराधीनता के कारण पत्नी मन-ही-मन खूब समझती है कि रानी उसका ऊपरी नाम है। असल में वह पुरुष की रानी नहीं, सेविका है, इच्छाओं की दासी और काम की गुलाम है। कहने को तो यह भी कहा जाता है कि पति और पत्नी के बीच सम्बन्ध वही होना चाहिए, जो आत्मा और शरीर के बीच है। किन्तु सच्चाई यह है कि आत्मा जब अलग होती है, तब लाश दो नहीं, एक ही रह जाती है। नारी को पराधीन बनाकर पुरुष ने अपने लिए संकट खड़ा कर लिया है। नारी को स्वतन्त्रता देकर वह खुद स्वाधीन हो जाएगा। और नारी की स्वतन्त्रता तब तक आ ही नहीं सकती, जब तक वह परोपजीवी है, वृक्ष के कन्धों पर लटकती हुई वल्लरी है, जो वृक्ष का रस चूसे बिना जीवित नहीं रह सकती। यह सत्य है कि नारी की परोपजीविता उन्मूलित हुई, तो हजारों साल से आते हुए नैतिक मूल्य आप-से-आप उन्मूलित हो जाएँगे। किन्तु मुझे तो यह भी दिखाई देता है कि वर्तमान पद्धति के कायम रहने से एक दिन वह भी आनेवाला है, जब विवाह में वे ही लोग फँसेंगे, जो आजीवन तपस्या करने अथवा पंचधुनी तापने को तैयार हों।

('विवाह की मुसीबतें' पुस्तक से)

मूल्य-ह्रास के पच्चीस वर्ष

सन् 1946 ई. में यह स्पष्ट हो गया था कि अब भारत स्वाधीन हो जाएगा। उस समय रमणाश्रम के एक साधक ने महर्षि रमण से कहा, "भगवान, अब भारत स्वाधीन होने जा रहा है और स्वाधीन होने के बाद वह उन्नति के शिखर पर पहुँच जाएगा।"

महर्षि ने पूछा, "भारत अभी उन्नति के शिखर पर क्यों नहीं है?"

उस साधक को कोई उत्तर नहीं सूझा। महर्षि शायद कहना चाहते थे कि जब रामकृष्ण हुए, स्वामी दयानन्द हुए, स्वामी विवेकानन्द जनमे, स्वयं श्री अरविन्द, महर्षि रमण और महात्मा गांधी का आविर्भाव हुआ और साहित्य में रवीन्द्रनाथ तथा विज्ञान में जगदीश बोस और सी.वी. रमण उत्पन्न हुए, तथा जब देश के लिए फकीरी धारण करनेवाले और प्राणों की बाजी लगानेवाले बूढ़ों और नौजवानों की भीड़ लगी थी, तब तो भारत उन्नति के शिखर पर नहीं है, लेकिन जब इंजीनियर और टेकनोक्रैट, लोभी उद्योगपति और लोभी राजनीतिज्ञ और लोभी नौकरशाह अधिक संख्या में जन्म लेंगे, तब भारत उन्नति के शिखर पर पहुँच जाएगा, यह केवल भ्रान्ति है। गांधी, अरविन्द और रमण के युग में भारत पराधीन तो था, किन्तु मूल्यों की दृष्टि से, वह उस समय भी उन्नति के ऐसे श्रृंग पर था, जिस पर संसार का कोई देश नहीं था। हमारे सामने विचारणीय प्रश्न यह है कि पिछले पच्चीस वर्षों में भारतवर्ष मूल्यों के उस शिखर से ऊपर उठा है, वहीं है या वह शिखर छोड़कर नीचे गर्त में पहुँच गया है?

पिछले पच्चीस वर्षों में बड़े काम नहीं हुए हो, ऐसा नहीं है। सबसे बड़ा काम तो यह हुआ कि हमने अपने स्वराज्य का संविधान तैयार किया, पंडित जवाहरलाल नेहरू के नेतृत्व में हम दुनिया की महफिल में उस शान से बैठे, जिस शान से गांधी और जवाहर के देश को बैठना चाहिए था। किन्तु हमारी इस कीर्ति को चीन ने एक ही धक्के से धराशायी कर दिया और हम यह समझने को मजबूर हो गए कि ऋषि का यज्ञ भी तभी पूरा होता है, जब उसके पहरे पर कोई राम के समान धनुर्धारी मौजूद हो। केवल आत्मा का बल यथेष्ट नहीं है। देह के अखाड़े में आत्मा की तलवार भोथरी साबित होती है।

देश में कल-कारखानों की संख्या बढ़ी, अनेक वैज्ञानिक संस्थान खुले, विश्वविद्यालयों की संख्या बढ़कर चौगुनी से भी अधिक हो गई और जो हिन्दुस्तानी पहले सुई भी नहीं बना सकता था, वह टैंक, बड़ी-बड़ी तोपें, हवाई जहाज और

समुद्री जहाज बनाने लगा।

बड़ी घटनाएँ और भी घटी है। पंडित जवाहरलाल नेहरू ने साधन की पवित्रता पर ध्यान रखा और देश में प्रजातन्त्र की नींव को मजबूत बनाने की उन्होंने भरपूर कोशिश की। उनके समय में स्वतन्त्रता की ताजी हवा नहीं, आँधी बहती थी। अखबार निर्भीक होकर बोलते थे, राजनीतिज्ञ मन की बात को मन में ही पचाकर नहीं रखते थे और भासित होता था कि जो कुछ हो रहा है, खुले मैदान में हो रहा है और भीड़ का जो भी आदमी चाहे, सरकार को टोक सकता है।

पंडितजी के मरने के बाद यही आजादी शाप बन गई। लोग इतनी बकवास करने लगे कि लगा, इस देश में कोई सरकार नहीं है। कांग्रेस के भीतर नेतागिरी की जगह दादागिरी ने ले ली। जब बंगाल के अजय मुखर्जी को कांग्रेस से निकाला जाने लगा, अजय मुखर्जी ने न्याय की माँग की, "तुम मुझे निकाल देना, मगर उससे पहले कार्य-समिति मेरा मुकद्दमा तो सुन ले।" यह न्यायसंगत माँग थी और सभापति श्री कामराज इस पक्ष में थे कि श्री अजय मुखर्जी को कार्य-समिति के समक्ष जरूर बुलाया जाए, जिससे वे अपने पक्ष की बातें हमें बता सकें। लेकिन बंगाल के दादा गरज उठे, "मैं अजय मुखर्जी का मुँह भी नहीं देख सकता। वह कार्य-समिति के सामने आएगा कैसे?" निदान, कामराज चुप लगा गए और बाकी दादाओं ने भी चुप्पी साध ली, क्योंकि दादा-गुट का एक सदस्य इतने जोर से नाराज था।

यह एक कहानी है। ऐसी कहानियाँ अनेक हुई होंगी। तब इतिहास ने अपने को सफलतापूर्वक दुहराया और पहले जैसे सूरत में कांग्रेस टूट गई थी, उसी प्रकार सन् 1969 ई. में कांग्रेस दो टुकड़ों में बँट गई। और इसका कलंक प्रधानमन्त्री श्रीमती इन्दिरा गांधी के मत्थे मढ़ा गया। क्यों उन्होंने संजीव रेड्डी के नामांकन पर दस्तख्त करके उसे हरा दिया? यह अनुशासनहीनता है, यह प्रतिज्ञा-भंग का दृष्टान्त है। जिस देश का प्रधानमन्त्री इस प्रकार प्रतिज्ञा का भंग करेगा, उस देश के बाकी लोग क्या करेंगे?

मगर सन् 1971 के लोकसभा के चुनाव ने यह साबित कर दिया कि देश ने प्रधानमन्त्री के पाप को पाप नहीं समझा। युद्ध और राजनीति में क्या कर्म है और क्या अकर्म, इसका निर्णय तुरन्त नहीं किया जा सकता। सुभाषचन्द्र बोस को कांग्रेस छोड़ने को विवश करना पुण्य था या पाप था? शिवाजी महाराज के बारे में भी कहा जाता है कि अफजल का वध उन्होंने छल से किया था। लेकिन यह क्या सच नहीं है कि अगर शिवाजी ने अफजल का वध नहीं किया होता, तो वे उसके सैनिकों के द्वारा खुद मारे गए होते?

इन्दिराजी की सफलताओं में सबसे बड़ा स्थान मैं न तो बैंकों के राष्ट्रीयकरण को देता हूँ, न उनके सीलिंग-अभियान को। उनकी सबसे बड़ी सफलता यह है कि उन्होंने युद्ध लड़कर अपूर्व विजय प्राप्त की और पाकिस्तान के एक टुकड़े को

स्वाधीन कर दिया। युद्ध बड़ी बुरी चीज है, लेकिन इस सत्य से इनकार कैसे किया जाए कि एक युद्ध जीतने से देश की जितनी प्रतिष्ठा बढ़ती है, उतनी प्रतिष्ठा पाँच नोबेल लौरियेट उत्पन्न करने से भी नहीं बढ़ती? हम वही देश हैं जो 1971 के दिसम्बर के पूर्व थे। लेकिन आज दुनिया हमें इज्जत की नजर से देखती है। बड़े-बड़े राष्ट्र हमें दक्षिणी एशिया की सबसे बड़ी शक्ति कह रहे हैं और जो भी प्रतापी देश हैं, उन्हें हमारे बारे में कुछ कहने के पहले कई बार सोचना पड़ता है।

इस सामरिक विजय को मैं स्वराज्य के बाद की सबसे बड़ी घटना मानता हूँ। इस विजय के जो भी रचयिता या विधाता हैं, उन्हें मैं उच्चकोटि का देशभक्त मानता हूँ। इस विजय ने संसार में भारत के स्थान को बहुत ऊँचा उठा दिया है। इस विजय ने भारत के भविष्य का द्वार खोल दिया है। अगर हम अपना चरित्र सुधार लें, तो अब हम महान देश बन सकते हैं।

श्रीमती इन्दिरा गांधी की महान उपलब्धियों में एक उपलब्धि यह भी है कि उन्होंने पश्चिमी बंगाल की बिगड़ी हुई स्थिति को बड़ी चतुराई से सँभाल लिया। बंगाल की बिगड़ी हुई हालत को देखकर लोग क्या-क्या नहीं सोचते थे? ''लगता है, एक कलकत्ता सारे देश को ले डूबेगा। बंगाल क्या भारत से अलग हो जाएगा? या इस राज्य को मार्शल लॉ के अधीन रखने के लिए कोई रास्ता निकालना पड़ेगा? अगर बंगाल को ठीक करने के लिए सरकारी हिंसा अनिवार्य हो गई, तो न जाने कितने लोगों को मारना पड़ेगा! कहीं ऐसा तो नहीं है कि एक बंगाल के कारण ही सारा देश डिक्टेटर के अधीन चला जाएगा?'' मगर ये शंकाएँ निर्मूल हो गई। इन्दिराजी ने साहस, धैर्य और दृढ़ता से जूझकर बंगाल को ठीक कर दिया।

स्वराज्य के बाद से सरकार का सारा जोर देश की आर्थिक प्रगति पर रहा है और देश का अर्थ बल बढ़ा है, इसके भी कई लक्षण मौजूद हैं। सबसे बड़ा लक्षण शायद यह है कि हमारे आयात और निर्यात के आँकड़े अब बराबर हो गए हैं। अगर आयात के आँकड़े घटने लगें और निर्यात के आँकड़े बढ़ने लगें, तो सम्भव है कि हम 'टेक ऑफ' की स्थिति पर पहुँच जाएँ और गरीबी पर भी हम लगाम लगा सकें। खतरे की बात सिर्फ यह है कि चीजों के दाम जिस तेजी से बढ़ते जा रहे हैं, उसे देखते हुए यह भी हो सकता है कि जब तक हम देवता को मनाएँ-मनाएँ तब तक कहीं बेटे की आँखें खत्म न हो जाएँ।

फिर भी ये स्वराज्य के धन-पक्ष के विवरण हैं। लेकिन हम जब उसके ऋण-पक्ष की बात सोचते हैं, हमारे सामने बहुत बड़ी निराशा खड़ी हो जाती है। गांधीजी के बाद से हमारे राष्ट्रीय चरित्र में जो गिरावट शुरू हुई, वह अब इस हद तक पहुँच गई है कि उससे दुर्गन्ध आने लगी है। और यह दुर्गन्ध कहाँ-कहाँ से नहीं आ रही है? अँगुलि-निर्देश करना व्यर्थ है, नाम लेना फिजूल है। समाज में समत्व लाने का दम भरनेवाले लोग खुद खूब खुशहाल हैं। वे सबकी सम्पत्ति बाँट देंगे, लेकिन अपनी

सम्पत्ति का बँटवारा शायद होने नहीं देंगे।

धन कमाने की प्रतिभा बहुत ही महँगी प्रतिभा है और वह सबको नहीं मिलती। पूँजी लगाओ, दुकान पर बैठो, कारखानों में दिन-रात काम करो या खेत के मेड़ पर बैठो रहो, घाटे के धक्के खाकर जीने की आदत सीखो, सूखे और बाढ़ के समय कलेजे पर पत्थर बाँधकर अपने स्थान पर अड़े रहो, ये धन पैदा करने के रास्ते हैं। किन्तु अब एक ऐसा वर्ग निकल आया है, जो कारखाने नहीं खोलता, दुकानों पर नहीं बैठता, न खेतों में काम करता है। मगर चारों ओर अफवाह है कि यह वर्ग भी धनिकों का वर्ग हो गया है और समाज में आज सबसे अधिक उसी की पूछ है। क्या ये तरीके समाजवाद लाने के हैं? क्या इस तरीके से देश से गरीबी दूर होगी? सरकार जिसे सम्पत्ति का बँटवारा कह रही है, वह असल में गरीबी के बँटवारे का दूसरा नाम है। और यह सच है कि प्रायः साम्यवादी देशों में पहला बँटवारा गरीबी का ही होता है और जब समृद्धि बढ़ती है, तब उसका लाभ सभी को मिल जाता है। किन्तु सभी साम्यवादी देश समाजवाद के एक आचारशास्त्र को मानते हैं और चाहते हैं कि उनका प्रत्येक नागरिक उसे अपने जीवन में बरते। रूस के स्कूलों में धार्मिक शिक्षा नहीं है, लेकिन वहाँ हर बच्चे को यह सिखाया जाता है कि जो सुख तुम्हारे साथी को प्राप्त नहीं है, उसे तुम भी मत भोगो। जब सन् 1957 ई. में मैं चीन गया था, मैंने सुना कि वहाँ के किसी प्रान्तीय नेता को धन-संचय का लोभ हो गया था। इसका पता जब माओत्से तुंग को चला, उन्होंने मुकद्दमा चलाकर उस नेता को मरवा दिया। जिस देश में लोभ के विरुद्ध इतना कड़ा पहरा है, उस देश का कोई नेता क्या धन-संचय की बात सोच भी सकता है? समाजवाद का आचारशास्त्र उस आचारशास्त्र से अधिक भिन्न नहीं है, जिसका निर्माण गांधी-विचारधारा के आधार पर किया जा सकता है, सिवाय इसके कि एक में हिंसा के लिए गुंजाइश होगी और दूसरे में हिंसा के लिए स्थान नहीं होगा। लेकिन यह समझना पूरा-पूरा ठीक नहीं है कि चीन और रूस अब भी हिंसा के भरोसे ही चल रहे हैं। सरकार आदमी की गरदन तो पकड़े हुए जरूर है, लेकिन वह आदमी की आँखों के आगे आचारशास्त्र भी खोले हुए है। वह उसके कान में निर्लोभता का मन्त्र भी भर रही है। और यह तो है ही कि चीन के नेताओं में सुख-भोग की वह लिप्सा नहीं है, जो भारत के नेताओं में दिखाई पड़ती है।

जब मैं पीकिंग में था, एक दिन शाम को मैं श्री चाऊ-एन-लाइ से मिलने को उनके घर पर गया। संयोग से उसी समय श्रीमती सुशीला नैयर भी उनसे मिलने को आ गईं। श्री चाऊ-एन-लाइ ने हम लोगों से अपने घर के बरामदे में मुलाकात की, जहाँ ऐशो-आराम का आडम्बर बिलकुल ही नहीं था। मैंने सुशीलाजी से कहा भी था कि "बहनजी, गांधी के दर्शन का जैसा आचरण इस देश में हैं, वैसा तो अपने देश में बिलकुल नहीं है। हमारे मन्त्री और अफसर कितनी शान-शौकत से रहते हैं,

जबकि सारा चीन मितव्ययी दिखाई देता है।"

चीन में कितने ही मन्त्रियों और बड़े-बड़े अफसरों के पास भी कोठियाँ नहीं हैं, वे फ्लैटों में गुजारा करते हैं और बसों में चलने में उन्हें शर्म नहीं आती। सरकारी गाड़ियों का उपयोग वे केवल सरकारी कामों के लिए करते हैं। लेकिन अपने देश में मन्त्री बनते ही आदमी भूल जाता है कि उसकी असली हैसियत क्या है। वह प्रिन्स की तरह रहना चाहता है, बादशाह की तरह रहना चाहता है और सरकार ने नियम भी बना रखे हैं कि जो आदमी मन्त्री बनाया जाएगा, वह छोटे-मोटे बादशाह की तरह रहेगा—बादशाह की तरह रहेगा और यह कानून बनाएगा कि जिनके पास धन है, वे धन का त्याग कर दें; जिनके पास ज्यादा जमीन है, वे जमीन छोड़ दें। गरीबी को स्वीकार्य बनाने के लिए यह नितान्त आवश्यक है कि मन्त्री और अफसर या तो स्वेच्छया मितव्ययी बनें या सरकार उन्हें मितव्ययी और आडम्बरमुक्त होने को मजबूत करे।

मितव्ययिता, सादगी, अहंकारहीनता, आडम्बरशून्यता, विनम्रता और कठोर अध्यवसाय—ये केवल धर्म के गुण नहीं हैं, वे राजनीति और शासन के लिए भी आवश्यक हैं। सन् 1949 ई. में लोहे के उत्पादन में भारत और चीन लगभग समान थे। लेकिन आज चीन 2 करोड़ 10 लाख टन लोहा पैदा कर रहा है, जबकि भारत का उत्पादन मुश्किल से 70 लाख टन पर पहुँचा होगा, अर्थात् चीन का लोहे का उत्पादन हमारे उत्पादन से तिगुना हो गया है। इसी प्रकार पेट्रोल के उत्पादन में भी भारत और चीन के बीच एक और तीन का भेद है।

भारत सरकार ने सरकारी सेक्टर में कल और कारखाने कम नहीं खोले हैं, और लगभग हर बड़े कारखाने के पास एक महानगर तैयार हो गया है। कारखानों के लिए कच्चा माल भी है, इंजीनियर, अफसर और टेकनोक्रेट भी हैं और मजदूरों की भी कोई कमी नहीं है। मगर ज्यादा कारखाने ऐसे ही हैं, जहाँ उत्पादन केवल 25 या 30 प्रतिशत होता है। कई कारखानों में घाटा इतना अधिक है कि उनकी लागत खत्म होती जा रही है। यह स्थिति उससे अधिक भयानक है जितनी सामान्यतः लोग उसे समझ रहे हैं। यह समाजवाद के विरुद्ध भारत में सबसे ठोस प्रचार है। जब श्री मोहनकुमार मंगलम् मन्त्री हुए, उन्होंने ताबड़तोड़ कई बयान दिए, जिनसे मालूम हुआ कि अब एक मन्त्री आया है, जिसके कलेजे में आग लग गई है। लेकिन फिर तुरन्त उन्होंने अपनी आग को बुझा लिया। क्योंकि इस रास्ते को सुधारना मुश्किल है और समाजवाद तक जाने के लिए हमने यही रास्ता चुना है।

मगर रास्ता सुधारा क्यों नहीं जा सकता? एक ही इंजीनियर, एक ही अफसर और एक ही मजदूर। लेकिन वे मारवाड़ी, पारसी या गुजराती के यहाँ काम करते हैं, तो उत्पादन लगभग पूरा होता है; किन्तु जब वे काम सरकारी सेक्टर में करते हैं, वे 30 प्रतिशत से अधिक उत्पादन नहीं कर सकते। लोग कहते हैं कि इसका कारण

वैयक्तिक स्वार्थ से आनेवाली प्रेरणा का अभाव है। तो फिर स्कूलों में यह सिखाना क्यों नहीं आरम्भ किया जाता है कि श्रेष्ठ मनुष्य को स्वार्थ का त्याग करना चाहिए?

दोष कहाँ है और उसके सुधार का उपाय क्या है, इसका पता लगाने में सरकार असमर्थ है।

गांधीजी जीवनभर कहते रहे कि सेठों को समाज का ट्रस्टी होना चाहिए, लेकिन सेठ ट्रस्टी नहीं बनाए जा सके। मगर ग्लानि की बात तो यह है कि सरकारी सेक्टर के नेता और कर्मचारी भी समाज के ट्रस्टी नहीं बन सके। अगर वे समाज के ट्रस्टी होते, तो काम वे अपने सुख के लिए नहीं, समाज के हित के लिए करते। तब सरकारी कारखानों में अफसरों और कर्मचारियों की संख्या थोड़ी होती, कारखानों पर खर्च कम बैठता और लाभ अधिक होता। और पब्लिक सेक्टर को समाज के ट्रस्टी के रूप में काम करते देखकर निजी सेक्टर भी प्रेरणा ग्रहण करता। मगर यह सब कुछ हुआ नहीं।

गलती कहाँ हुई हैं और सुधार का उपाय क्या है?

गांधीजी आदमी को ईमानदार, मेहनती और मितव्ययी बनाना चाहते थे और कहते थे कि हर आदमी को चाहिए कि वह अपनी जरूरतों को कम रखे। जवाहरलालजी ने कहा कि हमारा उद्देश्य देश के जीवन-स्तर को ऊपर उठाना है। लेकिन पंडितजी के देशवासी देश को भूल गए, वे सारा परिश्रम अपने वैयक्तिक जीवन-स्तर को ऊँचा उठाने के लिए करने लगे। लेकिन दिखलाई यह पड़ा कि जब तक पूरे देश का जीवन-स्तर ऊँचा नहीं उठता, तब तक ईमानदारी की राह पर चलने से व्यक्ति का भी जीवन-स्तर ऊपर नहीं जाएगा। लेकिन आदमी अगर बेईमानी को अपना धर्म बना ले, तो देश के गरीब रहते हुए भी वह स्वयं वैयक्तिक रूप से अमीर बन सकता है, उसका अपना जीवन-स्तर बहुत ऊँचा उठ सकता है। फिर क्या था, जो लोग प्रबल प्राणशक्ति से पूर्ण थे, वे देश को बिलकुल भूलकर अपने लिए धनोपार्जन में लग गए। मिनिस्ट्री धनागम का जरिया बन गई, अफसरी कीर्ति को छोड़कर धन का सोपान बन गई और जहाँ पैसे कमाने के रास्ते पहले नहीं थे, लोगों ने पैसे के रास्ते वहाँ भी निकाल लिए। पढ़ने-पढ़ाने का काम पहले निखालिस ईमानदारी का काम था, लेकिन अब सुना जाता है कि शिक्षक तीन-तीन, चार-चार हजार रुपये का ठेका इस बात के लिए लेते हैं कि हम तुम्हें प्रथम श्रेणी दिलवा देंगे।

विश्वविद्यालयों की परीक्षाओं में चोरी इस कदर चलती है कि कहीं-कहीं आप परीक्षा के हॉल में जाइए तो सौ में से पचहत्तर परीक्षार्थी आपको गैरहाजिर मिलेंगे। सुना है, वे कापियाँ लेकर घर चले जाते हैं और उत्तर लिखकर कापी परीक्षा केन्द्र में वापस पहुँचा देते हैं। और यह प्रबन्ध प्रिंसिपल, प्रोफेसर, वाइस-चांसलर तथा अन्य अधिकारियों की बेबस चुप्पी के कारण बड़े आराम से चलता है।

मेरे भीतर फिर यह प्रश्न उठता है कि गलती कहाँ हुई है और सुधार का उपाय क्या है?

संक्षेप में मुझे कहने दीजिए कि गलती यह हुई कि गांधी को हमने छोड़ दिया और सुधार का एकमात्र मार्ग यह है कि हम गांधी को वापस लाएँ।

जो गांधी कौपीन पहनता था, जो गांधी मांस-मछली नहीं खाता था, जो गांधी हवाई-जहाज पर नहीं चढ़ा था, जो गांधी यती और संन्यासी था, ठीक उसी गांधी को वापस लाने की बात मैं नहीं कहता। मैं तो उस गांधी को वापस लाना चाहता हूँ, जो गरीबों का सच्चा हितैषी था, जो लोगों को सत्य और अहिंसा सिखाता था, जो गर्मियों में भी वर्धा जैसे ग्राम में एयरकंडीशन की कौन कहे, पंखे के बिना रहता था और सेठों के घर में रहकर भी बकरी का दूध और साग-सब्जी खाकर जीता था। गांधी मितव्ययिता की शिक्षा देते थे, कड़ी मेहनत और ईमानदारी का उपदेश देते थे, राह पर पड़ी हुई रूई को वे यह सोचकर उठा लेते थे कि यह राष्ट्र का धन है, इसे बर्बाद नहीं होना चाहिए। कस्तूरबा ने कभी उपहार में मिला हुआ कोई जेवर अपने पास रख लिया था, जिस पर गांधी ने उनके खिलाफ अखबार में नोट लिख दिया। मगर आज कौन है, जो अपने अधीनस्थ चोरों का पर्दा सारी जनता के सामने खोल दे? चोर की चोरी से जब तक मेरा लाभ है, उस चोर के खिलाफ कोई उँगली भी नहीं उठा सकता। हाँ, जिस दिन उस चोर की चोरी से मुझे लाभ नहीं रहेगा, उस दिन उस पर छोटी या बड़ी आफत आ जाएगी।

गांधीजी अपने लेखों और भाषणों में बराबर सत्य और अहिंसा पर जोर देते थे और यही बात उनके सहयोगी और अनुयायी भी बोलते थे। इसका परिणाम यह होता था कि सत्य का प्रचार करनेवाले नेता अपनी वाणी से कुछ हद तक बँध जाते थे और उन्हें आचरण भी सत्य का ही करना पड़ता था। अहिंसा की दुहाई आज के भी नेता देते फिरते हैं, लेकिन सत्य के बारे में बोलना उन्होंने छोड़ दिया है, क्योंकि अब अगर वे जनता के बीच खड़े होकर सत्य की महिमा का बखान करें, तो उनका अपना आचरण (जो किसी से छिपा नहीं है) गरज-गरजकर उनके व्याख्यान का खंडन करेगा।

गांधीजी ने जीवन भर विज्ञान की आलोचना की थी, लेकिन वे विज्ञान के विरोधी नहीं थे, क्योंकि वे जानते थे कि विज्ञान की प्रगति को रोकना बिलकुल असम्भव काम है। मगर वे अवतारी पुरुष थे। उनके पास अन्तर्दृष्टि थी। आधुनिक अर्थ में वे बहुत पढ़े-लिखे मनुष्य नहीं थे। किन्तु चारित्रिक शुद्धता उन्होंने इतनी अर्जित कर ली थी कि जो चीज बड़े-बड़े विद्वानों की बुद्धि में नहीं आती थी, उसे वे इनटुइशन से जान लेते थे, सम्बुद्धि से पहचान लेते थे। गांधीजी निर्णय पहले लेते थे, उसकी दलील बाद को देते थे। दलीलें उनकी बदलती रहती थीं, लेकिन निर्णय अटल रहता था। वे विज्ञान के विरोधी नहीं, वैज्ञानिक सभ्यता को चेतावनी के स्वरूप थे :

कौन कहता है कि बापू शत्रु थे विज्ञान के?
वे मनुज से मात्र इतनी बात कहते थे–

रेल, मोटर याकि पुष्पक यान, चाहे जो रचों पर
सोच लो आखिर तुम्हें जाना कहाँ है?

भारत यही भूल गया है कि उसे जाना किस दिशा की ओर है। गांधीजी के समय में भारत यह जानता था कि स्वतन्त्र होकर उसे किधर को जाना होगा। किन्तु जवाहर-युग में आकर वह अपनी निर्दिष्ट दिशा को भूल गया। गांधी-युग में इज्जत उस आदमी की होती थी, जिसकी आवश्यकताएँ थोड़ी, किन्तु चरित्र पवित्र था, जो गरीब होने पर भी मेहनती, ईमानदार और शीलवान था; जो देशहित को बड़ा और अपने वैयक्तिक सुख को तुच्छ समझता था। जवाहर-युग में भी चरित्रवान निर्धन मनुष्य की थोड़ी इज्जत बनी रही, लेकिन सबसे अधिक प्रतिष्ठा उसे मिलने लगी, जो चरित्रवान कम, चालाक ज्यादा था, जो गाँव में कम, शहर में अधिक पूजा जाता था, जो राष्ट्रीय मंच पर कम, अन्तर्राष्ट्रीय मंच पर अधिक चमक सकता था।

जवाहर-युग में आकर भारत के अन्तर्मन में एक महारोग का कीटाणु घुस गया। वह महारोग यह है कि जैसे दुनिया के सभी बड़े देश अमेरिका बनने की कोशिश कर रहे हैं, उसी प्रकार भारत को भी अमेरिका बनने की कोशिश करनी चाहिए। खुद पंडितजी के मन में अपने देश के लिए यह कल्पना थी या नहीं, यह बात निश्चयपूर्वक नहीं कही जा सकती। किन्तु समृद्धि की कल्पित योजनाओं का प्रचार जिस जोश के साथ किया गया, उसका यह परिणाम अनिवार्य था। गांधीजी का सारा जोर इस बात पर था कि आदमी अच्छा और ईमानदार बने। पंडितजी का सारा जोर इस बात पर पड़ा कि आदमी सुखी और सम्पन्न बनें। सो सुखी और सम्पन्न बनने के लोभ में बहुतों ने अपने भीतर की अच्छाई और ईमानदारी को निकालकर फेंक दिया। भारत में वजारत की गद्दी अभी मरने की गद्दी होनी चाहिए थी, मगर उस गद्दी पर बैठते ही लोग जीने और जवान होने लगे। और राजा की देखादेखी प्रजा ने भी उसी रास्ते को पकड़ लिया। एक शब्द में हमारे देश की सारी बुराइयाँ केवल लोभ से निकली हैं और आरामतलबी का लोभ सभी लोभ से बुरा होता है। जब तक लोभ पर कड़ा अंकुश नहीं लगाया जाता, हमारा शासन शुद्ध नहीं होगा। जब तक आरामतलबी निन्दा, घृणा और उपहास की चीज नहीं बना दी जाती, तब तक भारत को बेकारी की समस्या का समाधान नहीं मिलेगा। जरूरत की सारी चीजें अन्त में वे बनाते हैं जो हाथों से काम करते हैं। मगर हाथ से काम करनेवालों की इस देश में कोई इज्जत नहीं है। यह बड़े दुर्भाग्य की बात है कि इस देश का एक-एक नौजवान बाबू और साहब बनना चाहता है। यह घोर विपत्ति का विषय है कि इस देश में हाथ से काम करनेवालों को बहुत कम और कलम से काम करनेवालों को बहुत ज्यादा मजदूरी मिलती है। क्या कोई ऐसा तरीका नहीं निकाला जा सकता कि हाथ से काम करनेवालों को भी उतनी ही मजदूरी मिले, जितनी कलम सें काम करनेवालों को मिलती है? यह ठीक है कि हमारा देश गरीब है, मगर यह तो हो सकता है कि

कलम से काम करनेवालों के वेतन में कुछ कटौती कर दी जाए जिससे हाथ से काम करनेवालों की आमदनी से उनकी आमदनी बहुत ज्यादा नहीं रहे। अगर यह हो जाएँ, तो विश्वविद्यालयों में भी भीड़ नहीं रहेगी, कॉलेजों में पढ़ने की जहमत वे ही उठाएँगे जिनमें विद्या के प्रति सात्विक अनुराग है, अफसर और कम करके बीच का द्वेष बहुत कम हो जाएगा और उत्पादन के काम अधिक तत्परता से किए जा सकेंगे, समाज की विषमता भी बहुत कम हो जाएगी और देश में सच्चे समाजवाद का आरम्भ हो जाएगा।

और यह क्यों नहीं हो सकता कि कलम से काम करनेवालों को भी हाथ से काम करने को मजबूर किया जाए? आखिर यह तो हमने देखा ही है कि जिस व्यक्ति को गांधीजी देश का प्रथम सत्याग्रही बनने के योग्य समझते थे, जो ज्ञान के क्षेत्र में आज भी सबसे आगे है, वह विनोबा खेत में खड़ा होकर घंटों कुदाल चलाता था। और माओ अपनी क्रान्ति को कैसे जीवित रखे हुए हैं, यह जिसे देखना हो, वह चीन जाकर देख ले। वहाँ अफसरों, कवियों, प्रोफेसरों, लेखकों और पत्रकारों को भी समय-समय पर कारखानों या खेतों में जाकर काम करना पड़ता है और जिन दिनों वे खेतों और कारखानों में काम करते हैं, उन दिनों उनके लिए अतिरिक्त सुविधाओं का कोई इन्तजाम नहीं किया जाता, न वहाँ फोटोग्राफर ही होते हैं कि वे उनके फोटो अखबारों में छपवा दें।

यदि चीन का अनुकरण करने में हमें शर्म आती है, तो विनोबा का अनुकरण करने में शर्म की क्या बात है? क्या गांधी और विनोबा चीन के लिए जनमे थे? जीवन की अमेरिकी पद्धति हमारे लिए काम्य नहीं, त्याज्य होनी चाहिए। वह केवल हमारे लिए ही नहीं, अमेरिका के लिए भी त्याज्य और तिरस्करणीय है। सारा संसार अभाव और दरिद्रता का एक महासमुद्र है, जिसमें जहाँ-तहाँ अति-समृद्धि के टापू दिखाई देते हैं। एक टापू अमेरिका है, एक टापू पश्चिमी यूरोप है, एक टापू कनाडा है, एक टापू जापान है, एक टापू आस्ट्रेलिया है, एक टापू दक्षिणी अफ्रीका है। इन टापुओं की नकल करने में अगर भारतवर्ष लगा, तो कामयाबी उसे मिलने वाली नहीं है, हाँ उसके पास अब भी गर्व की जो वस्तु है, उसे वह खो बैठेगा। महज जीने के लिए जितनी चीजों की जरूरत है, उतनी चीजें हमें तुरन्त-से-तुरन्त चाहिए और उसके बाद हमें कुछ नहीं चाहिए, इस आदर्श को अपनाए बिना भारत का कल्याण नहीं है और इस ध्येय से आगे जाना उसके लिए सम्भव भी नहीं है। और यह ध्येय भी तभी पूरा होगा जब भारत के भीतर के टापू मिटा दिए जाएँगे। इसीलिए सीलिंग की नीति का मैं स्वागत करता हूँ। मगर खतरा यह है कि जब यह नीति काम में लाई जाएगी, गुलछर्रे वे उड़ाएँगे, जो सरकार के अफसर और एजेंट है। मौज मनाओ यारो, क्योंकि मौसम नजदीक है और दूसरों ने जो फसल लगाई है, उसका सारा भाग काटकर तुम्हें अपने घर ले जाने का मौका हाथ लगेगा।

अगर सारा संसार अमेरिका बनना चाहे, तो क्या यह सम्भावना है कि वह अमेरिका बन सकेगा? संसार-भर में जितने लोग हैं, अमेरिका की जनसंख्या उनका केवल छः प्रतिशत है। लेकिन ससार में जितने साधन हैं, उनका 44 प्रतिशत अमेरिका के उपयोग में जाता है। अमेरिका में लोहे की खपत प्रत्येक व्यक्ति के पीछे 1400 पौंड है, पश्चिमी यूरोप में 712 पौंड, जापान में 697 पौंड, भारत में 26 पौंड और अफ्रीका में केवल 23 पौंड है। उन्नत देशों में एक व्यक्ति धरती के जितने साधनों का उपयोग करता है, पिछड़े देशों के 25 व्यक्तियों को भी उतना साधन सुलभ नहीं है। अमेरिका एक औसत आदमी जितनी बिजली का उपयोग करता है, एशिया और अफ्रीका के 55 आदमी मिलकर भी उतनी बिजली का उपयोग नहीं कर पाते।

धरती के साधन सीमित है, मनुष्य का लोभ निस्सीम है। जिस तरह अमेरिका जी रहा है, उस प्रकार जीने के लिए यह पृथ्वी बनाई नहीं गई थी। अगर ईश्वर या प्रकृति का यह अभिप्राय रहा होता तो दुनिया का हर देश अमेरिका पद्धति से जीने के योग्य हो जाए, तो प्रकृति ने धरती के साधनों को भी मनुष्य के लोभ के समान निस्सीम बनाया होता। मगर वे निस्सीम नहीं, अत्यन्त सीमित हैं। अगर दुनिया की सारी जनसंख्या के 15 प्रतिशत लोग (यानी 50 करोड़ आदमी) अमेरिकी स्टैंटर्ड पर जीना शुरू कर दें, तो धरती के सम्पूर्ण साधन उन्हीं लोगों पर समाप्त हो जाएँगे और संसार के बाकी तीन अरब लोगों के लिए कुछ भी नहीं बचेगा।

कहते हैं, 2000 ई. आते-आते दुनिया की कुल जनसंख्या पाँच अरब हो जाएगी। अब कहीं से सभी लोग अमेरिकी स्तर पर जीने को ललचा उठे, तो संसार के आज के लोहे के उत्पादन को 75 गुना बढ़ाना होगा, ताँबे के उत्पादन को 100 गुना, राँगे के उत्पादन को 200 गुना और टिन के उत्पादन को 250 गुना करना होगा। लेकिन यह निश्चित बात है कि धरती पर इतने साधन उपलब्ध नहीं है कि वस्तुओं का उत्पादन इतना अधिक बढ़ाया जा सके। सुना जाता है कि अमेरिका जिस तेजी से बढ़ रहा है, उसका दुष्परिणाम उसे अब अधिक नहीं, केवल 20 वर्षों के बाद ही भयानक रूप में दिखाई पड़ेगा।

और यह क्या जरूरी है कि सारा संसार अमेरिका बन जाए या अमेरिका वही बना रहे, जो वह आज है? सुपर सोनिक जहाज बनाने की होड़ को मैं पागलपन समझता हूँ। गांधीजी होते, तो वे भी उसे पागलपन ही कहते। आखिर घंटे-दो-घंटे देर से पहुँचने पर आदमी का क्या बिगड़ने वाला है? और बहुत जल्दी शहर में पहुँचकर वह संसार के किस बड़े काम को अंजाम देता है? यही न कि वह मौज-मजे को जल्दी-जल्दी दुहरा सकता है और अपने आपको कुछ और आसानी से खराब कर सकता है?

सुना है, कोई-कोई मोटर अब 450 हार्स पावर की बनने लगी है। लेकिन काम उस शक्ति का दशांश ही करता है, क्योंकि जोखिम और दुर्घटना के भय से उसकी

पूरी शक्ति का उपयोग नहीं किया जा सकता। तब आदमी 45 हार्स पावर की मोटरों से सन्तुष्ट क्यों नहीं रहता? विज्ञान और टेक्नालॉजी ने मिलकर मनुष्य को पागल बना दिया है। यही वह प्रसंग है, जहाँ गांधीजी की याद आती है। गांधी से शिक्षा लो। असम्भव योजनाएँ मत बनाओ। जिस चीज की जरूरत नहीं है, उसकी ईजाद मत करो। जिस स्टैंडर्ड तक सारी दुनिया नहीं पहुँच सकती, उस स्टैंडर्ड तक पहुँचने का लोभ भारत के मन में जगाना पुण्य नहीं, पाप है। पाप के अलावा वह बेवकूफी भी है। योजना बनाते समय केवल यही सोचना जरूरी नहीं है कि इससे काम कितने लोगों को मिलेगा। सोचने की बात यह भी है कि उससे वायुमंडल कहाँ तक दूषित होगा।

भारत के सामने सबसे व्यावहारिक ध्येय यही हो सकता है कि वह भिखमंगी को दूर करे, गरीबी को दूर करे, अशिक्षा और बेकारी को दूर करे, नग्नता और आवासहीनता को दूर करे। इन्हें दूर करने की जो प्रतिज्ञा सरकार ने की है, उसकी ख्याति संसार में दूर-दूर तक पहुँच गई है। मगर इन्हें दूर करेंगे कौन? क्या वे, जो अस्पताल के रोगियों के पथ्य और औषधि में कटौती करके अपनी जेब भरते हैं? या वे, जो ऑर्डर लिखने के पूर्व इस इन्तजार में रहते हैं कि उनके ईमान का सबसे अच्छा खरीददार कब आता है? चीनी आक्रमण के समय यह भी अफवाह उड़ी थी कि नेफा में लड़नेवाले सिपाहियों के लिए जो सामान भेजे गए थे, उनका कुछ अंश यारों ने कलकत्ते के काले बाजार में बेच डाला था।

हमारी सबसे बड़ी आशा जवाहरलाल के द्वारा पोषित और पालित प्रजातन्त्र से थी। सो अब उसका रूप भी भयानक और भ्रष्ट हो रहा है। संसार में कहावत है कि जहाँ बैलेट नहीं चलते, वहाँ बुलेट चलते हैं। भारत ने एक नया प्रयोग करके यह सिद्ध कर दिया कि बैलेट उसी का चलता है, जिसके पास बुलेट यानी लाठी का जोर है। ओस्वाल्ड स्पेंगलर ने लिखा था कि, "प्रजातन्त्र सर्वश्रेष्ठ लोगों का शासन नहीं है, वह चुने हुए लोगों का शासन नहीं है, वह रुपयों का राज है।" सो भारत में भी हम जो देख रहे हैं, वह और कुछ कम, रुपयों का राज अधिक है।

जिस जाति का चरित्र इतना नीचे आ गया हो, वह क्या समूह के रूप में सुखी बनाई जा सकती है? सरकार नाम तो निराकार वस्तु का है। साकार वह अपने नेताओं और अफसरों के भीतर आने पर होती है। मगर जिस सरकार का यंत्र चोरी, बेईमानी, आलस्य और अकर्मण्यता के बोझ से चरमरा रहा हो, उसकी कोई भी योजना क्या सफल हो सकती है? स्वराज्य के पूर्व तक हमारे मूल्यों को देखकर संसार हमारी प्रशंसा करता था। मगर स्वराज्य के बाद से हमारे मूल्यों में गिरावट शुरू हो गई और गिरते-गिरते अब वे मूल्य बहुत नीचे आ गए हैं।

जब स्वराज्य की लड़ाई चल रही थी, हमारे नेता तिलक और अरविन्द थे, गांधी, मोतीलाल और सी.आर. दास थे, जवाहरलाल, सुभाषचन्द्र और लाला लाजपत राय थे, राज गोपालचारी, सरदार पटेल और राजेन्द्र प्रसाद थे, आजाद, किदवई, नरेन्द्रदेव और

जयप्रकाश नारायण थे। अब जो लोग राज कर रहे हैं, उनमें कौन हैं, जो इनकी कमर तक भी आ सकता हो? जमहूरियत लाने की लड़ाई बराबर सिंह लड़ते हैं मगर जब जमहूरियत पहुँच जाती है, तब सिंह मर जाते हैं, और राज चूहों का चलने लगता है।

देश की जो हालत मुझे दिखाई पड़ती है, वह अच्छी नहीं, बहुत ही खराब है। टेक्नोक्रेटों, मैनेजरों, मन्त्रियों और अफसरों की संख्या बड़ी होने से देश बड़ा नहीं होता। बड़ा वह तब होता है, जब ये लोग जनता की सुख-समृद्धि के लिए अपनी वैयक्तिक सुख-समृद्धि को छोड़ने को तैयार हों, जब ये लोग जनता की उन्नति के लिए उसी प्रकार अपने प्राणों की बाजी लगा दें, जैसी बाजी स्वराज्य-संग्राम के योद्धाओं ने देश को स्वाधीन करने के लिए लगाई थी।

यहाँ मुझे उन युवा विद्वानों का स्मरण हो आता है, जो विदेश जाकर विशेषज्ञता अर्जित करते हैं और फिर स्वदेश इसलिए नहीं लौटते कि यहाँ अमेरिका और कनाडा वाला आराम नहीं है। यह देशभक्ति का लक्षण नहीं है। मगर उन्हें हम कहाँ तक दोष दें, जब नौकरशाही के अत्याचारों से आजिज आकर इस देश के वैज्ञानिक आत्महत्या तक कर लेते हैं? कल-कारखाने और वैज्ञानिक संस्थान खोलने से भी ज्यादा जरूरी काम यह है कि हम बालकों को आरम्भ से ही यह सिखाना शुरू करें कि बहुत सुख भोगने के मनसूबे मत बाँधो, तुम्हारा देश गरीब है, इसे स्वतन्त्र बनाने के लिए अमीर-से-अमीर नेता भी कंगाल बन गए थे। तुम्हारा भी कर्त्तव्य है कि तुम देश को उन्नत बनाने के लिए अपने सुखों का त्याग करो।

लेकिन केवल सिखाना काफी नहीं है। जो लोग देश के विधाता हैं, उन्हें खुद गरीबी को स्वीकार करना चाहिए, अनावश्यक सुखों का त्याग करना चाहिए और नई पीढ़ी को अपने चरित्र को दृष्टान्त से प्रभावित करना चाहिए।

गांधीजी के नैतिक पक्ष को काम में लाए बिना हमारा उद्धार नहीं होगा। बाहर के लोग समय-समय पर आकर हमें जो सर्टिफिकेट दे जाते हैं, वे सब-के-सब निरर्थक और बेकार हैं। हम खूब जानते हैं कि हमारी अन्दरूनी हालत क्या है और हमारे सरकारी कारखाने और सार्वजनिक योजनाएँ सफल क्यों नहीं हो रही हैं। हमारे पास कमी दिमाग की नहीं, चरित्र की है। आश्चर्य है कि जो देश जनरल मानेक शॉ के समान प्रतापी सामरिक नेता और इन्दिरा के समान साहसी और विचक्षण प्रधानमन्त्री उत्पन्न कर सकता है, वह अच्छे मैनेजर और कर्मठ मजदूर उत्पन्न नहीं कर सकता! अवश्य ही यह चरित्र का संकट है, मूल्य का संकट है, जिसमें सारा देश गिरफ्तार है और जब तक इस संकट से हम उद्धार नहीं पाते, न तो हमारी गरीबी दूर होगी, न हम ऐसा देश बन सकेंगे जिसे संसार बराबर इज्जत की निगाह से देखता रहे।

('विवाह की मुसीबतें' पुस्तक से)

●●●